信長の戦争

『信長公記』に見る戦国軍事学

藤本正行

はじめに

あなたは、たぶん、この本の表題にある〝信長〟という活字を見て「ははーん、またか」と思われたことであろう。実際、日本歴史のうえで最も有名なこの人物について書いた本は、漫画・小説・研究書など山ほどあるから、「いまさら書くことなどないのではないか」とあなたが考えられたとしても不思議はない。

そのうえ、この本が戦国の軍事、特に合戦をテーマとしていると聞けば「なにをいまさら」の感は、いよいよ深くなろう。多少とも信長を知る人ならば、彼が桶狭間《おけはざま》合戦で、小勢を率い、今川義元《いまがわよしもと》の大軍を〝奇襲〟して破った話や、長篠《ながしの》合戦で鉄砲三千挺《ちょう》を千挺ずつ発射させる〝新戦術〟で、武田《たけだ》勝頼《かつより》を破ったなどという話は、その軍事的天才性を示すものとして、常識になっているからである。

だが、歴史の研究に関しては「〝常識〟ほどしまつにおえないものはない」という場合がある。歴史の常識、つまり定説は、それが有名なものほど、研究テーマとして見過ごされてしまい、結果として研究全体を停滞させることがあるからである。そして、信長の軍事に関する定説が、まさにこれにあたるのである。

　ここで実例をあげよう。定説によれば、信長は先に述べたように、桶狭間合戦で義元を〝奇襲〟で倒し、長篠合戦では〝新戦術〟で勝頼を破ったということになっている。ところが、実は、奇襲とか新戦術といったことは、合戦から半世紀近くたった江戸時代の初めに小説家が創作した話に、後世の人間が尾鰭《おひれ》をつけて作りあげたフィクションなのである。

　本来ならば、歴史家が、後世の小説家の創作をよりどころにして歴史を語れば、一笑に付されるのが落ちであろう。しかるに、こと信長の軍事に関するかぎり、現実に後世の小説を典拠として歴史が語られているのである。このことは、少なくとも、戦国時代すなわち中世末期から近世初頭に関する軍事史の研究が遅れていることを意味する。軍事というものが、いつの時代でも、政治・経済・文化などさまざまなテーマと、密接なかかわりを持つことを考えれば、軍事史の研究が遅れることは困ったことではないか。したがって、なぜそれが進まなかったかということ自体、重要な研究テーマだと思う。

　ところで、信長の桶狭間合戦の奇襲や、長篠合戦の新戦術が、いくら後世の作家のフィクションであるといっても、それに代わる事実を提示しないかぎり、読者であるあなたは納得しないと思う。そして事実を明らかにするには、当然、なんらかの史料が必要になる。「従来の定説をくつがえし、読者を納得させるような都合のよい史料が、いまさら出てくるものか」というあなたの疑問に答えて、ここに一つの史料を提示する。それが『信長公記』（しんちょうこうき・のぶながこうき）である。

『信長公記』は、信長の家臣であった太田牛一の手になる信長の伝記で、織田・豊臣政権の研究者の間では、史料として高く評価されている。ところが、この史料が少なくとも軍事面ではあまり利用されていないのである。したがって、『信長公記』を典拠として書かれたこの本は、必然的に、従来の常識をくつがえすものになるはずである。

もっとも、『信長公記』という本や、その著者の牛一については、一般の読者にはなじみが薄いと思う。そこで、この本では序章で牛一という人物の経歴と、作家としての執筆の方法や姿勢、そして『信長公記』という本の特色について述べることにする。牛一は身近に起こったことをテーマとして執筆する、一種のドキュメンタリー作家であり、その作品を史料として利用する場合、彼自身の経歴を無視することはできない。

また『信長公記』は、牛一の自筆本、後世の人間による写本などさまざまな形で伝わっているが、それら四十点に及ぶ伝本を比べてみると、内容に出入りや異同のあることに気付く。すなわち、ある伝本に書かれている事柄が、別の伝本には見えないといったことや、二つの伝本の間で、矛盾したことが書かれているといったことがあるのである。したがって、ある事柄に関して論ずる場合、どの伝本を引用すればよいのかという問題が生じる。このような書誌学的なことは、『信長公記』を史料として用いる場合、避けて通ることができないのである。

これらのことを踏まえたうえで、第一章以下では、信長の関与した主な合戦を年代順に取り上げて、それらの経緯を『信長公記』を引用しつつ述べる。そして、そこに描かれた信長の用兵を通じて、戦国時代の合戦の特色を明らかにしたい。これが、この本のメインテーマである。

ところで、第一章以下では、信長の関与した合戦を論じる際、内外の近世・近代の戦史のエピソード、特に日清・日露から太平洋戦争までのエピソードを参考例として紹介し、比較検討している。それは、比較的身近な事例を引き合いに出して、読者の理解を助けることを狙っただけではない。江戸時代の小説家が創作した信長の軍事的天才性を、明治時代以後の軍事史研究者が史実として受け継ぎ、批判を加ええなかったという事実が、実は、近代日本の軍部の思想形成と不可分の関係にあり、さらにまた、実際の戦場における帝国陸海軍の用兵にまで影響したのではないかと考えるからである。帝国日本の軍部が滅びてから半世紀がたつが、軍部に支持された信長の軍事的天才性は亡霊のように語り継がれ、今日まで生き残っている。してみれば、信長を軍事面から再検討することも、現代的なテーマのように思うのである。

なお、この本では、読みやすさを一番に考えて、引用史料は原則として読み下し、送り仮名や振り仮名や句読点を付け、一部の旧字を常用漢字に改めている。振り仮名はかならずしも原文にあるものを写してはいない。一部は、現代人にわかりやすい読みに直したところがある。また、解説の必要上、原文引用を断ったうえで、一部の史料を原文の体裁のまま引用したが、その場合も旧字を常用漢字に改め、句読点を付けるなどしている。引用文に付した〈釈文〉は、要旨を意訳したものである。

『信長公記』の引用には、主として奥野高廣・岩沢愿彦《よしひこ》両氏の校注になる角川文庫版を参考にした。これは陽明文庫所蔵の江戸期の写本を読み下しにしたものである。奥野・岩沢両氏の学恩に、感謝申しあげる次第である。

目次

信長の戦争

『信長公記』に見る戦国軍事学

序　章　太田牛一と『信長公記』

1　信長を描いた男

ある武士の軌跡

織田信長《おだのぶなが》（一五三四〜八二）の家臣に、太田牛一《おおたぎゅういち》という人物がいた。通称は又助《またすけ》、実名信定《のぶさだ》、のちに和泉守《いずみのかみ》を称している。牛一というのは法名か道号であろうが、一般にはこのほうがよく知られている。牛一の読み方は普通「ぎゅういち」で、これは彼が軍記読《ぐんきよ》み（人前で軍記などを語り聴かせる人々。普通「何一」と名乗る）の号を意識して名乗ったとする説がある。それというのも、彼が人前で軍記を語ったことを窺わせる史料があるからである。

もっとも、彼の子孫は牛次、牛輝などと、牛の字を通字にしており、それぞれ「うしつぐ」「うしてる」と読めるから、牛一の牛も「ぎゅう」ではなく「うし」と読むのではないかとの説もある。さらに「ごいち」と読む説もあるが、ここでは通例に従って「ぎゅういち」と呼ぶ。

牛一は大永《たいえい》七年（一五二七）生まれというから、信長よりは七歳年上になる。尾張国春日《おわりのくにかすが》井《い》郡山田庄安食《やまだのしょうあじき》（現、愛知県名古屋市北区内）の生まれである。はじめ山田庄の常観寺《じょうかんじ》（成《じょう》願寺《がんじ》）にいて、のちに還俗したという。牛一が後年、文筆活動に励み、古典や仏典にもある程度、通じていたことを考えれば、彼が寺院で成長したという伝承は一概に否定できない。

さて牛一は青年期から壮年期にかけて、信長のもとで、第一線の戦闘員として活躍する。すなわち、天文《てんぶん》二十三年（一五五四）に尾張守護の斯波義統《しばよしむね》が、守護代の織田信友《のぶとも》に殺された直後、信長の重臣、柴田勝家が信友の居城清洲《きよす》城を攻めたおり、牛一は足軽衆《あしがるしゅう》の一人として従軍している。牛一は特に弓矢に長じていたらしく、浅野又右衛門・堀田孫七とともに、信長の身辺を固める「弓三張《ゆみさんは》りの衆」の一人に抜擢されている。ちなみに、同僚の浅野又右衛門（長勝）の養女が、秀吉の正室北政所《きたのまんどころ》である。

ついで彼は信長の重臣、丹羽長秀《にわながひで》の与力《よりき》（主君の命令で、有力な武将の下に配属される武士）になった。永禄《えいろく》八年（一五六五）の東美濃の堂洞《どうぼら》城（現、岐阜県美濃加茂市）攻めでは、城の二の丸の入口の建物の上から敵をつぎつぎに射倒した。この功名を信長から褒められ、知行を賜っている。このように第一線の戦闘員として実戦を経験したことが、後年、牛一の著書の合戦描写に臨場感を与えるとともに、史料価値を高いものにしている。すなわち彼は、合戦の経緯を述べるにあたり、泰平の江戸時代の作家では、考えも及ばないような細かい目配りをしたうえで、要点を簡潔に記述するのである。

その後、天正《てんしょう》九年（一五八一）には近江で二つの郷の間の出入りに関して掟書《おきてがき》を下している。この種の官僚的な仕事の量は、信長の領国が拡大するにつれて増加するが、牛一はこうした仕事にも、適していたと思われる。彼が一種のメモマニアで、手当たりしだいに記録を取り、それらを巧みに整理していたことが、彼の著書の端々から窺うことができるから……。年とともに、牛一の職務は第一線の戦闘員から、次第に官僚的なものへと重点が移っていったのであろう。

天正十年（一五八二）、本能寺の変で信長が死ぬと、牛一は一時、加賀の松任《まっとう》（現、石川県松任市）に隠棲するが、のち豊臣秀吉に仕え、天正十年代の後半には、山城の直轄地の代官や検地奉行を務めている。やがて老境に入った牛一は秀吉の側室松《まつ》の丸殿《まるどの》（佐々木京極《きょうごく》氏）の警護役を務めたり、豊臣秀頼にも仕えたりした。そして慶長《けいちょう》十五年（一六一〇）に八十四歳で健在であったことが確認されている。なお、かつて牛一は信長の祐筆《ゆうひつ》（書記）であったとされていたが、現在は否定されている。

以上のような、戦闘員、官僚、婦人子供付きの老臣という人生コースは、当時の中堅武士の理想とする生き方の一つであったと思われるし、それなりに波瀾に富んではいるが、大きな歴史の流れからすれば、とりたてて云々するほどのものではない。まして、現代人で彼の名前を知っているのは、研究家を別とすれば、よほどの歴史好きということになろう。それにもかかわらず、本書が冒頭で、このあまり日の当たらぬ人物を紹介したのは、彼が信長の同時代人の中で、信長について膨大な記録を書き残した唯一の日本人だからである。

そこでまず、牛一の作家活動を見よう。彼には、彼自身の生きた時代を扱ったドキュメンタリー作品が数点ある。そのいずれもが、研究者の間で、史料として比較的信頼性が高いとされている。

牛一の著書

その代表作は信長の一代記で、これには牛一の自筆本のほか、江戸時代の写本など伝本《でんぽん》が四十点ほどある。それらには『信長公記《しんちょうこうき》』(「のぶながこうき」とも呼ぶ)『信長記《しんちょうき》』(「のぶながき」とも呼ぶ)『安土日記《あづちにっき》』『安土記《あづちき》』『織田記《おだき》』など、さまざまな題が付いているが、書名として普及定着しているのは『信長公記』である。

これは、明治十四年(一八八一)に、甫喜山景雄《ほきやまかげお》という篤志家(我自刊我古書保存屋《がじかんがこしょほぞんや》主人と号す)が、自ら編纂刊行した歴史書シリーズ『我自刊我書《がじかんがしょ》』の一本として、同書を初めて刊行した際、たまたま『信長公記』という題がついている写本を底本にしたうえ、これがのちに旧岡崎藩儒者近藤瓶城《こんどうへいじょう》の子、圭造《けいぞう》が監修した『改定史籍集覧《かいていしせきしゅうらん》』十九に再録されて流布したため、以後、この題が普及、定着したのである。『信長公記』という題名は「のぶながこうき」と呼ぶべきかもしれないが、一般には「しんちょうこうき」で通っている。同書は角川文庫版の読み下し本で四百頁を越えるほどの大作である。

なお『我自刊我書』の底本となった写本は、町田《まちだ》久成《ひさなり》という人の蔵書で、江戸初期の寛永年間（一六二四〜四四）頃の古写本《こしゃほん》であったという。この町田本は、今日では所在不明であるが、『我自刊我書』の刊本を他の伝本と比べると、『我自刊我書』が底本をかなり忠実に写していることが認められる。それゆえ本書では『我自刊我書』所収の刊本を、伝本の一つとして扱う。

『信長公記』以外の牛一の著書としては太閤、豊臣秀吉に関する記録を主な題材とする『大《（マヽ）》かうさまくんきのうち（太閤様軍記の内）』、慶長五年（一六〇〇）の関が原合戦と合戦後の徳川家康《いえやす》の事績を主な題材とした『太田和泉守記』（これは後人の付けた題で、『関原御合戦《せきがはらごかっせんの》双紙《そうし》』と呼ぶのが正しいかもしれない）、秀吉を祭る京都の豊国《ほうこく》神社で、慶長九年（一六〇四）八月十八日に行われた、豊国大明神臨時御《だいみょうじんりんじご》祭礼《さいれい》の記録である『豊国大明神臨時御祭礼記録』、慶長十二年（一六〇七）と十四年に起きた、公家《くげ》の風紀紊乱《びんらん》事件を題材とした『今度《こんど》之《の》公家双紙《くげのそうし》』などがある。

これらのなかでは『信長公記』が早くに成立し、以下、年代順に成立したと思われる。そこでまず、これらの著書を参考にして、牛一のドキュメンタリー作家としての経歴や、著述の姿勢、手法などを見ておこう。

奥書にみえるその経歴

牛一の作家としての経歴と姿勢を端的に伝えるものに、彼の著書の奥書《おくがき》がある。牛一の著書には、しばしば自筆の奥書が見られるが、そのうち最も長く、かつ重要なものが、尾張徳川家伝来の文書類を収めた蓬左《ほうさ》文庫にある、牛一自筆の『太田和泉守記』（題箋《だいせん》は『大田和泉守記』となっている）の奥書である。つぎにその全文をあげよう。

〈原文〉

此一冊、太田和泉守、生国尾張国春日郡《カスカイノコホリ》山田庄安食之住人也。八旬ニ余リ、頽齢已ニ縮マツテ、拭キ二渋眼ヲ一、雖レ尋《タドルト》二老眼之通路一、不スレ顧ミ二愚案ヲ一心之浮所、染二禿筆ヲ一訖。予、毎篇日記之次イテニ書載スルモノ、自然ニ成レ集ト也。曾非二私作私語ニ一。直タニ不レ除レ有ヿヲ不レ添レ無ヿヲ。儻《モシ》一点書スルレ虚ヲ則キンハ天道如何ン。見ン人者、啻下令メシメ玉ヘ一笑ヲ一見上レ実ヲ。

　　　自元

内大臣信長公之　　　臣下也。其後

太閤秀吉公之　　　　臣下也。今又

右大臣秀頼公　　　　臣下也。

将軍家康公

関白秀次公
五代之軍記如此。且世間笑草綴置也。
丁未九月十一日　太田和泉
牛一（花押）
志水小八郎殿
まいる

（振り仮名・返り点も原文のまま）

〈読み下し〉

此《こ》の一冊、太田和泉守、生国《しょうごく》尾張国春日郡《かすがいのこおり》山田庄《やまだのしょう》安食《あじき》の住人なり。八旬《はちじゅん》に余《あま》り、頽齢已《たいれいすで》に縮《しじ》まって、渋眼《じゅうがん》を拭《ふ》き、老眼の通路《かよいじ》を尋《たど》るといえども、愚案《ぐあん》を顧みず心の浮ぶ所、禿筆《とくひつ》を染め訖《おわんぬ》。予《よ》、毎篇《まいへん》日記の次《つ》いでに書き載するもの、自然に集《しゅう》と成るなり。曾《か》つて私作私語に非《あら》ず。直《ただ》に有ることを除かず無きことを添えず。儻《もし》一点虚《きょ》を書する則《と》きんば天道《てんどう》如何《か》ん。見ん人は、啻《ただ》に一笑をして実を見せしめたまえ。

元より
内大臣信長公の　臣下なり。其後
太閤秀吉公の　臣下なり。今又
右大臣秀頼公　臣下なり。
将軍家康公

関白秀次公
五代の軍記此の如し。且は世間の笑草に綴り置くなり。
丁未九月十一日　太田和泉
牛一（花押）
志水小八郎殿
まいる

〈釈文〉

この一冊について書きます。私、太田和泉守は尾張国春日（井）郡山田庄安食の出身です。八十歳を越え、老齢もすでに極まって、衰えた眼を拭《ぬぐ》いながら、心に浮かんだことを書きました。私が日記を書いたついでに書き留めておいたものが、自然に集まって本になったものですから、勝手な創作ではありません。あったことは省きませんし、なかったことは載せませんでした。一つでも偽りを書いたら天道はいかが見るでしょうか。読者は、一笑して実を見て下さい。

私は信長公、秀吉公の臣下を経て、現在は秀頼公の臣下です。この御《お》三方《さんかた》に家康公と秀《ひで》次《つぐ》公を加え、五代の軍記を世間の笑い草にとまとめました。

この奥書は、彼の出自や執筆の姿勢と方法を示すとともに、彼が信長、秀吉に仕えたのち、秀頼に仕えていることや、この三人に家康と秀次を加えた計五人の軍記を著述したことなど、きわめて重要な内容を含んでいる。文中の信長の軍記は『信長公記』、秀吉の軍記は『太閤軍記《たいこうぐんき》』、秀頼の軍記は後述する『豊国大明神臨時御祭礼記録』、秀次の軍記は『太閤軍記』の一部がそれに当たるといわれており、家康の軍記が、この『太田和泉守記』ということになる。年紀の「丁未《ていび》」は慶長十二年（一六〇七）のこと、また宛て所の「志水小八郎」は尾張藩の家老である。牛一が有力者に著書を献呈した実例として注目される。なお、岡山大学池田家文庫所蔵の『信長公記』の巻十二にも、これとほぼ同文の奥書がある。ただし、こちらは自筆ではなく年紀もない。

いずれにしても、これらの奥書によれば、牛一の著書は、折々に書きためておいた記録にもとづき、創作の手を加えずに執筆されたことになる。牛一が信長の在世時から記録をとっていたらしいことは、『信長公記』に当時のメモを丸写しにしたような箇所があることからも推測される。また、前田家伝来の文書類を収める尊経閣《そんけいかく》文庫所蔵の一伝本（外題『安土日記』）では、信長を一貫して「上様《うえさま》」と呼んでいる。この呼び方は信長の在世時、または没後、あまり時間がたっていない頃のものであろうから、これまた、牛一が信長の在世時に書いた記録をもとにして『信長公記』を執筆したことの証拠になろう。

さらにいえば、『信長公記』は部分的には、信長の在世中に成立していた可能性さえ考えられるのだが、この点は後述する。

牛一の執筆方法

牛一の著書は広範な題材を扱ったドキュメンタリーであるから、多くの情報提供者や参考資料を必要とした。たとえば、前出の池田家文庫の『信長公記』巻十五には、本能寺の変における信長の最期の模様を、女房衆から取材したように記されている。ただし、つぎに紹介する『今度之公家双紙』のように、情報提供者の氏名が確認されることは稀である。

『今度之公家双紙』は慶長十二年（一六〇七）と十四年（一六〇九）に起きた、公家の風紀紊乱事件を題材としたものである。慶長十二年、公家の猪熊教利《いのくまのりとし》は宮中の女官との密通が発覚し、後陽成《ごようぜい》天皇の勅勘《ちょっかん》をこうむって出奔した。ついで十四年には烏丸光広《からすまみつひろ》以下の公家たちと女官たちとの乱交が発覚した。朝廷からこの事件の処理を依頼された徳川家康は、関係者のほとんどを流罪《るざい》に処した。また、九州の日向《ひゅうが》に隠れていた猪熊教利は、公家と女官たちの一斉検挙を知り、朝鮮へ脱出しようとして捕らえられ、公家と女官の仲介をした典薬《てんやく》（医師）兼康備後《かねやすびんご》とともに京都で斬られた。これを機会に家康は朝廷に介入し、慶長十八年（一六一三）六月の「公家衆御条目《くげしゅうごじょうもく》」と元和《げんな》元年（一六一五）七月の「禁中並公家《きんちゅうならびにくげ》諸法度《しょはっと》」の公布で朝廷を完全に統制下に置いている。

このような宮中のスキャンダルに係わる事件について、牛一はどのようにして情報を得たのか。その答えは、太田家伝来の牛一の自筆本の奥書に、明記されている。つぎにその原文を紹介しよう。

〈原文〉
柳原《やなぎわら》大納言《だいなごん》殿《どの》後室《こうしつ》楊林院殿《ようりんいんどの》、極《ごく》月二日、駿河《するが》より御上洛にて御物語、此趣《おもむき》にて候也。禁中之御事なれば、淵底尽《えんていつく》しがたし。少々外様《とざま》より且《かつは》承及分にて候也。
慶長十伍庚戌《こうじゅつ》　八月廿三日
牛一（花押）
丁亥《ていがい》八十四歳

これにより、柳原大納言（淳光《あきみつ》）の後室（未亡人）、楊林院が、駿河から上洛した際、牛一に情報を提供したことがわかる。牛一が、このように公家方を含む広範な提供者を得ることができるようになったのは、第一線の戦闘員を退いてからであろう。文中の「丁亥」は牛一の生年を示す。

ちなみに公家の山科言緒《やましなときお》の日記『山科言緒卿記《きょうき》』の慶長十八年（一六一三）四月六日の条に、慶長十七年（一六一二）の仙洞御所《せんとうごしょ》の御物目録《ごもつもくろく》が記載されており、その中に「太閤軍記補暦《ほれき》二冊」とある。この『太閤軍記』が、牛一の著した『大かうさまくんきのうち』の底本にあたると考えられている。晩年の牛一が、公家の夫人から情報を得ることができる立場にいたことを考えれば、彼の著書が、仙洞御所に収められていたとしても怪しむに足りない。

作家・牛一のバイタリティ

牛一の自筆本の『今度之公家双紙』には、いま一つ、熱田神宮宮司《ぐうじ》角田家伝来の一本があり、その奥書は「慶長十伍庚戌正月二十三日」となっている。つぎに近藤瓶城が明治十四年（一八八一）～十八年（一八八五）に刊行した『史籍集覧』にも一本が収められている。これは『太田和泉守覚書』と題されており、前二本と違って仮名書きであるが、内容は同じである。その奥書には「慶長十五かのへ　いぬ　二月二日　太田いつみのかみ　ひのとのい八十四さい」とあり、さらに「右一帖以㆓和泉守自筆本㆒、書写了。寛政八年二月　検校《けんぎょう》保己《ほき》一《いち》集」とある。

ようするに、牛一は慶長十四年（一六〇九）に決着のついた宮中のスキャンダル事件の情報を、その年の年末に入手し、遅くとも翌年の正月中には執筆、脱稿しているのである。そして同年の二月二日と八月二十三日付けでさらに二本を作成しているのである。これらは献呈の目的で追加作成されたものであろうが、仮名書きのものがあるところを見ると、献呈の相手には女性も含まれていた可能性がある。作成の日付が確認されているのは、右の三本だけだが、実際にはさらに多く作られたかもしれない。

ともかく牛一が事件直後に執筆、脱稿し、幾本も作成したという事実は、この事件に対する世間の関心の高さを示すとともに、牛一の速筆ぶりを伝えるものといえる。この年、牛一は八十四歳だったのであるから、そのバイタリティには脱帽せざるをえない。

なお、牛一は半年ほどの間に、『史籍集覧』に収められたものを含めて自筆本を少なくとも三本作成しているが、彼の年齢や健康状態（筆跡に震えが著しいから中風などを患っていたとみられる）を考えると、他人を雇って筆写させてもよかったように思う。実際、そういうことも行ったかもしれないし、他人に貸して筆写させる方法もあったわけである。それにもかかわらず、高齢の牛一があえて自筆本をいくつも作ったのは、献呈する相手へ敬意を払ってのことかもしれないが、相手から自筆本を要求されたためとも考えられる。信長・秀吉・家康の時代を生き抜いた人物の自筆本の重みは、誰もが理解していたはずだからである。

作家・牛一のサービス

さて牛一は同時代の、それも作者の身近に起きた事件を扱うドキュメンタリー作家であったから、彼の活動が知られるようになると「私のことや親のことも書いてくれ」といった注文をつける者が現れるのは自然の成り行きであろう。ことに読者の過半を占めたとみられる武士たちは、軍記に記録されることに、抑えがたい魅力を感じたはずである。

こうした人々は購読者でもあり、貴重な情報提供者でもあるから、牛一も彼らの喜ぶようなサービスに努めている。その事実を伝えるものとして、牛一が慶長某年四月二十七日付けで、かねて親交のあった美濃の豪族、坪内利定《つぼうちとしさだ》に宛てた書状（坪内文書）の追而書《おってがき》（追伸）を紹介しよう。

仍《よって》、御子息様達四人、関原御合戦双紙《せきがはらごかっせんのそうし》に書入れ申候。此《この》双紙、只今、進し度《たく》候得共、写し申度の由候て、よ所《そ》へ、所望にて、借（ママ）遣し候間、其儀《そのぎ》無く候。

〈釈文〉

息子さんたち四人のことを、『関原御合戦双紙』に書き入れました。この本はすぐにお渡ししたいところですが、書き写したいという人がいるため、他所に貸し出しているので、それができません。

ここに利定の「御子息様達四人」を著書に書き入れたとあるのは、牛一のサービス精神を示すものとして興味深い。彼の著書は同時代の歴史的事件を多く扱っているだけに、事件の関係者やその親族などは、格別の関心を寄せたであろうし、その中に名前が記載されることを名誉に感じた者も多かったであろう。実際、池田家伝来の『信長公記』（牛一自筆本）では他人の名前を削ることまでして、池田氏の事績を書き入れているほどである。牛一の著書の人気の原因はここにもあったのである。また、この書状により、彼がその著書を、書写の目的で他人に貸すこともあったことがわかる。

なお、文中の「関原御合戦双紙」が前出の『太田和泉守記』の関が原合戦の記事をさすのは明らかだが、この「関原御合戦双紙」が、厳密に関が原合戦関連の記事のみをまとめたものか、『太田和泉守記』のように他の記事まで盛り込んだものかは不明である。したがって、『太田和泉守記』をただちに『関原御合戦双紙』と呼ぶことには、なお検討の余地がある。

ちなみに、この書状の差し出しには「大坂タマツクリ太田和泉牛一」とあって、牛一が大坂の玉造《たまつくり》（大坂城の南東。現在の大阪市天王寺区・東成区内）にいたことがわかる。

ところで、彼は、坪内父子の記事を書き込んだ著書を、坪内氏に渡す前に、他人に貸しているが、執筆と同時に坪内氏に献呈してしまう可能性もあったわけである。そうした場合、牛一が、手元に残した草稿などを丸写しにして、再び『関原御合戦双紙』を書こうとすれば、坪内父子の記事のない本が作られることもありうる。

このように考えると、牛一の著書を史料として扱うことが、案外難しいということが想像される。一つは、彼の著書の中で、伝本により、特定の記事があるものとないものとがあった場合、記事のあるものが先に書かれたのか、ないものが先に書かれたのか判断が難しいということである。

また、彼が著書を貸し出している最中に、別な注文者から依頼を受けたため、たまたま手元にあった古い草稿を写して献呈するといった場合もあるはずで、そうなれば実際に書写したのは最近でも、内容的には古いといったものができるわけである。現に『信長公記』の伝本の中に、そうしたものが存在する。

なお、彼が著述の過程で、実際に草稿を作ったことは、太田家伝来の牛一自筆の『豊国大明神臨時御祭礼記録』の内題に、「慶長九甲辰八月十八日　豊国大明神臨時御祭礼記録　さうあん（草案）　太田和泉これを作る」とあることで知られる。

ともかく、現代の常識からすれば、別々の時点で書かれたA、B、Cの三つの伝本がある場合、書かれた時が古いほど、内容的にも古いということになるが、牛一の著書では、その常識が通用しない。したがって、牛一の著書に関しては、最晩年に書かれたとみられるものが、形式的に最も整い、内容的に最も充実しているとは、いい切れないのである。ここに彼の著書を扱う際の難しさがある。

軍記読み牛一

牛一はたんに物を書くばかりでなく、人前で著書の内容を語り聴かせることもあったらしい。それは、醍醐寺座主《だいごじざす》の義演《ぎえん》（一五五八～一六二六）の日記『義演准后日記《じゆごうにっき》』の慶長三年（一五九八）三月十七日の条に、

太田又助来る。信長公以来、当御代に至る記録、これを書く。少々は暗誦《あんしよう》の躰《てい》なり。

とあるからで、これにより、牛一が信長と当御代（秀吉）の記録をつけ、「少々は暗誦」もしていたことがわかる。ここにみえる信長の記録が『信長公記』であり、秀吉の記録が『太閤軍記』であろう。ちなみに秀吉はこの年の八月十八日に死去している。

ところで、「少々は暗誦」といっても、『信長公記』全体を暗誦することは容易でないし、その必要もない。牛一が暗誦したのは、聴く者が関心を示す劇的な箇所のみであろう。実際、『信長公記』を見ると、簡略な日記を丸写しにしたような部分に混じって、短編小説のようによくまとまり、文章も十分練れて語り口の良い箇所がいくつもある。こうした部分を語り聴かせたのであろう。その際自分のテキストとして、語る部分だけを抜き書きしたものを作り、さらにそれを譲り渡すこともあったと思う。抜き書きならば、簡単に作れるし、読者も容易に購入できるからである。

以上のような推論の論拠の一つとして、『信長公記』巻十二の荒木村重《あらきむらしげ》一族の処刑の記事を紹介しよう。天正六年（一五七八）、摂津《せっつ》伊丹《いたみ》城（有岡城。現、兵庫県伊丹市）の城主荒木村重は信長に反旗を翻したが、翌七年九月、城を捨てて逃亡した。残された一族は十二月十六日に婦女、幼児、乳母《うば》、下女《げじょ》まで京都で処刑された。これは文禄《ぶんろく》四年（一五九五）に秀吉が行った、関白秀次《ひでつぐ》一族処刑に匹敵する大事件であった。そこで『信長公記』巻十二を見ると、天正七年十二月朔日《ついたち》から十六日までの記事は日記体で日を追って書かれている。そして十六日に信長が荒木一族を京都で成敗せよと命じたとの記事がある。

ところが、そのつぎの文章が「去程に《さるほど》」という書き出しで始まり、前年十月の荒木の謀叛、信長の伊丹攻め、村重の逃亡、村重の重臣池田和泉《いずみ》の自害などの記事が続き、女房衆が辞世を書いたという記事で一段落するのである。そのうえで「さて、十二月十六日辰《たつ》の刻《こく》」として一族処刑のありさまが生々しく語られている。

ようするに、「去程に」から十六日までの記事は、処刑にいたる経緯を、時間をさかのぼって述べているのである。当然、前に一度は書かれた事柄が、重複して書かれることになるわけで、池田和泉の自害の記事など、ほぼ同文が二ヵ所に書かれることになる。これは、日付を追った記録の中に、荒木一族処刑を主題にした短編小説が割り込んだようなもので、本の体裁としては具合が悪い。

だが、こうした短編小説的な部分は『信長公記』にしばしば見られる。それは読者や聴取者の関心が、これらの部分に特に高かったためであろう。牛一もこうした部分の文章を練り上げて、その抜き書きを読者に献呈し、また人前で暗誦もしたと思われる。

ところで、このような短編小説的な部分は日付を追った信長伝記が書かれたのちに、あらためてまとめられたと考えられがちである。だが、読者の関心が特定の事柄に集中するのが自然の成り行きとすれば、信長の全生涯を順を追って描いた伝記が成立する以前に、読者の関心を引くような特定の事柄のみを題材とした短編が作られたとしても不都合ではない。換言すれば、信長の在世中に特定の事柄を題材とした短編が作られ、それが日付を追った『信長公記』にそっくり収められた結果、現存の伝本のような不体裁な形態になったとも考えられるのである。

　そこで注目されるのが、天正九年（一五八一）に毛利氏への押さえとして、姫路城にいた秀吉が、三月五日付けで、信長の側近の長谷川秀一《ひでかず》に宛てた書状（富田文書）の一節である。この年の二月二十八日、信長は京都で盛大な御馬揃《おうまぞろ》え（観兵式）を行って権勢を誇示したが、その盛大さを伝え聞いた秀吉は、書状の中で、欠席したことを残念がったうえで、

　各《おのおの》御《お》仕《し》立《た》て共、せめて承りたく候て啓《けい》せしめ候。御報つぶさに示し預かり候はゝ、本望たるべく候。

〈釈文〉

せめて、参加者たちの服装などを教えていただきたい。詳しく教えていただければたいへん嬉しく思う。

と書いているのである。

　天下の盛事であったこの御馬揃えの記録を、このように欲しがったのは、秀吉一人ではあるまい。実際には、秀吉のような現場にいなかった者ばかりでなく、実見した者や参加した

者も記録を欲したであろう。そこで『信長公記』巻十四の御馬揃えの記事を見ると、かなりの長文で美辞麗句を連ねて各自の服装や行事の進行状況が解説されている。またその冒頭には「御馬揃」と表題を掲げ、末尾は「晩に及び御馬を納《い》れられ、本能寺に至つて御帰宅。千《せん》秋《しゅう》万歳《ばんぜい》珍重《ちんちょう》珍重《ちんちょう》（めでたしめでたしの意）」となっている。ようするに短編として完全に独立した体裁をとっているのである。これこそ「せめて承りたく候」と書いた秀吉の要求を、完璧に満たすものであろう。

もちろん、これほど洗練された文が、御馬揃えが終わるやいなや作られたとするのは早計かもしれない。だが、牛一が時事ネタを短編としてすばやくまとめることに、なみなみならぬ手腕があったことは、前述のように、慶長十四年（一六〇九）の猪熊教利の断罪事件を、遅くとも翌年正月までに『今度之公家双紙』と題して短編にまとめていることで、明らかである。

したがって、御馬揃えの直後、すなわち信長の在世中に、これを主題とした短編が作られたとしても、不都合ではない。ちなみに内閣文庫（国立公文書館）に『信長公御馬揃』と題する一本があり、『信長公記』の中から御馬揃えの部分を抄出したものとされているが、これは同書巻十四の巻頭部分のみの残闕本《ざんけつぼん》であり、たまたまその中に御馬揃えの記事が含まれているため、抄出本《しょうしゅつぼん》と誤解されているのである。それはともかく、牛一は著書の中から一部分を抜き出して抄本を作ることがあった。その好例が『大かうさまくんきのうち』である。

『大かうさまくんきのうち』（慶応義塾大学図書館に牛一自筆本あり）は秀吉に関する記録である。この題は「太閤様軍記の内」と読めるし、事実、同書は、今日では所在不明の『太閤軍記』をはじめとする、牛一の著書から抜き書きしたものと認められる。

さて『大かうさまくんきのうち』の内容であるが、豊臣秀次をはじめ、非業の最期を遂げたり没落したりした人々（なかには秀吉にあまり関係ない人もいる）の記事が半ばを占めている。そして、これらの記事は常に「天道《てんどう》恐ろしき事」という言葉で締めくくられている。これに対し、記事の後半は一転して「天道」（詳細は後述）に適った秀吉の治政と栄華が強調される。同書執筆の動機に、秀次と秀吉の事績を実例として「天道」による因果応報《いんがおうほう》を説かんとする意図があったことは明白である。

『大かうさまくんきのうち』は内容的にみて、牛一の七十～八十歳頃の作であることが明らかである。また慶応義塾大学本は、筆跡に震えが目立つが、高価な鳥の子紙に一字一字丁寧に書かれており、字体が崩れていない。ほぼ全体が仮名書きで、漢字はやさしい字のみ用い、その一つ一つに牛一の自筆で振り仮名が振られている。以上のことから慶応義塾大学本『大かうさまくんきのうち』は、幼年の貴人に対し、秀次と秀吉の事績を実例に挙げて治政の指針を説いた訓戒の書として書かれたものと考えられている。牛一の経歴から推して、その幼児とは秀頼である可能性がある。

伝本間の微妙な違い

ところで、いまここで注目したいのは、牛一が、先行して著した自身の著書から抜き書きをして『大かうさまくんきのうち』を編纂したことである。同書の秀吉に直接関係する記事が『太閤軍記』の抜き書きであることは明らかだが、『太閤軍記』だけがテキストとして利用されたとは考えがたい。

たとえば、『大かうさまくんきのうち』には悲惨な最期を遂げた人々の例として、息子の義龍《よしたつ》と戦って敗死した斎藤道三《さいとうどうさん》が紹介されている。道三については、秀吉の事績にはあまり関係がないから『太閤軍記』でも、ほとんど触れていなかったと思う。しかるに『大かうさまくんきのうち』の中では、これが異常に長く詳しい。それはこの記事が、同書執筆に際して創作されたものではなく、先行する著書からほぼ全文を引き写されたためとみられる。現に、この記事は、それに先行して書かれた『信長公記』首巻《しゆかん》に収められた道三に関する記事と酷似しており、『大かうさまくんきのうち』執筆時の創作ではないことがわかる。つぎにその一部を原文のまま紹介する。

四月廿日、辰剋《たつのこく》、戌亥《いぬい》へ向て新九郎義龍《よしたつ》人数を出し候。道三も鶴山《つるやま》をおり下り奈加良《ながら》川端迄人数を被レ出候。一番合戦に竹腰道塵《たけのこしどうじん》六百計《ばかり》真丸成《まんまるになり》て、中の渡りを打越、山城道三《やましろどうさん》の幡《はた》元《もと》へ切かゝり、

（『信長公記』首巻　町田本）

四月廿日、うのこく、新《しん》九郎よしたついぬゐへむかつて、たうさんゐぢん（居陣）のつる山へにんしゆをいたし、たうさんもなから川《かわ》きわまてかけむかひ、ざい〳〵しよ〳〵にけふりをあけられ、しかるところに竹のこしたうぢん六百はかり、まんまるになつてかわをこし、たうさんはたもとへきりかかり、（『大かうさまくんきのうち』慶応義塾大学本）

一見してわかるように、両者の内容は、仮名書きか否かを別として、ほぼ一致する。したがって『大かうさまくんきのうち』の記事は、それに先行して成立した『信長公記』から抜き書きされたとも考えられるのだが、事実はそれほど単純ではない。『信長公記』の斎藤道三の記事をみると、一般の記事と異なり、年代を追って書かれてはいない。すなわち、道三の最期を記したところに、その経歴や人柄がまとめて記載されているのであり、あたかも道三の一代を記した短編小説のような体裁をとっている。

このことは、『信長公記』とは別に独立した道三の短い伝記が存在した可能性を示すものである。したがって、『大かうさまくんきのうち』の記事は『信長公記』からではなく、この道三の伝記から写されたとも考えられるのである。いずれにしても、牛一が『大かうさまくんきのうち』の編纂にあたって、先行する自身の著書をテキストにしたことは確かである。そして牛一は著述の際、こうした作業をしばしば行っている。一つには、献呈のために著書を書き写すことが多かったからである。ところが、伝本同士を比べてみると、同一の事柄に関する記事について、用字、表現、文の長さ、人名の記載順などが微妙に違ったものが多い。これは、彼が必ずしもテキストの丸写しをしなかったことを意味する。

前掲の斎藤道三の最期の記事を見ていただきたい。この二つの引用文を比べると、一方が漢字を交え、一方が仮名書きであるといった違いを別にして、字句や言い回しに違いがある。だが、その違いは内容を左右するほどのものではなく、また一方が素朴で一方がより洗練されているとも見えない。したがって、一方をテキストにして他方を書いたとすれば、なぜテキストを丸写しにせず、このようにどうでもよいようなところを違えて書いたのかという疑問が生じる。

一つ考えられることは、字配りの問題である。書写する際、紙面の余白の有無で、漢字を多く用いて行を詰めたり、逆に仮名を多く用いて行を延ばしたり、字句の前後を置き換えて、行内に収まるようにすることは、珍しいことではない。ことに牛一の場合、自身の著書を写すのであり、他人の著書の完璧な複製を作るのが目的ではないから、字配りや用字を適当に変えることに、なんら抵抗を感じなかったであろう。

いま一つ考えられることは、記憶力のよい（牛一が著書を「暗誦」できたことを想起されたい）牛一としては、テキストを一字一句丸写しにするよりも、思うままに筆を走らせたほうが、能率があがったのではないかということである。また時には、まったくテキストを見ず、記憶のままに筆を走らせたこともあったと思う。その結果、内容にはあまり違いがないものの、字句や言い回しに違いがある文章がいくつも作られたのであろう。このことは、彼が速筆であり、また一字一句違えずに書き写すといったことに、こだわらなかったことを窺わせる。こうした牛一の執筆態度は、彼の著書を史料として扱う場合、注意すべき点である。

2　『信長公記』の特色

『信長公記』の構成

それでは『信長公記』の構成を見よう。

『信長公記』には、信長の生涯が前後二期に分けて、別個にまとめられている。一つは信長の父信秀が活躍した時代の、尾張の状況から説き起こし、永禄十一年（一五六八）に信長が十五代将軍の足利義昭《よしあき》を奉じて上洛するまでの事跡をまとめたもので、普通「首巻《しゅかん》」と呼ばれている。いま一つはこの上洛から、信長が家臣、明智光秀の謀叛で最期をとげる、天正十年（一五八二）の本能寺の変までの十五年間の事跡をまとめたものである。こちらには特に決まった呼び方がないので、後述する理由から、ここでは仮に「十五帖《じゅうごじょう》」と呼ぶことにする。

まず「首巻」では、その巻頭で「是《これ》は信長御入洛《ごにゅうらく》なき以前の双紙なり」と断っているように、プロローグとして信長の父信秀の時代の尾張の状況から筆を起こし、信長の青年期の事跡が語られる。歴史好きには馴染《なじ》み深い、若き日の信長が傍若無人なふるまいのため〝うつけ〟と呼ばれたとか、父信秀の葬儀の際、仏前に抹香を投げつけたとか、舅《しゅうと》の斎藤道三との対面で道三を圧倒したといった有名なエピソードは、すべてこの「首巻」に出ている。もちろん、永禄三年（一五六〇）の桶狭間合戦も語られる。そして彼にとって上洛への突破口となった永禄十年（一五六七）の稲葉《いなば》山《やま》城攻略の記事のあとに、翌十一年（一五六八）の上洛のことがエピローグ風に書かれている。ようするに、これだけでも読み物として完結しているのである。

これに対し「十五帖」は、信長が義昭を奉じて上洛するきっかけになった、永禄八年（一五六五）五月十九日の十三代将軍足利義輝《よしてる》（義昭の兄）の殺害から筆を起こし、信長上洛の記事につなげている。また末尾は本能寺の変による信長・信忠父子の死を描いたあと、当時堺にいた徳川家康が熱田まで脱出したという記事で終わっている。のちに家康が天下を取ることを予見したような終わり方であるが、実際に家康が天下を取ったあとで、牛一がこのような終わり方にまとめたのかもしれない。牛一は慶長十五年（一六一〇）までは存命しているから、こうしたことも可能だったわけである。

ところで、上洛から本能寺の変までは十五年あるが、牛一はこれを一年ごとに一巻にまとめ、全十五巻としている。

伝本の中には、十五巻を二、三冊ないし数冊にまとめたものもあるが、最も良質の伝本である京都の建勲神社《たけいさおじんじゃ》（一般には「けんくんじんじゃ」と呼ばれる）所蔵の一本（全巻牛一自筆）や岡山大学池田家文庫所蔵の一本（十五巻のうち十四巻は牛一自筆）は、一年分の記事を一冊（一帖）ずつにまとめ、全十五冊（十五帖）とし、通しの巻ナンバーを付けている。そしてこれが一つの定型であったことは、牛一自身が池田家文庫本の奥書で、信長が天下に号令した十五年間の事跡を十五帖にまとめたと述べているから、間違いない。つぎにその一節を原文で紹介する。

　信長公天下十五年被二仰付一候。不レ顧二愚案一、十五帖ニ認置也。

〈読み下し〉
　信長公、天下十五年仰せ付けられ候。愚案《ぐあん》を顧みず、十五帖に認《したた》め置く也。

（池田家文庫本巻一の自筆の奥書より抜粋）

　このように特定の十五年間の記事を年ごとに十五巻にまとめたのが「十五帖」なのであるから、第何巻に何年の記事が載っているか明瞭にわかる。

　さて『信長公記』では、信長の四十九年の生涯が「首巻」と「十五帖」とを併せることで、はじめて完結するのだが、両者はそれぞれ独立した体裁をとっており、前編、後編とか第一部、第二部といったかたちにはなっていない。また時間的には生涯の三分の一を扱ったにすぎない「十五帖」のほうが、「首巻」の四倍の分量がある。内容的にみても「首巻」が日記や覚書をかなり雑駁《ざっぱく》にまとめているという印象を与えるのに対し、「十五帖」はおおむね日付を追って、整然とまとめられている。さらに伝本についても、両者が一組になっている例は稀で、大抵は「十五帖」のほうだけで伝えられている。

以上のことから、両者は別個に成立した可能性が高いと考えられている。すなわち牛一は、信長の生涯のうち「天下十五年仰せ付けられ」た栄光の日々の事跡をまずまとめて「十五帖」とし、のちに、それ以前の事跡に関する記事を寄せ集め、「信長御入洛なき以前の双紙」としてまとめたというのである。この説では、両者の編纂には明瞭な前後関係があったことになる。

ところが「首巻」を見ると、個々の事件の書き方はたいてい「何月何日に……」という書き出しになっており、それが何年のことかわかりにくいものが多い。それは「首巻」に記載された上洛以前の記事も、それ以後の記事と同様に、早くから一年ごとにまとめられていた事を示すものではないか。そしてそれが、ある時点で一まとめにされて、現在みるような「首巻」の形になったため、各記事の年紀がわかりにくくなったとも考えられる。したがって、「首巻」に記載された上洛以前の記事も、本来は「十五帖」と同様、一年ごとにまとめられていたと考えたほうがよさそうである。

では現在のような「首巻」はいつ成立したのであろうか。その巻頭で「信長御入洛なき以前の双紙」とわざわざ断っているところから、これを上洛以後十五年間の記事をまとめた「十五帖」成立以後、すなわち信長の没後、ある程度たってからとみるのが一般的であるが、事実はそれほど単純ではない。

それは「十五帖」の巻一が、独立した書物としての体裁・内容を持っているからである。すなわち同巻は、信長上洛の契機となる将軍足利義輝の殺害から筆を起こし、後継者たる足利義昭の流浪の記事のあとは、永禄十一年（一五六八）の信長の上洛をへて、居城岐阜への凱旋で終わるという首尾完結した体裁をとっており、よけいな記事がまったくない。しかも末尾を「千秋万歳珍重〳〵（めでたしめでたし）」と結んでいる。ようするに「十五帖」の巻一は、上洛を主題とする独立した記録の体裁をとっているわけで、『永禄十一年信長上洛之次第』といった題を付けてもおかしくない。そしてその分量は、冒頭部分を除けば、天正九年（一五八一）の御馬揃えの記事と大差のないほどの長さである。

このように、ある行事や事件を主題にした短編記録が、室町末期に盛んに作られたことは塙保己一《はなわほきいち》の編纂により文政《ぶんせい》五年（一八二二）に編集が完了した『続群書類従《ぞくぐんしょるいじゅう》』の、武家部所収の『永正《えいしょう》十五年室町殿上醍醐《かみだいご》御登山日記』『永禄四年三好亭御成記《みよしていおなりき》』などの存在により確認される。したがって、「十五帖」の巻一に収められた、上洛の記事の原型は、「十五帖」全体が成立する以前に、独立した短編として完成していた可能性がある。そして「信長御入洛の双紙」とも呼ぶべき、この短編が完成した時点で、それ以前の記事はいつでも一括されて

「信長御入洛なき以前の双紙」となりうるのである。すなわち上洛以前の記事をまとめた「首巻」は、信長上洛をまとめた「十五帖」の巻一の部分に対応するものとして、「十五帖」全体が成立する以前にまとめられたことも考えられるのである。

『信長公記』の成立時期

そこで、あらためて『信長公記』の成立時期を考えてみよう。この件に関して最も重要な史料は、前出の『義演准后日記』の慶長三年（一五九八）三月十七日の条の、

太田又助来る。信長公以来、当御代に至る記録、これを書く。少々は暗誦の躰なり。

という一節で、これにより慶長三年当時、牛一の手で、信長と秀吉の伝記が書かれていたことがわかる。もっとも『信長公記』の執筆時期はさらに遡る。

前述のように『信長公記』の奥書には、

予、毎篇日記の次いでに書き載するもの、自然に集と成るなり。

とあるから、『信長公記』の原型は、ほとんど同時進行形で書かれたということになるし、

事実、巻一の体裁や、御馬揃えの記事などを見ると、たとえ部分的にせよ信長の生前に成立していたことが、容易に想像される。もちろん、「十五帖」として完結したのは、信長の死後であるが……。

ともかく、この奥書の、日々書き留めておいたものが自然にたまったものであるとの言は信用してもよかろう。『信長公記』にはしばしば当時の簡単なメモを、日付順に羅列したようなところが見られる。また内容を当時の古文書・古記録と照らし合わせると、記述がかなり信用できるのである。はるかのちに記憶をたどって書いたり、他所から材料を集めて書いたりしたものならば、こうはいくまい。

しかも『信長公記』の伝本のうち、尊経閣文庫所蔵の一本（外題『安土日記』一帖、天正六、七年の記事の一部のみの残闕本）では、信長のことを他の伝本のように「信長公」「信長」などとせず、「上様」と呼んでいる。これが信長の生前ないし没後あまり時間がたっていない時点での呼び方であるのは明らかである。一方、前述の奥書に、牛一が日々メモをとっていたとあるが、それらのメモでは当然信長を「上様」と呼んでいたはずである。そして、それらのメモにもとづいて『信長公記』を執筆したのであれば、信長を「上様」と呼ぶ伝本が存在しても不思議はない。

もちろん「上様」という呼び方は普遍性がない。したがって牛一が伝記を繰り返し書き綴ってゆく過程で、これが「信長公」「信長」といった呼び方に置き換えられてゆくのは自然の成り行きである。ことに、牛一自身、遅くとも天正十年代の後半には秀吉に仕えているから、この頃には日常会話の中でも、信長を「上様」と呼ぶ機会はほとんどなくなったと思う。

ところで『信長公記』の「十五帖」の良質の伝本は一年分の事跡を一帖ずつにまとめている。これらには巻頭にその内容を示す年紀があるだけで、十五巻のうち第何巻にあたるのかが記していないことが多い。また末尾には、しばしば「珍重珍重」といった言葉が見られる。すなわち「十五帖」は、一帖ずつが独立した読み物の体裁をとっているわけである。このことは、信長の生前、すでに信長の事績が一年ごとにまとめられていた可能性を示すものであろう。筆まめであると同時に、編集好きの牛一が、信長の死ぬのを待って、一挙に十五帖をまとめたとは、とうてい考えられない。つまるところ、『信長公記』は信長の生前に、少しずつ編纂されていったとみるのが妥当であろう。したがって、信長自身が『信長公記』を目にする機会もあったことになるが、残念ながら、この点に関する史料は見当たらない。

『信長公記』の伝本

『信長公記』の伝本は、牛一の自筆本や写本など、あわせて四十点ほど知られている。それらは『信長公記』のほか『信長記』『原本信長記』『安土日記』などさまざまに呼ばれている。今日広く用いられている呼称は『信長公記』だが、建勲神社や池田家文庫の良質の伝本は、外題を『信長記』としているので、最近では、こちらを用いる研究者も多い。もっとも

『信長記』という呼称は、後述する小瀬甫庵《おぜほあん》の同名の著書とまぎらわしい。そこで小瀬甫庵の著書と区別するため、あえて牛一の著書を『信長公記』と呼ぶ研究者もいる。本書では、特に必要のないかぎり、牛一の著書を『信長公記』と呼び、甫庵の著書を『甫庵信長記』と呼ぶことにする。

さて伝本のうち、牛一の自筆本は前述の建勲神社所蔵の一本（十五巻十五帖、全巻牛一自筆）と池田家文庫所蔵の一本（十五巻十五帖、巻十二の一帖を除き牛一自筆）のほか、永禄十一年（一五六八）の事跡のみを一巻にまとめた尊経閣文庫所蔵の一本（外題『永禄十一年記』）および織田家所蔵の巻子《かんす》一巻（無題）がある。最後のものは牛一の『信長公記』を含む著書の中から、一部を抜き出して一巻にしたもので、その中に『信長公記』の巻十三にあたる天正八年（一五八〇）の事跡のうち、本願寺攻めに関する記事が含まれている。以上の四点が牛一自筆の『信長公記』で、他は写本である。

写本のうち、特に注意すべきものは、信長を「上様」と呼んでいる前述の尊経閣文庫所蔵の一本（外題『安土日記』）で、『信長公記』の伝本中、最も古態を示すものである。また内閣文庫所蔵の一本（外題『原本信長記《げんぽんしんちょうき》』、二冊）は前述の池田家文庫所蔵本を寛延《かんえん》三年（一七五〇）に写したもの、陽明《ようめい》文庫所蔵の一本（外題『信長公記』、首巻とも十六冊）は元禄《げんろく》十二年（一六九九）に前述の建勲神社本「十五帖」と、現在では所在不明の牛一自筆の首巻（添書《そえがき》に「泰岩事旧記《たいがんのこときゅうき》」とある。泰岩〈泰巌〉は信長の諡号《しごう》である）とを写したものである。この陽明文庫本は前述の町田本（『我自刊我書』『改定史籍集覧』所収）と、内容がほぼ一致する。

ところで、『信長公記』の伝本を比較検討してみると、建勲神社本と陽明文庫本のように、一方が他方を忠実に写した結果、ほとんど異同のないものもあるが、少なからぬ異同が見られるものもある。たとえば、ある伝本に見える事柄が、別の伝本にはまったく記載されていなかったり、ある事に関する数値が、伝本によりまちまちであったりするのである。その原因として、まず考えられるのは、誤写、誤読などによる単純ミスである。

実例を一つあげよう。長篠合戦の際、織田方の長篠城を包囲していた武田軍の「七首之攻《ななかしらのせめ》衆《しゅう》（七人の指揮官の部隊）」が、織田軍の別動隊に背後を突かれ、総崩れになった。この様子を『信長公記』の町田本には、

　七首之攻衆、案の外の事にて候間、致二癡忘《ハイモウ》一、風来而《かせきたつて》さして敗北也

（振り仮名原文のまま）

とある。この末尾の「風来而」という言葉は「風を食って」の意味にもとれそうであるが、牛一の自筆本である建勲神社本の同一箇所は、

七首之攻衆、案之《あんの》外《ほか》之事にて候間、致二癈忘《ハイマウ》一、鳳来寺《かせきたつて》さして敗北《はいぼく》也
（振り仮名・返り点原文のまま）

となっている。文中の「鳳来寺《ほうらいじ》」が長篠城の東（武田領側）にある古刹、鳳来寺をさすことは明らかであるから、町田本の「風来而」は「鳳来寺」の誤りであると認められる。前述のように町田本は所在不明であるから、誰がいつ、「鳳来寺」を「風来而」と誤ったのかも不明であるが、少なくとも牛一が自分の著書を転写しているうちに誤ったとは考えにくい。また「かせきたって」という振り仮名は、明らかに牛一以外の人物によるものとみられる。

ちなみに『信長公記』の牛一自筆本によれば、牛一には振り仮名を片仮名で書く習慣があったことがわかる。一方、町田本には片仮名と平仮名がともに用いられているが、このうち片仮名の振り仮名が振られた漢字は『信長公記』の牛一自筆本と共通する。したがって、町田本の底本になったものは、牛一が片仮名で振り仮名を振った自筆本、もしくはそうした自筆本を比較的正確に写した写本であり、ただ、平仮名の振り仮名だけは、牛一以外の人物により、加筆されたと考えられる。町田本を収録した『我自刊我書』の奥書に「配字の体ハ勉めて原本に倣へり」とあるが、平仮名と片仮名の振り仮名を使い分けていること一つをとっても、たしかに『我自刊我書』では底本を忠実に活字に直そうとした努力の跡が見られる。

それゆえ『我自刊我書』所収の町田本は、刊本ながら、史料として古写本と同等の扱いをうけている。

さて、「鳳来寺」を「風来而」と誤った町田本の例は、著者以外の人物による転写の際のミスの好例である。こうした誤写に振り回されぬためには、やはり著者自身による自筆本を利用するのが一番である。幸い『信長公記』には自筆本が四点ある。前述の建勲神社所蔵の十五冊、池田家文庫所蔵の十五冊（ただし巻十二の一冊のみ異筆）、尊経閣文庫所蔵の一冊、および織田家所蔵の一巻である。これらは、本書で「十五帖」と仮称した、永禄十一年（一五六八）以後の記録であり、それ以前の記事をまとめた「首巻」については、自筆本が見当たらない。また尊経閣文庫本は「十五帖」のうち、巻一に相当する部分のみをまとめたものであり、織田家本は『信長公記』の中から主に石山合戦に関する記事を抜き出したメモのような体裁をとっている。ともかくも、『信長公記』を史料として利用し、また引用するには、これらの自筆本を用いるのが賢明であろう。

ところが、ここに大変な問題がある。これらの四点を比べてみると、相互に、少なからぬ異同が見られるのである。特に「十五帖」の完本である建勲神社本と、これに準ずる池田家文庫本は、全体の分量が多いだけに、異同も多い。それらの異同には、漢字を仮名に置き換えたようなもの、「候」を「也」としたもの、改行の場所を違えたものなどのように、内容にあまり影響しないものもある。また、一方にある記事が他方にない例や、その逆の例もある。だが、最も問題なのは相互に矛盾する記事を載せている場合である。その具体例は、第五章の長篠合戦の中で紹介する。

『信長公記』に決定稿はあるか

二つの自筆の伝本の間に異同が見られる場合、たいていの研究者はまず、一方を改訂してもう一方が成立したというように、両者の前後関係を考えるものである。それは『信長公記』の池田家文庫本と建勲神社本についても例外ではない。すなわち従来の研究では、池田家文庫本がまず成立し、これを牛一が改訂したものが建勲神社本であるとされている。また池田家文庫本は未定稿、建勲神社本は決定稿とも呼ばれている。

だが、これらの通説には疑問がある。まず、両者の間の、家康に関する扱いの違いを見てみよう。〔表1〕（五五頁参照）は両者の中に家康の名が、どの巻にいくつ記されているかを示した。このように、家康の名は、池田家文庫本に四十六、記されているが、そのうち四十四までが家康公、家康卿、家康殿というように敬称をつけており、家康と呼び捨てにしているのは、巻十二の二つのみである。しかし、池田家文庫本の巻十二は、他の巻と紙質、装丁とも異なり、牛一の自筆本でもない。すなわち本来は別に書かれたものが、他の十四巻と取り合わせられているのである。したがって、この巻十二を除けば、池田家文庫本では家康に対し、完璧に敬称をつけていることになる。

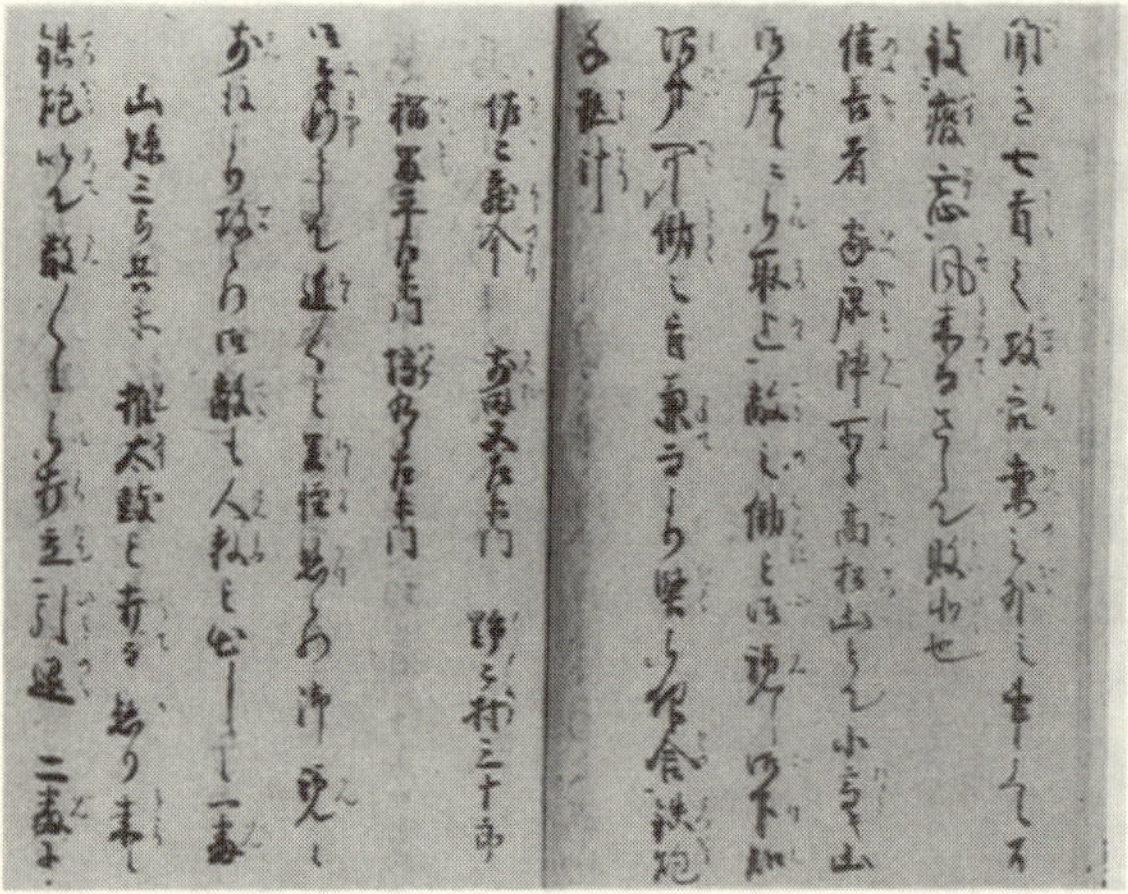

『信長公記』建勲神社本　巻八の長篠合戦の記事で「家康」を呼び捨てにしていること（右頁三行目）と、鉄砲隊の人数を「千挺計（ばかり）」としていること（同六行目）に注意（京都市・建勲神社蔵）

これに対し、建勲神社本では家康の名は四十四、そのうち家康公としたものが三十五で、残りの九つは呼び捨てにしている。これら呼び捨てにしたもののうち、巻五、七、十三のものは、それぞれ一つずつであるから、たまたま敬称をつけ忘れたと解釈できぬこともない。だが、巻八の六つは、全部呼び捨てなのであるから、これをたんなる敬称のつけ忘れとすることは難しい。そこで建勲神社本の巻八の中で、唯一、家康が登場する長篠合戦の記事を、池田家文庫本のそれと比較してみよう。

家康ころミつ坂之上、高松山に陣ヲ懸、

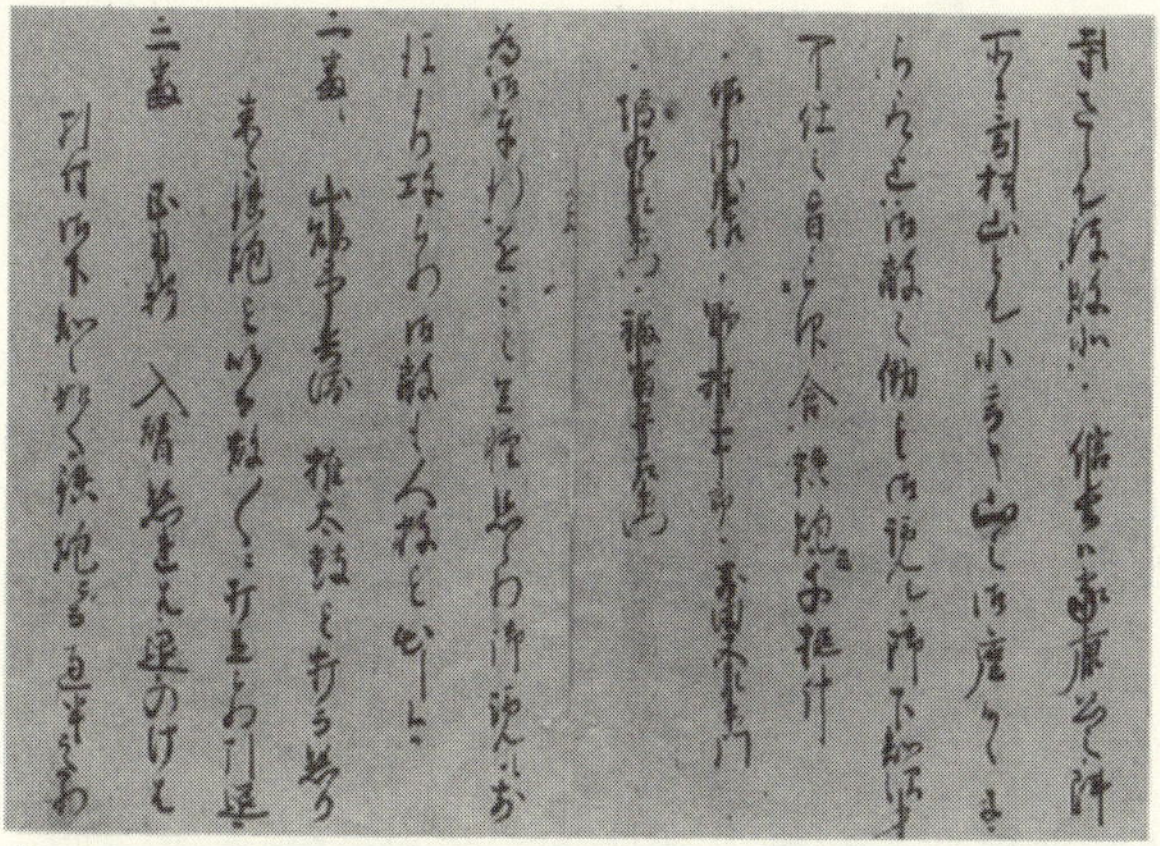

『信長公記』池田家文庫本　前頁掲載写真と同じ部分だが、「家康公」としていること（右頁一行目）、「千挺計」の右肩に「三」の字が加筆されていること（同四行目）、鉄砲奉行の記載順が異なることに注意（岡山大学附属図書館蔵）

（建勲神社本、送り仮名も原文のまま）

家康公ころミつ坂之上、高松山に陣を懸させられ、

（池田家文庫本、同右）

一見して明らかなのは、池田家文庫本では敬称の有無のみならず、文章そのものが、家康に対し、敬意を払っていることである。このことは、信長の在世時における家康の地位を考えると、奇妙に感じられる。当時、家康は信長の同盟者であったが、その関係はけっして対等ではなかった。天正七年（一五七九）には信長の要求で、長男の信康を自害させたほどである。したがって牛一も、『信長公記』を書く際、

特に敬意を払う必要はなかったはずである。現に建勲神社本の長篠合戦の記事では、家康に対し特に敬意が払われてはいないが、これが『信長公記』本来の姿であったはずである。それが、池田家文庫本にみるように敬意を払った書き方になったのは、慶長五年（一六〇〇）の関が原合戦を契機として、彼が天下を掌握したためであろう。

ようするに、通説とは反対に、『信長公記』の建勲神社本のほうが池田家文庫本より古態を有する部分があり、また池田家文庫本は慶長年間に家康の地位が向上してから成立したものであることもわかる。このことは、信長に対する敬語の有無を見れば、いっそう明瞭になる。〔表2〕は池田家文庫本と建勲神社本とから信長の名の記された箇所を書き上げたものであるが、池田家文庫本が信長を呼び捨てにしている例が敬語をつけた例より三倍も多いのに対し、建勲神社本では、敬語をつけた例のほうが呼び捨てにした例をやや上回っている。

実際の書写年代はさておき、このように信長に対するよりも家康に対して、圧倒的に敬意を払っている池田家文庫本のほうが、建勲神社本より内容的に新しいといえる。とはいえ、このことから、建勲神社本全体が、池田家文庫本に先行して成立したとするのは、早計であろう。

〔表1〕を見れば明らかなように、建勲神社本で完璧に家康に敬称をつけていないのは、巻八の長篠合戦の記事だけであり、他の巻、特に巻十五などは二十一すべてを家康公としている。ようするに、建勲神社本もまた、その大部分は家康の地位が向上してから書かれたもの

巻＼名称	池田家文庫本 家康	池田家文庫本 家康公・卿・殿	池田家文庫本 小計	建勲神社本 家　康	建勲神社本 家康公	建勲神社本 小計
3	0	5	5	0	4	4
5	0	4	4	1	3	4
7	0	3	3	1	2	3
8	0	7	7	6	0	6
12	2	0	2	0	2	2
13	0	2	2	1	1	2
14	0	2	2	0	2	2
15	0	21	21	0	21	21
計	2	44	46	9	35	44

表1　家康に対する敬称の有無

巻＼名称	池田家文庫本 信　長	池田家文庫本 信長公	池田家文庫本 小　計	建勲神社本 信　長	建勲神社本 信長公	建勲神社本 小計
1	17	0	17	20	0	20
2	9	1	10	10	2	12
3	22	1	23	1	21	22
4	5	0	5	1	8	9
5	9	3	12	2	14	16
6	33	0	33	29	13	42
7	10	2	12	11	5	16
8	25	0	25	29	0	29
9	5	0	5	6	1	7
10	12	2	14	3	13	16
11	1	20	21	7	17	24
12	7	14	21	5	17	22
13	13	15	28	12	17	29
14	12	4	16	7	10	17
15	31	12	43	9	37	46
計	211	74	285	152	175	327

表2　信長に対する敬称の有無

（表1・2は筆者の昭和58年度の三田史学会大会報告レジュメより転載）

であり、たまたまその中に巻八の長篠合戦の記事のような古態を有する部分が紛れ込んでいるにすぎないのである。

また〔表2〕にみられるように、建勲神社本の巻一、巻二、巻八などでは信長をほぼ完全に呼び捨てにしているのに対し、巻三、巻四、巻五などでは逆に信長を信長公としている例が圧倒的である。一方、池田家文庫本でも巻一、巻二、巻三、巻四、巻六、巻七、巻八、巻九、巻十などで信長を完全、あるいは多く呼び捨てにしているのに対し、巻十一ではほぼ完全に信長公としている。ようするに建勲神社本でも池田家本でも、こうした点について、現代の作家や編集者が行うような首尾一貫した校訂が行われていないのである。したがって、通説のように一方を未定稿で、他方がそれを改訂した決定稿などとするわけにはいかない。

なお、以上の信長と家康に対する敬称の有無から明らかなように、牛一は少なくとも建勲神社本と池田家文庫本のなかでは、信長に対して十分な敬意を払ってはいない。これは信長の没後、織田家が権威を失い、牛一自身も織田家から離れたことに起因するが、換言すれば、牛一は信長の行状を遠慮せずに書ける立場にいたことを意味する。巷間、家臣である牛一が、主君である信長のことを書いた『信長公記』には、信長に都合の悪いことは書かなかったのではないか、との説があるが、伝本を見るかぎり、そうした形跡はあまり見当たらない。むしろ牛一が敬意を払い、かつ遠慮しているのは、家康に対してである。そのことは家康の長男で、信長には娘婿にあたる岡崎三郎信康の扱いをみれば、明瞭である。

信康は天正七年（一五七九）に、謀叛の疑いで、信長により自害させられるが、この事件について尊経閣文庫所蔵の伝本（『安土日記』）には、

> 去程《さるほど》に、三州岡崎三郎殿、逆心《ぎゃくしん》之雑説《ぞうせつ》申候。家康 並《ならびに》年寄衆、上様（信長）へ対申、無二勿躰《もったい》一御心持不レ可レ然之旨、異見《いけん》候て、八月四日ニ三郎殿を国端へ追出し申候。
>
> （送り仮名は原文のまま）

と「逆心之雑説」があったことを明記している。これに対し、池田家文庫本では、

> 爰《ここに》三州岡崎の三郎殿、不慮《ふりょ》ニ狂乱候ニ付而、遠州堀江之城ニ押籠《おしこめ》、番を居被レ置候。
>
> （同前）

としている。「不慮ニ狂乱」というのは「逆心之雑説」よりは穏やかであるが、さらに建勲神社本では、この事件についてまったく触れられていない。

前述のように尊経閣文庫の『安土日記』は『信長公記』の伝本の中では、最も古態を示している。したがって、同書が家康に遠慮せず、信康に「逆心之雑説」があったと明記しても不思議はない。一方、建勲神社本に信康の記事が見えないのは、家康を憚《はばか》ったためであろ

う。なお全体としては建勲神社本より内容的に新しいと考えられる池田家文庫本に、信康の記事が見られるが、これは池田家文庫本の巻十二が他の巻とは異筆の補塡本《ほてんぽん》であり、この巻にのみ古様な部分が残っているのである。

以上のように、『信長公記』の伝本の多くは、信長よりも家康に対して敬意を払い、また遠慮している。それは伝本の多くが信長の没後、かなりの時間が経過してから書かれたものであることを意味する。

ただし、牛一の自筆本で「信長公」と書いたものと「信長」と書いたものがあった場合、前者が先に書かれたとは即断できない。信長に敬意を払う必要がなくなった時代でも、織田家から注文を受ければ、「信長公」と書いて献呈する可能性があるからである。

寄せ集めの『信長公記』

『信長公記』の伝本において、信長や家康に対する敬語の有無とともに注目されるのが、日付に対する干支《かんし》の有無である。前述のように、『信長公記』の「十五帖」では永禄十一年(一五六八)から天正十年(一五八二)にいたる十五年間の記事を一年ごとに一巻に分け、十五巻としており、それぞれの巻の冒頭にも、たとえば巻一の冒頭に「永禄十一年戊辰《ぼしん》」とあるように、年号と干支が明記されている。したがって、本文中の日付には、年号や干支をつける必要がまったくないのであり、事実、池田家文庫本では、特に日付を強調している箇所や、引用した文書の中の干支の付いた日付を丸写しにした箇所などを除き、本文中の日付に干支を付けるようなことはしていない。これは建勲神社本でもほぼ同じである。ただ巻十一と巻十三の一部を除いては……。

すなわち、巻十一は天正六年（一五七八）、の記事を収めたもので、その冒頭にも「天正六年戊寅《ぼいん》」とある。それにもかかわらず建勲神社本の巻十一の本文中に記された日付七十一のうち、「何月何日」というように日付だけを書いたものは三十一にすぎない。残りはたとえば「戊寅二月三日」というように、日付の上に干支を書いたものが十二、同じく日付の右上に小さく「寅」と書いたものが二十三、左上に小さく「寅」と書いたものが五つもある。また巻十三にも日付の上に「辰」と書いたものが二つ、「庚辰《こうしん》」と書いたものが一つある。これをどのように解釈すべきであろうか。

一つ考えられることは、牛一の手許に干支を付けた記録と干支を付けぬ記録とがあり、ある時点で牛一が、それらを機械的に書き写して一本にまとめたため、干支の付いた日付と付かぬ日付とが並んでしまったということである。『信長公記』の奥書によれば、彼は編纂にあたって多くのメモを用いたらしい。そして、それらのメモには、備忘のため、干支が書かれたものがあったであろう。それらの干支は、編纂過程で削除される性質のものであるが、一部が削除されぬまま本文中に収められた結果、建勲神社本の巻十一のような状態になったと解釈できる。

このように干支を一部削除しなかったことについては、牛一の不注意とする見方ができる。ただ、彼は時として、意識的に干支を削除しないこともあったように思う。石山合戦に関する記事を中心にまとめた、自筆の織田家本や、前述の『大かうさまくんきのうち』のように、彼には著書の中から一部の記事を抜き出して、再編纂する例があるし、そうした場合、あらかじめ干支を書いておけば、著書を分解して必要箇所を取り出し、再編纂して草稿を作る際、混乱が防げるからである。

いずれにしても、牛一の手許に干支を書いた記録と書かぬ記録とが、多数保管されていたことは確実であり、それらをあまり校訂せずにまとめたのが建勲神社本（またはその底本）と考えられるのである。

牛一のカードシステム

そこで、あらためて『信長公記』における牛一の編纂方法を見よう。同じ建勲神社本の中で、家康に対する敬意の払い方が、記事によってまちまちであるという事実や、干支を付けた記事が一部に混入しているという事実から、彼の編纂方式が一種のカードシステムをとっていたということがわかる。すなわち彼は『信長公記』の編纂にあたり、さまざまな記事をカードのように集め、それを原則として古いものから並べ、一巻ごとにまとめていったのである。それらのカードは、二、三行の短いものもあれば、短いエピソードのようなものもあり、御馬揃えの記事のように短編小説に匹敵する長さと体裁とをとっていたものもあった。またカードによっては彼自身で改訂を加えたものと、古態をのこしたままのものとがあった。それらをあまり校訂せずにまとめれば、建勲神社本のようにさまざまな点で不統一な体裁をとることになる。さらに、建勲神社本・池田家文庫本ともに、信長に敬称を付けた巻と付けぬ巻とが無秩序に並んでいることを見れば、各巻は、それぞれ別個に成立したカードとみなすことも可能である。

ところで、カードシステムでは、カードの並べ違いや重複も起こる。たとえば元亀《げんき》四年（天正元年、一五七三）の記事をまとめた巻六の冒頭に、前年の冬、松永久秀《まつながひさひで》が前将軍足利義輝を殺害した罪を赦免されたことと引き換えに多聞山城《たもんやまじょう》（現、奈良県奈良市）を明渡し、正月八日に岐阜で信長に「不動国行《ふどうくにゆき》」の名刀を献上したとの記事がある。ところが、久秀が赦免されたのは元亀四年になってからであり、岐阜に赴くのは天正二年の正月なのである。したがって、これらの記事は、本来ならば巻七に入るべきなのである。これは明らかにカードの並べ違いである。こうした誤りは個々のカードに最初から干支が付いていれば、起こらなかったはずである。建勲神社本の巻十一の例に見るとおり、牛一は日付に干支を付けたこともあったらしいが、これは編纂者としては、当然の配慮といえよう。

カードの重複の例としては、巻十二の荒木村重の重臣、池田和泉の自害の記事がある。天正六年（一五七八）摂津伊丹の城主、荒木村重は信長に背いたため、攻撃をうけて、翌七年

（一五七九）の九月二日に伊丹城から脱出した。十月十五日には伊丹城内の足軽大将たちが村重に背き、織田軍を城に付属した上臈塚《じょうろうづか》の砦（現、兵庫県伊丹市）に迎え入れた。切羽詰まった城内では、女房衆の警護に付いていた池田和泉が鉄砲で自害した。ところが『信長公記』にはこの記事が二ヵ所に書かれているのである。

これは、荒木村重一族の滅亡の記事を短編小説のようにまとめ（これも一種のカードである）、これを『信長公記』の中にそっくり収めたため、もともと『信長公記』に記されていた池田和泉の自害の記事と、短編小説の中に収められた池田和泉の自害の記事とが重複してしまったのである。

これと同様に、短編小説風の文を本文中に挿入したため、記事が重複してしまった例としては、「首巻」の桶狭間合戦に関する記事がある。『信長公記』は桶狭間合戦の起因として、鳴海《なるみ》の城主山口左馬助《さまのすけ》が今川方に付いたことをあげているが、この左馬助に関するほぼ同文の記事が、桶狭間合戦の前と後と二ヵ所に書かれているのである。これも牛一が桶狭間合戦を短編小説風にまとめ、『信長公記』の中に収めたため、本来は年代順に、合戦の前に置かれる左馬助の記事が、短編小説の結びとして、もう一度登場してくるのである。

『信長公記』は基本的には時間を追って書かれており、一見すると日記のような印象を受けるが、実際にはさまざまな時点で書かれた長短無数のカードの集合体なのである。しかも牛一は、それらのカードをまとめて『信長公記』を編纂する際、首尾一貫した校訂を行った形跡がなく、その時々、たまたま手許にあったカードを羅列して一編の長編を作ったとみられるのである。したがって、建勲神社本より遅れて成立したとみられる池田家文庫本でさえ、ある巻では信長に敬意を払い、別の巻では敬意を払わぬといったことが起きたのである。

これでは、通説のように、池田家文庫本を直接改訂して建勲神社本が成立したとはいえないし、逆に建勲神社本を直接改訂して池田家文庫本が成立したともいえない。もちろん、これは現在確認されている伝本のみに基づいた結論であるが、かなり高齢になってから謹書したとみられる建勲神社本と池田家文庫本が、ともに不統一な体裁を示していることを考えれば、これらの成立後に、牛一がより完璧な校訂を行って統一のとれた体裁の『信長公記』を書いた可能性はあまりないように思われる。

以上のように『信長公記』の伝本には現代的な意味での決定稿は存在しないのである。したがって、同書を史料として利用する場合は、それぞれの記事に関し、伝本の間に異同があるかどうかを、あらかじめ確認しておく必要がある。

3　軍事史料としての『信長公記』

悪貨は良貨を駆逐する

『信長公記』は、たんに側近の書いた信長の伝記というだけでも貴重であるうえ、内容もおおおむね信頼できる。ところが、この史料が少なくとも軍事面に関するかぎり、活用されてはいないようである。軍事が、歴史研究の重要なテーマであることを考えれば、不思議な気がする。まして信長は、軍事を抜きにしては語ることができない人物ではないか。

宣教師のルイス・フロイスは、その著書『日本史』の中で、信長を評して「決断を秘し、戦術に巧みであった」と述べているが、これが過賞でないことは、なによりも彼の事績が証明している。彼の父、織田信秀は相当の人物で、信長に有形無形、多くの遺産を残したが、本来、尾張の守護代の織田大和守達勝《やまとのかみみちかつ》の下にいた、三人の家老の一人にすぎなかった。したがって、信長が信秀の死後、尾張一国の統治に成功してから、短期間で日本の中央部を平定し、全国統一への足掛かりを作ったという事実は、彼の軍事面での才能が傑出していたことを意味する。

『信長公記』には、この信長が関係した多くの合戦が記録されている。それらの記録で特筆すべきは、筆者が信長とともに戦場を往来した人物であるため、第一線の戦闘員の、合戦にたいする関心の置きどころが伝わってくる点である。『信長公記』の合戦の記事は、基本的にはつぎの要素から成り立っている。敵味方の氏名、合戦にいたる経緯、戦場の地形、出動のきっかけや目的、戦闘の日時、戦闘の時間、信長の主力の戦った方角、戦闘の経過、戦果と損害、その後の情勢の変化などで、これらによって合戦全体の経緯や意義を読み取ることができる。ようするに、同書は近代軍隊の戦闘詳報《せんとうしょうほう》に近い内容を含んでいるのであり、同時代の武士ならば、そこから幾多の教訓を得たであろう。もっとも、その書きぶりは後世の戦闘詳報のように、味も素っ気もないものとは違う。それどころか、中世後期から近世前期にかけて書かれた夥《おびただ》しい数の軍記の中で、屈指の文学作品とさえいえる。

彼の文章は、現代人にとっても、さほど難解ではないし、非常にリズミカルで読みやすい。自分の作品を人前で語ったことが、彼の筆力を向上させ、リズミカルな文章を書かせる一因になったのであろう。このように記録としても文学としても優れているにもかかわらず、『信長公記』は、軍事史料としてはあまり活用されなかった。その理由としては、まず、同書が江戸時代に出版されず、その内容が流布しなかったことがあげられる。

もっとも『信長公記』の巻一を、牛一の奥書を含めてほとんど丸写しにした『道家《どうけ》祖看《そかん》記《き》』という本が、塙保己一編纂の『続群書類従』の一冊として刊行されたことはあるが、これは道家氏という美濃の武士が、自家宣伝のために牛一の文章を盗用して作った一種の偽書である。

こうしたものが作られること自体、牛一の『信長公記』が、世間に知られていなかったことを示しているが、それだけならばまだよい。問題は江戸初期に、『信長公記』を徹底的に改変した信長の伝記小説が刊行され、それがベストセラーになったことである。

その結果、小説家の創作した合戦譚が史実として流布した。そしてそれが明治以後の研究者に引き継がれ、定説となって今日にいたった。そのため、地味な『信長公記』は、この伝記小説の陰に隠れ、その軍事史料としての重要性を見過ごされてしまったのである。ようするに、悪貨が良貨を駆逐したわけである。この悪貨、すなわち江戸初期に書かれた伝記小説が小瀬甫庵《おぜほあん》の『甫庵信長記』である。

『甫庵信長記』と軍事史研究

小瀬甫庵（一五六四〜一六四〇）は永禄七年（一五六四）生まれであるから、信長の死んだ天正十年（一五八二）には、ようやく十九歳である。尾張の出身で豊臣秀次、堀尾吉晴《ほりおよしはる》、前田利常《まえだとしつね》に仕えたという。儒医であった彼は、内外の古典を読む機会には恵まれていたであろうが、年齢の関係もあって、牛一のように実戦に参加する機会はほとんどなかったのではないかと思われる。したがって、甫庵には牛一のような体験者としての視座も誇りもなかった。そして、牛一の『信長公記』を下敷きにして、自由に筆を走らせ『甫庵信長記』を書いたのである。

その動機について、甫庵は自序の中で「牛一の著書は、あまりに素朴で漏れていることも多い。特に功がありながら漏れている人などは、実に残念に思っているであろう。それらを補うために、これを書いた」といった意味のことを述べており、また刊行の経緯については「本書は天正年間に書き始めたが、憚《はばか》られる内容なので公にしなかったところ、慶長九年（一六〇四）になって夢のお告げがあった。なおも思案していたところ重ねてお諭《さと》しがあったので、ついに刊行することになった」と述べている。

ところで、甫庵が『甫庵信長記』を刊行したのは、林羅山《はやしらざん》の序文の年紀により、慶長十六年（一六一一）十二月頃と考えられる。一方、牛一の消息が途絶えるのは、その前年の慶長十五年（一六一〇）である。この事実は、はなはだ暗示的である。あえて忖度《そんたく》すれば、牛一は慶長十五〜十六年頃に死去し、それを好機として甫庵は『甫庵信長記』を刊行したのではあるまいか。そして刊行の志も、自序でいうほど高いところにあったとは思われない。内容がいい加減すぎるからである。

すなわち甫庵は『甫庵信長記』で、事実を歪めたり、誇張したりするばかりでなく、本書の第二章「美濃攻め」のところで述べるように、合戦をまるまる一つ創作さえしている。そして甫庵の創作した合戦譚のいくつかは、今日、史実として扱われている。なぜ甫庵の創作が史実として安易に受け入れられるのか。その理由の一つは、『甫庵信長記』では、登場人物が矛盾のない行動をとり、合戦は矛盾なく推移するからである。すなわち合理的に行動する側が常に勝者となるし、敗者はしばしば判断を間違えて敗戦へと突き進む。つまり勝者は常に勝つべくして勝ち、敗者は敗れるべくして敗れるのである。読者にとって、これほど理解しやすいことはない。

だが、現実の社会では、合理的な行動が成功につながるとはかぎらないし、誤った判断が失敗につながるともかぎらない。それにもかかわらず、現実社会にしばしば見られる、こうした矛盾が、甫庵の著書からは見事に欠落している。それは甫庵が結果から逆算しながら書き進めたためである。結果論に立って創作された事件が万事合理的に運ぶのは当然であり、読者にもまた理解しやすいのである。甫庵の著書の読みやすさの秘密、大衆に受け入れられた理由の一つがこれである。

『甫庵信長記』は江戸時代に版を重ねておおいに普及し、また同書をもとにして多くの書物が作られた。この結果、甫庵およびその後継者たちの創作は史実として流布、定着した。そのうち特に軍事に関するものは、明治時代になっても批判訂正されることなく史実として歴史家に受け継がれた。それは昭和二十年（一九四五）の敗戦までは、中・近世の軍事史（便宜上「古戦史」と呼ぶ）の研究が軍人主体で行われたことに起因する。軍人による古戦史の研究は、主として、過去の事例をモデルケースとして現在に生かすためと、精神訓話の具体例を得るためとに行うものであるから、戦闘経過や勝因、敗因の明白な事例を必要とする。それには甫庵のような作家が結果論により創作した合戦の記事が、最適だったのである。

　このことは明治三十年代に当時の参謀本部第四課が編纂しはじめた『日本戦史』を読めば、容易に理解されよう。ここでは遠山信春《のぶはる》という人物が貞享《じょうきょう》二年（一六八五）頃に『甫庵信長記』を増補して作った『総見記《そうけんき》』（『織田軍記』）をはじめとする後代の編纂物の類が、一級史料と同等の扱われ方をしており、その一方で史料批判はなおざりにされている。そしてこれが、戦前の日本古戦史のテキストとして、最も権威のあったものなのである。

『日本戦史』が後世の軍事史研究に絶大な影響を与えたことを示す実例を一つあげよう。天正三年（一五七五）に信長が武田勝頼と戦った長篠合戦の主戦場は、合戦当時から明治初めまで、ほぼ一貫して「あるみ原」と呼ばれていた。ところが、明治三十六年（一九〇三）に刊行された『日本戦史・長篠役』が、その冒頭で決戦は「設楽原《しだらがはら》」で行われたと、ほんの一行書いたため、そこに出典が明記されていないにもかかわらず、現在では「設楽原」が唯一の呼称になっている。この二つの呼称のどちらが適当かということは、ここでは触れない。ただ『日本戦史』のように権威のある書物に、断定的に書かれたことは、じきに定説になり、いったん定説ができてしまえば、誰もその典拠を追究しないということだけは、おわかりいただけると思う。中・近世の軍事史の定説の中には、このように典拠不明のまま一人歩きしているものが、案外多いのである。

無論、この責任を『日本戦史』を編纂した軍人のみに帰することはできない。一般の歴史家にも、軍人中心の古戦史研究を批判訂正する責任があったはずである。だが、彼らがそれを行ったという話はあまり聞かない。一つには、軍事のプロに対する遠慮があったのであろう。では、戦後はどうか。

戦前の軍事教育の反動からか、戦後の一般の歴史家で古戦史の研究に取り組む者は少なかった。たまたま非常にすぐれた研究発表があっても、好事家の道楽ぐらいにしか思われないという状態が続いた。そのため、戦前の古戦史研究の成果の多くが、まったく批判されず生き続けた。そして甫庵の創作した合戦譚もまた、史実として生き続けたのである。

牛一の描く信長像

さて甫庵の描いた信長と違い、牛一の『信長公記』の中の信長は、しばしば判断を間違え矛盾に満ちた行動をとる。部下の裏切りに気づかぬことや好機を逸しかけることもたびたびあるし、桶狭間合戦の時など、敵が新手《あらて》を繰り出してきたのを、すでに一戦して疲れ切った部隊と誤解して、強引な攻撃をかけさえしている（第一章参照）。誤解による行動で勝利をつかむ『信長公記』の信長はいささか頼りないが、首尾一貫して合理的に行動し、勝利に邁進する『甫庵信長記』の信長よりは、血が通っているように思われる。それは『信長公記』の信長が、人間だれしもが、その立場に立てば、当然犯すような間違いを犯しているからである。

牛一の描く信長は、この点で人間臭さがあるのだが、一般には理想化されていると考えられている。すなわち、人は言う。「『信長公記』は家臣が主君のことを書いたものであるから、身びいきの誇張や歪曲や省略があるだろう。だから信用できない」と。なるほど、こうした疑いは当然であるし、その点では史料として慎重に扱われるべきである。だが『信長公記』を読み直していただきたい。ここに描かれた信長は、理想を高く掲げ、勇気と度量と決断力と実行力と自制心とを持つ一方で、我儘《わがまま》、陰険、狡猾《こうかつ》、冷酷で、目的のためには手段を選ばず、しばしば状況判断を誤り、ルール無視を繰り返したどうしようもない人間ではないか。その実例は第一章以下で紹介するが、少なくとも現代人の尺度ではかるかぎり、完璧に理想化されているとはいいがたいであろう。

もっとも、牛一が信長の行動に批判的でないのも事実である。たとえば、信長が再三行った大虐殺について、牛一は犠牲者に対し憐憫《れんびん》の情をこめて文章を綴ることはあっても、信長の残酷さを告発はしていない。まして、一向一揆の大量殺戮などは、当然のことといった書きぶりである。だが、それをすべて信長びいきのためとするのは見方が偏っている。牛一は戦乱の時代に多くみられる運命論者の一人だったからである。

『信長公記』にはなにか幸運なことがあった場面に「天道照覧《てんどうしょうらん》」、人が死ぬ場面に「時刻到来《じこくとうらい》」といった言葉がしばしば使われる。すなわち、人の世の営みはすべて「天道」の定めるところであり、どんな英雄、豪傑、強運者が、努力を重ねても、その「時刻」が来れば滅びざるをえないというわけである。牛一はそれを、因果応報《いんがおうほう》と考えているが、これはたんに彼に仏教の素養があったからというだけではあるまい。

彼は人も物もあっけなく消滅する時代に生き、死と隣り合わせの生活をおくっていた。時には、最初から負けるとわかっている戦いを仕掛け、当然の結果として敗北し、滅んでいった人々をも目撃したであろう。また、今日の勝者が明日は戦野に屍《しかばね》を晒《さら》すさまを、繰り返し見聞したはずである。一例をあげよう。

長篠合戦で、信長は五人の部将を鉄砲奉行に任命した。この五人の指揮する鉄砲隊は武田軍を撃破した。まさしく彼らは勝利の立役者であった。では、彼らはその後どうなったか。五人のうち塙（原田）直政は翌天正四年（一五七六）五月に石山合戦で戦死、野々村正成と福富秀勝は天正十年（一五八二）六月に二条御所で戦死、佐々成政は秀吉に肥後一国を与えられたものの、一揆の処理に失敗して秀吉の怒りにふれ、天正十六年（一五八八）閏五月に切腹させられてしまった。したがって天寿を全《まっと》うしたのは前田利家ただ一人であり、しかも彼が慶長四年（一五九九）に死んだことが一つの転機となって、全国の武士が関が原合戦に突入するのである。

なぜ、彼らは戦い続け、滅んでいったのか。それは人の力ではどうにもならない運命のなせるわざではないか。このような想念は、しばしば戦乱の体験者に重くのしかかってくる。牛一も自己の体験をへて「天道」の力を、いよいよ実感したであろう。したがって、彼が信長の残虐行為に批判的でないというのも当然なのである。『信長公記』の掉尾《とうび》を彩る本能寺の変の記事の中で、防戦していた信長の弓の弦《つる》が切れたことを、牛一は「時刻到来」と書いている。ようするに、彼にとって、すべては天の定めだったのである。

第一章　桶狭間合戦——迂回・奇襲作戦の虚実

1　創作された奇襲戦

はじめに

天文《てんぶん》二十一年（一五五二）、父信秀の死により十九歳で家督を継いだ信長は、同族間の争いに勝ち、永禄《えいろく》二年（一五五九）に尾張《おわり》一国をほぼ平定した。その翌年に起こったのが、桶《おけ》狭間《はざま》合戦である。永禄三年（一五六〇）五月、駿河《するが》の大名今川義元《いまがわよしもと》は、駿河・遠江《とおとうみ》・三河《みかわ》の大軍を率いて、尾張・三河の国境付近に進出した。信長は、小勢を率いてこれを迎え撃ち、桶狭間（現、愛知県豊明《とよあけ》市）付近の戦闘で義元を倒した。

この合戦は、圧倒的に劣勢の信長が、小勢を率いて間道を迂回《うかい》し、義元の本陣に奇襲をかけて倒したものとされており、奇襲戦の典型として高く評価されている。ところが『信長公記』には、こうした世間の常識とは、まったく別のことが書かれているのである。はたして桶狭間で、実際に奇襲戦が行われたのであろうか。

日本軍と織田軍

太平洋戦争（一九四一〜四五）において、日本軍が計画・実施した作戦の型の一つに、敵軍の側面や背面に廻り込んで奇襲をかけるというものがある。昭和十七年（一九四二）九月のガダルカナル総攻撃などが、その典型である。迂回による奇襲というのは、いかにも戦術の妙といったところがあるし、成功すれば効果が大きいから、外国にも例はあるが、日本軍の迂回・奇襲好きは、また格別である。

圧倒的な兵力を擁する連合軍に対抗する以上、こうした奇策に頼ろうとするのも、当然かもしれない。けれども、冷静に考えれば、迂回・奇襲というのは、その成否が多分に味方の幸運と、敵の油断とにかかっている、きわめて不安定な作戦といえる。それにもかかわらず、日本軍は終始、迂回・奇襲に固執した。これが国民性というものであろうが、小勢が迂回・奇襲で大軍を破ったという先例の存在も、彼らがそれに固執した一因となっているようである。その先例が、すなわち桶狭間合戦である。

永禄三年（一五六〇）五月十九日、駿河・遠江・三河の大軍勢を率いて、尾張の国境に進出した今川義元に対し、小勢を率いて間道を迂回した信長が、敵の本陣に奇襲をかけ、完勝したという物語は、戦前には義務教育で教えていたし、軍関係の教育機関では、さらに詳しく教えていた。したがって、帝国陸海軍の軍人の間では、桶狭間の迂回・奇襲作戦は周知の事実であった。

それゆえ、太平洋戦争のおり、圧倒的な連合軍を前にした彼らが、日本軍を織田軍にたとえ、敵を今川軍になぞらえたとしても怪しむにたりない。現に、開戦劈頭《へきとう》のハワイ作戦を推進した連合艦隊司令長官山本五十六《いそろく》をはじめ、多くの軍人の手紙や日記、旧軍人の回想などに、桶狭間という言葉が奇襲の代名詞として登場する。桶狭間の奇襲戦は〝持たざる国〟大日本帝国の軍人にとって、まさに精神的支柱だったのである。

ところが、このような成功例をよりどころにしたにもかかわらず、日本軍の迂回・奇襲作戦は、ほとんどが事前に敵に迂回を察知されたり、予定時に戦場に到達できなかったりして失敗に終わっている。圧倒的な兵力を擁し、常識的な戦術を採る連合軍の前には、奇策も通用しなかったのである。

ではなぜ、日本軍と似た立場にいたにもかかわらず、信長はまったく敵に察知されずに迂回して、タイミングよく奇襲に成功したのであろうか。その唯一の理由は、桶狭間の奇襲戦が史実ではなく、完全な創作だからである。

桶狭間神話の成り立ち

桶狭間の奇襲戦は、長い間、史実とされてきた。だが、実は後世の作家による完全なフィクションなのである。「そんなバカな」と思われる方は、ぜひ、これまで桶狭間について書かれたものを、読み返していただきたい。明治三十五年（一九〇二）に参謀本部が編纂し、すでに古典となっている『日本戦史・桶狭間の役』や、徳富蘇峰《とくとみそほう》の大作『近世日本国民史』から最近の著書・論文にいたるまで、桶狭間合戦を奇襲として扱ったものは無数にある。けれども、それらの中で、信頼するにたる史料にもとづいて、現実に奇襲が行われたことを立証したものは、一つもないではないか。

　そもそも桶狭間合戦を奇襲戦であるかのように言い出したのは、江戸初期の作家、小瀬甫庵《おぜほあん》である。すなわち彼は、その著書『甫庵信長記』巻一の上「義元合戦の事」に、信長が今川軍と戦場で対決する、この合戦のクライマックスを、つぎのように書いている。

> 信長卿、すは首途《かどで》はよきぞ。敵勢の後の山に至つて推《おし》まはすべし。去程《さるほど》ならば、山際までは旗をまき忍びより、義元が本陣へかかれと下知し給ひけり。簗田出羽守《やなだでわのかみ》進み出て（中略）必ず大将を討つ事も候はん。唯《ただ》急がせ給へと申し上げければ、いしくも申つる者かなと、高声に宣《のたま》ふを、各《おのおの》聞て実に左もあるらんとて、弥《いよいよ》軍の機をぞ励《はげま》しける。折節《おりふし》、黒雲にはかに村立《むらだ》ち来つて、大雨しきりに熱田の方よりふり来たり、石氷《せきひょう》を投ぐるごとくに、敵勢へ降りかかり、霧海をたたへて暗かりければ、殊《こと》に寄する味方さへ、敵陣に近づくをも覚束《おぼつか》なき程なれば、敵は曽《か》つてしらざりけるも理《ことわ》りなり。彼が陣取りし上なる山にて旗を張らせ、各おり立つてかかれと下知し給へば、織田造酒丞《みきのじょう》・林佐渡守《さどのかみ》……等

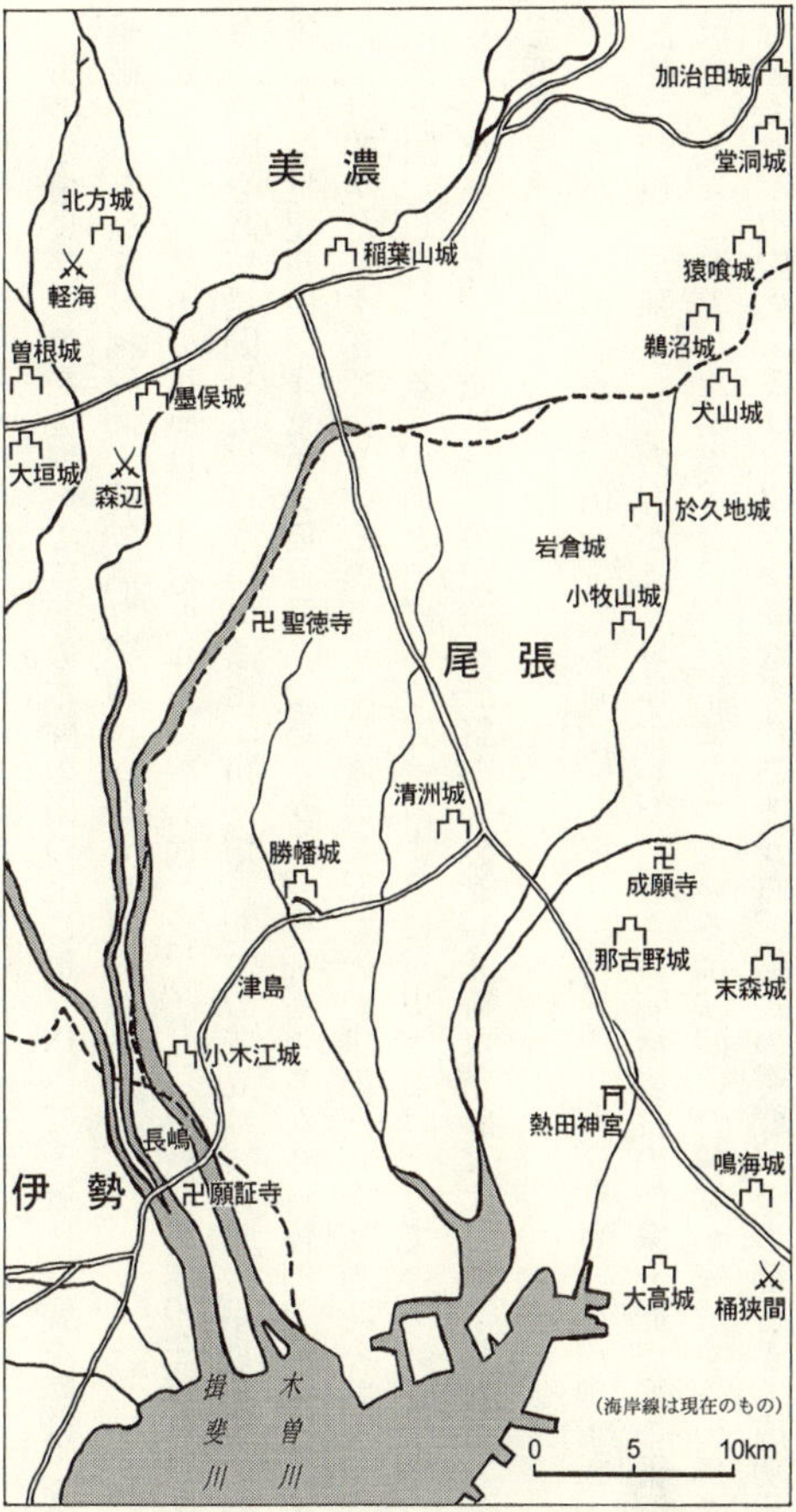

図１　桶狭間合戦・美濃攻め・長嶋一揆攻め関係地図

進んだる。（中略）敵あひ間近くなりければ、時《とき》を咄《ど》つと上げ、まつくろに黒烟《けむり》を立て、喚《おめ》き叫んで馬を入れ、四方八面懸け破り懸け通つて、思ひの儘《まま》に追つ立て、撞《つ》き伏せ切りひたしければ（後略）

劣勢の信長が、手勢を率いて義元の本陣の山の上に廻り込み、一気に奇襲を懸けてこれを撃破するという〝桶狭間奇襲神話〟の原型がここに見られる。

ところで、著者の甫庵は、永禄七年（一五六四）、つまり合戦の四年後の生まれであるから、合戦を直接見聞してはいない。また『甫庵信長記』の成立は、合戦の半世紀後の慶長末年（十七世紀初頭、序章第3節参照）であるから、参加者たちから具体的な情報を入手するには時間がたちすぎている。そのうえ『甫庵信長記』の記事の内容を、当時の状況や現地の地形と照らし合わせると、あとで詳しく述べるように、史実とはとうてい考えがたい点がある。したがって、甫庵は、この記事の肝腎の部分を、正確な情報によらず、自身で創作したと考えるべきなのである。

ところが、この記事は、のちに『総見記《そうけんき》』『改正《かいせい》三河後風土記《ごふどき》』など、江戸中・後期の軍記物で潤色・増補されて内容がより具体化した。さらに明治以後の作家や歴史家の憶測や解釈が、これに混入した結果、今日、定説になっている桶狭間の奇襲戦が完成するのである。もともとが甫庵によるフィクションなのであるから、信長の奇襲が万事都合よく成功するのは当然である。

では、現実の桶狭間合戦は、どのようなものであったのか。それを教えてくれるのが牛一の『信長公記』である。牛一は合戦当時、三十四歳だったから、信長側近の弓衆の一人として戦闘に参加した可能性が高いし、たとえ戦場の後方にいたとしても、少なくとも甫庵よりは、はるかに事実を知りうる立場にいた。そして『信長公記』は、現在知られている唯一の、当事者の手になる桶狭間合戦の戦闘記録なのである。ここでは、同書を引用し、それに注釈を加える形で、この合戦の実像を明らかにする。

合戦の起因

桶狭間合戦の起因となった、織田・今川の抗争について、『信長公記』は、つぎのように述べている。

一、熱田《あつた》より一里東、鳴海《なるみ》の城、山口左馬助《さまのすけ》入置かれ候。是は武篇者《ぶへんもの》才覚の仁なり。既に逆心を企て、駿河衆を引入れ、ならび大高《おおだか》の城・沓懸《くつかけ》の城両城も左馬助調略《ちょうりゃく》を以て乗取り、推並《おしなら》べ、三金輪《みかなわ》に三ケ所、何方《いずかた》へも間は一里づゝなり。鳴海の城には駿河より岡部五郎兵衛城代《じょうだい》として楯籠《たてこも》り、大高の城・沓懸の城番手《ばんて》の人数多《た》太々《ぶたぶ》と入置く。（後略）

尾張・三河国境に近い織田方の拠点、鳴海城（現、名古屋市緑区）にいた山口左馬助が、今川方に付いたばかりか、近隣にある大高（現、名古屋市緑区）・沓懸（現、愛知県豊明市）の二城まで、調略（策略。敵を味方に引き入れる工作）で奪い取ったのである。義元はこの

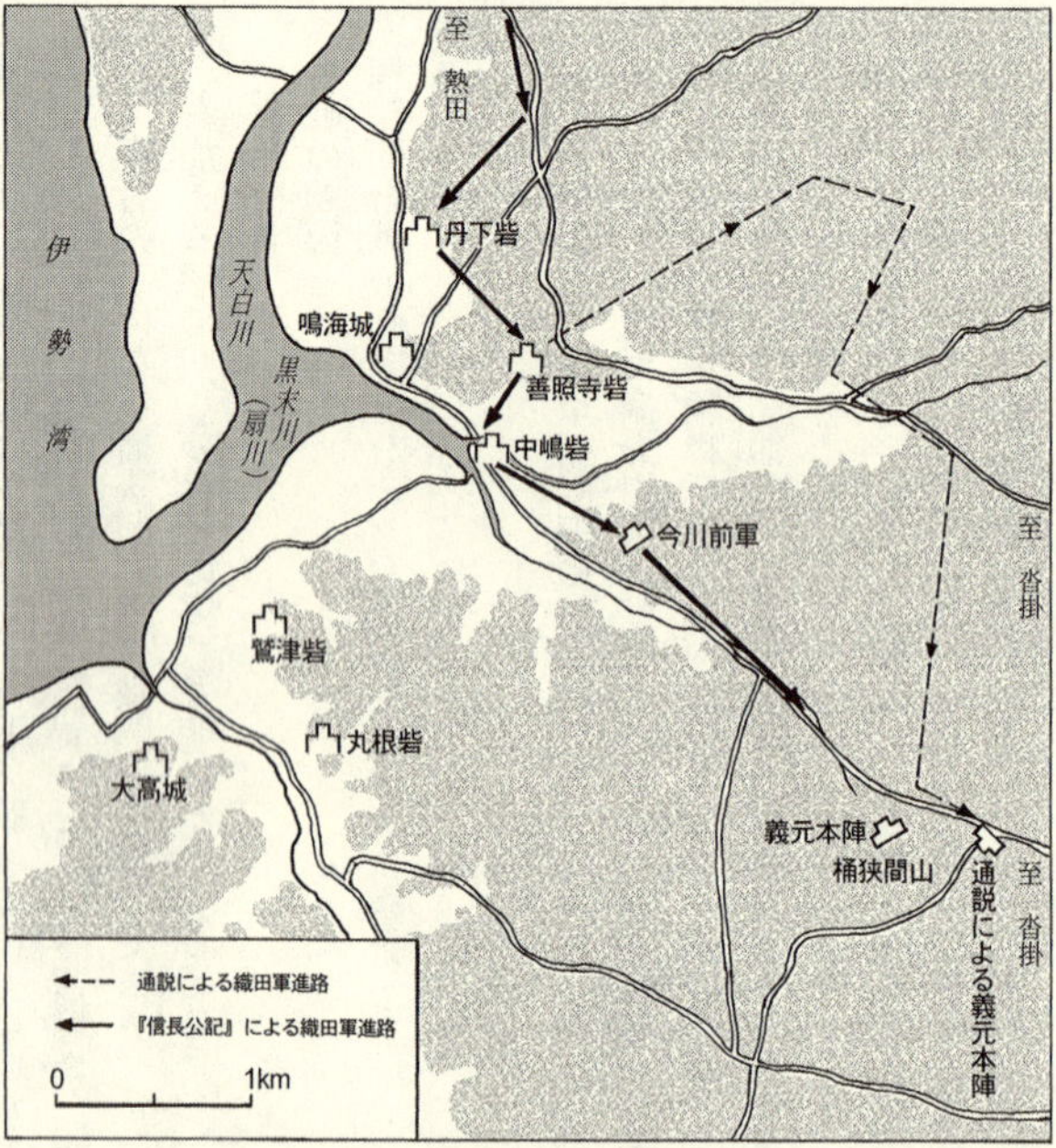

図 2　桶狭間合戦戦場地図

三城を確保するため、大量の守備兵を投入した。これに対し、信長もつぎのように反撃した。尾張統一の余勢を駆っての行動であろう。

一、鳴海の城、南は黒《くろ》末《ずえ》の川とて入海《いりうみ》、塩の差引き城下迄これあり。東へ谷合打続き西又深田なり。北より東へは山つゞきなり。城より廿町隔て、たんけ（丹下）と云ふ古屋しき（屋敷）あり。是を御取出《とりで》にかまへられ、

水野帯刀《たてわき》（以下五名略）

東に善照寺《ぜんしょうじ》とて古跡これあり。御要害《ようがい》候て、佐久間右衛門・舎弟左京助をかせられ、南、中嶋とて小村あり。御取出になされ、梶川平左衛門をかせられ、

一、黒末入海の向ひに、なるみ・大だか、間を取切り、御取出二ヶ所仰付《おおせつ》けられ、

一、丸根山《まるねやま》には佐久間大学をかせられ、

一、鷲津山《わしづやま》には織田玄蕃《げんば》・飯尾近江守父子入れをかせられ候キ。

信長は丹下・善照寺・中嶋・丸根・鷲津（いずれも現、名古屋市緑区）の五砦（取出）を構えた。鳴海・大高両城の動きを封ずるための付け城《つけじろ》（敵城の近くに臨時に作る拠点。向《む》かい城、対《たい》の城ともいう）である。

鳴海城は今川方の補給線の最先端にあるうえ、もともと織田方の勢力圏内にあったものを調略で奪ったものである。そこで今川方は城を確保するために大兵力を投入したのだが、付け城で封鎖された場合、かえって維持が困難になる。義元が出動した原因はここにある。

ようするに、今川方の鳴海城の奪取→付け城による信長の鳴海城封鎖→救援（後詰《ごづめ》という）に出動する義元という手順を踏んで、桶狭間合戦は起きた。これはたとえば、武田信玄による海津築城《かいづ》→奪取に出動する上杉謙信→救援に出動する信玄という手順で起きた川中島合戦、徳川家康による長篠城奪取→奪回に出動する武田勝頼→救援に出動する信長という手

順で起きた長篠合戦（第五章「長篠合戦」参照）などと同一パターンであり、他にも類例が多い。つまり、桶狭間合戦は、当時としてはごく平凡な、群雄間の境界争いの結果として起きた、ローカルな事件だったのである。

この時点で義元にとっての急務は、鳴海・大高両城への補給と、織田方の封鎖の排除であった。もちろん、その過程において、有利な条件で、信長の主力を捕捉できれば、決戦も辞さなかったであろう。だが、これまで着実に所領を拡張してきた義元が、たとえば、信長の居城清洲《きよす》（清須。現、愛知県西春日井郡清洲町）を力攻めするような無理をしてまで、織田家を倒そうとしたとは考えにくい。遠征の長期化は経済的に大きな負担となるし、無理な攻撃には大犠牲がつきものだからである。

彼の領国の隣には、武田信玄と北条氏康《うじやす》がいた。当時は同盟関係にあったとはいえ、油断できる相手ではない。また領国内、特に三河は政情不安である。こうした問題を抱えている以上、義元にとって、犠牲をかえりみず信長に決戦を挑むことはできないし、その必要もないのである。彼の、信長に対する最大の軍事的成果が、戦闘によるものではなく、調略による鳴海以下三城の奪取であったことを想起されたい。彼が合戦直前の五月八日付けで三河守に叙任している（『瑞光院記《ずいこういんき》』）ことも、当面の目標が三河平定にあったことを窺わせる。

逆に、信長にすれば、義元のこの弱みに付け込んで、戦況を膠着状態に持ち込み、義元に負担をかけるとともに、適当な戦果を収めることができれば、当面の危機は自然に切り抜けられるのである。通説では、劣勢の信長は、最初から一発大逆転を狙って義元一人を倒そうとしていたといわれてきたが、現実主義者の彼が、そんな空想的なことを考えるはずがなく、その必要もなかったのである。この点を充分に認識せぬかぎり、現実に信長が採った行動が、まったく理解できぬであろう。

ところで、先の引用文からもわかるように『信長公記』は地理の描写が精密かつ具体的で、これを現地の地理に照らし合わせると、きわめて正確であることが認められる。これは著者の牛一が、第一線の戦闘員として優れた資質の持ち主であったことを示している。『信長公記』は近世初頭の地理書としても価値が高い。これに対し、先にあげた『甫庵信長記』の地理描写は、肝心の部分がはなはだ曖昧かつ抽象的で、史料価値を下げている。後世の小説の限界であろう。もっとも後世の作品でも、江戸時代の地誌の類を丸写しにしたらしく、地理の描写だけ、やたらに詳しいものがあるから注意を要する。

なお『甫庵信長記』は、合戦の起因について、

爰《ここ》に今川義元は、天下へ切て上り、国家の邪路《じゃろ》を正《ただ》さんとて、数万騎を率し、駿河国を打立しより、遠江・三河をも程なく切したがへ、恣《ほしいまま》に猛威を振ひしかば、（中略）信長卿よりも、鳴海近辺数箇所取出の要害を拵させ給ふ。

と述べているが、義元が天下を取ろうとして信長と衝突したとするこの一節にも、裏付けがない。甫庵の創作と見るべきであろう。

戦雲動く

信長の反撃を受けて、義元は出動した。『信長公記』の引用を続けよう。

天文廿一年壬子《じんし》（永禄三年庚申《こうしん》の誤り。後世の加筆であろう）五月十七日、一、今川義元沓懸へ参陣。十八日夜に入り、大高の城へ兵粮《ひょうろう》入れ、助けなき様に、十九日朝、塩の満干を勘《かん》がへ、取出を払ふべきの旨必定《ひつじょう》と相聞え候の由、十八日夕日《せきじつ》に及んで佐久間大学・織田玄蕃かたより御注進《ちゅうしん》申上候処、其夜の御はなし、軍《いくさ》の行《てだて》は努々《ゆめゆめ》これなく、色色世間の御雑談迄にて、既に深更《しんこう》に及ぶの間、帰宅候へと御暇《ひま》下さる。家老の衆申す様、運の末には知恵の鏡も曇るとは此節なりと、各嘲哢《ちょうろう》候て罷《まかり》帰へられ候。

義元は合戦二日前の十七日に沓懸に到着、翌日の晩には大高城に兵粮を入れた。予定の行動である。一方、信長は前線からの急報を受けても、軍議らしい軍議は開いていない。信長と対面したことのある宣教師フロイスが、その著『日本史』に書き留めた「決断を秘し、戦術に巧み」という信長像を彷彿《ほうふつ》とさせる。もっとも『甫庵信長記』では、信長は軍議をひらいて家臣に意見を聞き、重臣の一人林佐渡守秀貞《はやしさどのかみひでさだ》（俗に通勝《みちかつ》）が進言した清洲籠城策《ろうじょう》を採用せず、翌朝に出撃することを宣言したことになっている。今日ではこれまた史実のように考えられているが、常識的にみて、信じがたい。

なぜならば、この期におよんで急に籠城策を進言することは、「鷲津以下の砦の将兵を見殺しにしろ」ということと同じではないか。砦の将兵には織田の一族や重臣たちの一族も含まれている。軍議の席で彼らを見殺しにしろなどという発言をする者がいるはずがないのである。結局、林秀貞が籠城策を進言したというのは、それを一蹴《いっしゅう》することで、信長の果敢さを際立たせようとした甫庵の創作と考えられる。ちなみに、林秀貞は天正八年（一五八〇）に、信長から過去の行状により追放されているから、甫庵にとっては引き立て役として恰好の人物だったのであろう。歴史小説には、この種の引き立て役がしばしば登場する（第二章「美濃攻め」の一二五頁を参照）。

信長出動

いよいよ五月十九日の決戦当日である。義元は沓懸城を出て西に進み、信長もまた清洲を出て前線に向かった。

案のごとく夜明けがたに、佐久間大学・織田玄蕃かたより早鷲津山《はや》・丸根山へ人数取りかけ候由、追々御注進これあり。此時、信長敦盛《あつもり》の舞を遊ばし候。人間五十年、下天《げてん》の内をくらぶれば、夢幻《ゆめまぼろし》のごとくなり。一度《ひとたび》生を得て滅せぬ者のあるべきか、と候て、螺《かい》ふけ、具足《ぐそく》よこせよと仰せられ、御物具《もののぐ》めされ、たちながら御食をまゐり、御甲《かぶと》をめし候て御出陣なさる。其時の御伴《とも》には御小姓衆、岩室長門守《いわむろながとのかみ》（以下四名略）、是等主従六騎、あつた迄三里一時にかけさせられ、辰剋《たつのこく》（午前八時頃）に源太夫殿宮のまへより東を御覧じ候へば、鷲津・丸根落去《らっきょ》と覚《おぼ》しくて、煙上り候。此時馬上六騎、雑兵《ぞうひょう》弐百ばかりなり。浜手より御出で候へば、程近く候へども塩満ちさし入り、御馬の通《かよ》ひこれなく、熱田よりかみ道を、もみにもんで懸けさせられ、先《まず》たんげの御取出へ御出で候て、夫《それ》より善照寺佐久間居陣の取出へ御出ありて、御人数立てられ、勢衆《せいしゅうそろ》揃へさせられ、様躰《ようだい》御覧じ、

敵が動き出したことを知った信長は、清洲城を出て善照寺砦に入った。善照寺砦は織田方の五砦の内、最も大きなものであり、信長はこれを前線の拠点とし、兵力集結に利用している。この砦はまた、今川方の鳴海城の丘続きにある。両者の間隔は数百メートルにすぎない。善照寺砦からは眼下に中嶋砦を望むことができるし、その南には鷲津・丸根砦のある丘陵の北側が見える（鷲津・丸根砦自体は見えない）。この位置関係は非常に重要である。なぜならば、今川方は、鷲津・丸根砦を落とした時点で、ただちに両砦のある丘陵の北側まで占拠し、善照寺砦を監視下に入れることができるからである。したがって、信長が進軍中に、

鷲津・丸根砦が落ちたことを知ったにもかかわらず、善照寺砦に入ったということは、彼が最初から、その行動を隠蔽《いんぺい》する意思がなかったことを示しているのである。

一般に、信長は最初から義元を奇襲で討ち取るつもりで、行動を隠そうとしたとされているが、現地には、信長が軍勢を率いて身を隠す場所などどこにもないのである。下手《へた》に身を隠そうとして消極的行動に終始すれば、勝てるチャンスも逃してしまうであろう。それこそ信長らしからぬ行動ではないか。実際には、信長は、善照寺砦に入ってから戦いが終結するまで、常に今川方から見えるところで行動するのである。

さて信長は、昼前には戦場に到着したが、義元はどうしていたか。

> 御敵今川義元は四万五千引率し、おけはざま山に人馬の息を休めこれあり。
>
> 天文廿一《(マヽ)》壬子《じんし》五月十九日午剋《うまのこく》（正午）戌亥《いぬい》（北西）に向て人数を備へ、鷲津・丸根攻落し、満足これに過ぐべからず、の由候て、謡《うたい》を三番うたはせられたる由候。
>
> 今度家康は朱武者《あかむしゃ》にて先懸《さきがけ》をさせられ、大高へ兵粮入れ、鷲津・丸根にて手を砕き、御辛《しん》労《ろう》なされたるに依て、人馬の息を休め、大高に居陣なり。

義元は沓懸城と、鳴海城および大高城の間にある桶狭間山で休息している。普通、この狭間という地名から、今川軍は谷底にいたように考えられており、それが義元の油断であったとされている。けれども、この付近の実際の地形は、低い丘陵地帯であり、谷もけっして深いものではなかったのである。しかも『信長公記』に桶狭間山とあるから、義元がいたのは谷間の低地とは限らない。

ところで、桶狭間山の北西、わずか二キロメートル余に織田方の中嶋砦がある。桶狭間山と中嶋砦の間は浅い谷筋で直線的に結ばれているから、義元がこの危険な地形を無視したとは考えられない。彼自身は旗本とともに後方にいたとしても、その前方に一部隊（仮に「前《ぜん》軍《ぐん》」と呼ぶ）を進出させ、中嶋・善照寺の両砦を牽制したはずである。現に『信長公記』に「戌亥（北西）に向て人数を備へ」とあるではないか。今川軍は両砦に対して戦闘態勢をとったのである。こうして、善照寺砦の信長と桶狭間山の義元とは真正面から対決することになった。

なお、右に引用した一節に見るとおり、『信長公記』は戦場における部隊の布陣あるいは戦闘の方向を、丹念に記録している。部隊がどの方向に向いていたかということは、合戦の経緯や指揮官の作戦意図を推測するうえで、重要な手掛かりになる。こうした点を記録したことは、第一線の戦闘員牛一の関心事が奈辺《なへん》にあったかを示している。それを読み落としては、軍事史料としての『信長公記』の価値も半減しよう。

小競り合いをめぐって

この時、小戦闘が起きた。織田軍の佐々《さっさ》・千秋《せんしゅう》らの小部隊が、今川の大軍に攻勢をかけたのである。

> 信長善照寺へ御出でを見申し、佐々隼人正《はやとのしょう》・千秋四郎二首《ふたかしら》、人数三百ばかりにて義元へ向て足軽に罷出《まかりい》で候へば、噇《どう》とかゝり来て、鑓下《やりした》にて千秋四郎・佐々隼人正初めとして五十騎ばかり討死候。是を見て、義元が戈先《ほこさき》には天魔鬼神も忍《たま》るべからず。心地はよしと悦《よろこ》んで、緩々《ゆるゆる》として謡をうたはせ陣を居《すえ》られ候。

佐々・千秋の、この行動については、信長が、奇襲を成功させるために命じた陽動《ようどう》作戦(敵の注意をそらし、本来の目的を隠すために行う、あからさまな作戦行動)という説がある。だが『信長公記』には、右の文に続けて、信長がこの戦闘を観戦したとあるから、戦闘が行われた場所は、善照寺砦と義元の陣の中間(中嶋砦の東方)ということになる。このような場所で、戦闘をしても陽動にはなるまい。それに佐々・千秋が、信長が「善照寺へ御出でを見申し」たので行動を開始したとあるのを見れば、彼らが信長の命令によらず、独断で行動を開始したことは明らかである。

では、なぜ彼らは、このような行動に出たのか。前田家の家譜には、当時、同輩を斬って逐電していた前田利家が、再起を期してこの戦闘に参加したとあるが、こうした一旗組や緒戦の敗北に憤った人々が、信長の戦場到着を待って、その眼前で〝抜け駆け〟をしたというのが真相であろう。

そして、三百ばかりの人数で大軍に挑んだ当然の結果として、佐々・千秋は討たれてしまった。一兵でも必要とする信長にとって、この損害は痛かったはずである。たとえ、この小競り合いの勝利が義元の油断を誘い、その後の今川軍の行動になんらかの影響を与えたとしても、信長が最初からそれを狙って佐々・千秋を死地に投じたとは考え難い。

ところが、後世の歴史家は、これを佐々・千秋の抜け駆けとせず、信長の陽動作戦とした。その最大の原因は、実は歴史家の体質そのものにある。今日、大抵の歴史家が合戦を論ずる際、勝者には点が甘く、敗者には点が辛くなる。すなわち勝者は最初から適切なシナリオを書き、それに従って行動し、勝つべくして勝つ。逆に敗者は最初から負けるようなシナリオを書き、それに従って行動し、必然的に負けたように解釈するのである。

これでは、勝者側が採ったあらゆる行動は、すべて最初から計算に入っていたものということになり、勝因の一つに組み込まれてしまう。佐々・千秋の抜け駆けが、信長の陽動作戦と解釈されてきたのは、このためである。こうした硬直した発想からは、不測の事態が起こりがちな現実の戦闘を、理解しきれぬであろう。

正面攻撃

善照寺砦で、佐々らの敗戦を見た信長は、砦を出て、進撃を開始する。従来の通説では、信長は義元を奇襲で倒すため、善照寺砦から東に進んで山中を大迂回し、義元の本陣の背後にまわったことになっているが、これは不合理な話である。すでに戦場の過半を今川軍に占領されている信長にとって、義元の居場所を正確に把握することは困難だったはずだからである。仮に正確な情報を得たとしても、それが本当に正確なのかどうかを、早急に判断する手段はあるまい。戦場では、虚報に踊らされる恐れが、常につきまとうのである。

もっとも『桶狭間合戦記』といった江戸時代の軍記物には、家臣の簗田出羽守が「義元は桶狭間付近で酒宴を開いている」との情報をもたらしたので、信長がこれを奇襲すべく、迂回路を進撃したことになっている。そして、このことから、合戦の一番の功労者を簗田とする歴史家もいるほどだが、こうした事実は信頼できる史料にはまったく出てこない。また仮に義元の本陣の所在地が明らかになったところで、織田軍がそこに着くまでのあいだに、敵に見咎《みとが》められぬという保証はないし、いったん見咎められれば、奇襲は不可能になる。

実際、蓬左《ほうさ》文庫所蔵の江戸期の戦場絵図などによれば、合戦当日、桶狭間山の北方の谷筋の街道を、今川の一部が鳴海方面に向かって進撃しているから、信長が迂回路をとれば、まずこの部隊（これが前軍の一部であった可能性もある）と接触したであろう。また、たとえ奇跡的に今川軍に見咎められなかったとしても、目的地に到着するまでの間に、義元が本陣を他所に移さぬという保証もまたない。

そして、ひとたび義元に本陣を遠くに移されてしまえば、信長は、たとえば日本海軍が総力を結集した、昭和十九年（一九四四）十月のレイテ海戦における日本艦隊と同様に、見失った敵を求めて、戦場を右往左往せねばならなくなる。この海戦に参加したある指揮官は、日記に日本艦隊のこのありさまを「（敵は）いつ迄も同一場所に居る筈なし」と皮肉まじりに書いている（宇垣纒《うがきまとめ》『戦藻録《せんそうろく》』）が、義元の場合も「いつ迄も同一場所に居る」という保証はないのである。

したがって、仮に信長が最初から義元一人を狙っており、しかも義元の本陣の所在地を確認したならば、迂回路などとらず、最短コースを全力で急行するであろう。実際、信長のいた善照寺砦から義元のいた桶狭間山までは、中嶋砦を経由すれば、直線的に行くことができるのであり、距離も三キロメートルほどにすぎない。義元だけを狙うのならば、この最短コースを採らず、迂回路をとって時間を浪費するのは愚《ぐ》の骨頂《こっちょう》である。信長が義元の本陣を奇襲するため迂回路を採ったという話が、いかに不合理かが理解できよう。

余談になるが、筆者（藤本）が、迂回・奇襲という桶狭間合戦の通説に対し、疑問を持つようになったきっかけの一つは、前出の『戦藻録』を読んで、〝敵がいつまでも同一場所にいるという保証はない〟という明白な事実に気づいてからである。いま一つ参考になったのは、吉田満《みつる》著の『戦艦大和ノ最期』の一節である。ここには、昭和二十年（一九四五）四月の戦艦大和の沖縄出撃の際、連合艦隊司令部が、迂回コースを採ることを命じたのに対する艦隊側の不満が、「かかる小細工の余地なく、情勢逼迫せるは明らかなり。むしろ最短距離を直進するの直截《ちょくせつ》なるにしかず」と明快に述べられている。小細工の余地のない状況に追い込まれたのは、信長も同じで、彼が義元一人を狙うのならば、まさしく「最短距離を直進するの直截なるにしかず」なのである。

そこで『信長公記』を見ると、信長が善照寺砦を出てからの行動に関して、つぎのように、通説とはまったくべつのことが書かれている。

信長御覧《ごらん》じて、中嶋へ御移り候はんと候つるを、脇は深田の足入《あしいれ》、一騎打ちの道なり。無《ぶ》勢《ぜい》の様躰《ようだい》、敵方よりさだかに相見え候。御勿躰《もったい》なきの由、家老の衆御馬の轡《くつわ》の引手《ひきて》に取付き候て、声々に申され候へども、ふり切つて中嶋へ御移り候。此時二千に足らざる御人数の由申候。

信長は通説とは違って、善照寺砦から、その南の中嶋砦に移っている。中嶋砦は川の合流点に築かれた砦で、付近では最も低い場所にある。そして、その南の鷲津・丸根砦のある丘陵や、東の丘陵は今川軍によって占領されている。したがって、信長の移動が今川方に気づかれぬはずがなく、それだけに「無勢の様躰、敵方よりさだかに相見え候」という家老衆の言葉には、実感がある。それを承知で中嶋砦に移った以上、信長に隠密に行動して義元に奇襲をかけるという意図など、なかったことが明白である。なお、江戸時代の史料にも、信長が中嶋砦へ移ったとする史料（蓬左文庫所蔵の戦場絵図など）がある。

信長は中嶋砦から、さらに進撃した。

> 中嶋より又御人数出だされ候。今度は無理にすがり付き、止め申され候へども、爰《ここ》にての御諚《ごじょう》には、各よく〳〵承り候へ。あの武者、宵に兵粮つかひて夜もすがら来り、大高へ兵粮入れ、鷲津・丸根にて手を砕き、辛労してつかれたる武者なり。こなたは新手《あらて》なり。其《その》上《うえ》小軍ニシテ大敵ヲ怖ル、コト莫《な》カレ、運ハ天ニ在リ、此語は知らざる哉《か》。懸らばひけ、しりぞかば引付《ひっつ》くべし。是非に稠倒《ねりたお》し、追崩《おいくず》すべき事案《あん》の内《うち》なり。分捕《ぶんどり》をなすべからず、打捨《うちすて》たるべし。軍《いくさ》に勝ちぬれば此場へ乗つたる者は家の面目、末代の高名たるべし。只《ただ》励むべしと御諚の処に、
>
> 前田又左衛門（利家）（以下八名略）
>
> 右の衆手々《てんで》に頸《くび》を取り持ち参られ候。

ここで注目されるのは、信長の発言である。低く開けた場所にいる彼が、「あの武者……」と言っているくらいであるから、今川軍からは織田軍の動きが、いっそうよく見えたはず

で、まわりの人々が必死に止めようとしたのも当然である。信長は「懸らばひけ、しりぞかば引付くべし」と柔軟な指示を与えている。敵の旗本を狙えとか、義元一人を倒せなどという無茶は言っていない。目の前に今川の前軍が布陣しているこの時点で、そんな現実離れしたことをいっても仕方がないからである。

ただし、信長が敵を「宵《よい》に食事をしたあと、夜間行軍《こうぐん》で大高城に兵粮を入れ、鷲津・丸根砦で戦ったから疲労している」と言ったのは、完全な信長の誤解である。なぜならば、『信長公記』の少し前の記事に、この任務を担当した家康（当時は松平元康《もとやす》。今川方にいた）が、鷲津・丸根砦で戦ったあと、休養のため大高に戻ったと明記しているからである（八七頁の引用文参照）。したがって、信長の前面にいたのは、新手の今川軍だったことになる。彼が、この新手の今川軍を労兵《ろうへい》（疲労した兵）といった理由は後に述べるが、ともかくこの発言で、織田軍の士気が高まったことは間違いあるまい。

なお、前田利家らが頸を持参したとあるのは、佐々・千秋らの抜け駆けに、彼らが参加したことを示している。彼らに対しても、信長は注意を与え、そのうえで攻撃に移った。

右の趣、一々仰聞《おおせき》かさせられ、山際迄御人数寄せられ候の処、俄《にわか》に急雨《むらさめ》石氷を投打つ様に、敵の輔《つら》に打付くる。身方《みかた》は後の方に降りかゝる。沓懸の到下《とうげ》の松の本に、二かい三かゐの楠《くす》の木、雨に東へ降倒るゝ。余りの事に熱田大明神の神軍《かみいくさ》かと申候なり。

空晴るるを御覧じ、信長鑓をおつ取て大音声《だいおんじょう》を上げて、すはかゝれ〳〵と仰せられ、黒煙立てゝ懸るを見て、水をまくるがごとく後ろへくはつと崩れたり。弓・鑓・鉄砲・のぼり・さし物、算《さん》を乱すに異ならず。今川義元の塗輿《ぬりこし》も捨てくづれ迯《のが》れけり。

天文廿《(ママ)》一年壬子五月十九日、

旗本は是なり。是へ懸れと御下知あり。

未剋《ひつじのこく》（午後二時頃）東へ向てかゝり給ふ。

信長が山際まで軍勢を進めたところで、豪雨になった。それが織田軍の背中、今川軍の顔に吹きつけ、しかも楠を東に倒したというから、織田軍は東向きに進撃したことになる。雨が上がったところで戦闘を開始するが、ここに東向きに戦ったとあるから、織田軍は中嶋砦を出て東に進み、東向きに戦ったわけで、堂々たる正面攻撃ということになる。

敵は今川の前軍で、簡単に崩れているものの、別に奇襲をかけられたという感じはない。ここではじめて信長は「旗本は是なり。是へ懸れ」と下知している。これは、つぎの引用文に述べられているように、義元の旗本衆が組織的な退却戦を行っていることとあわせて、最初に織田軍と衝突して崩れたのが、彼らでなかったことを示している。今川軍の退却戦（織田方からは追撃戦）の模様はつぎの通りである。

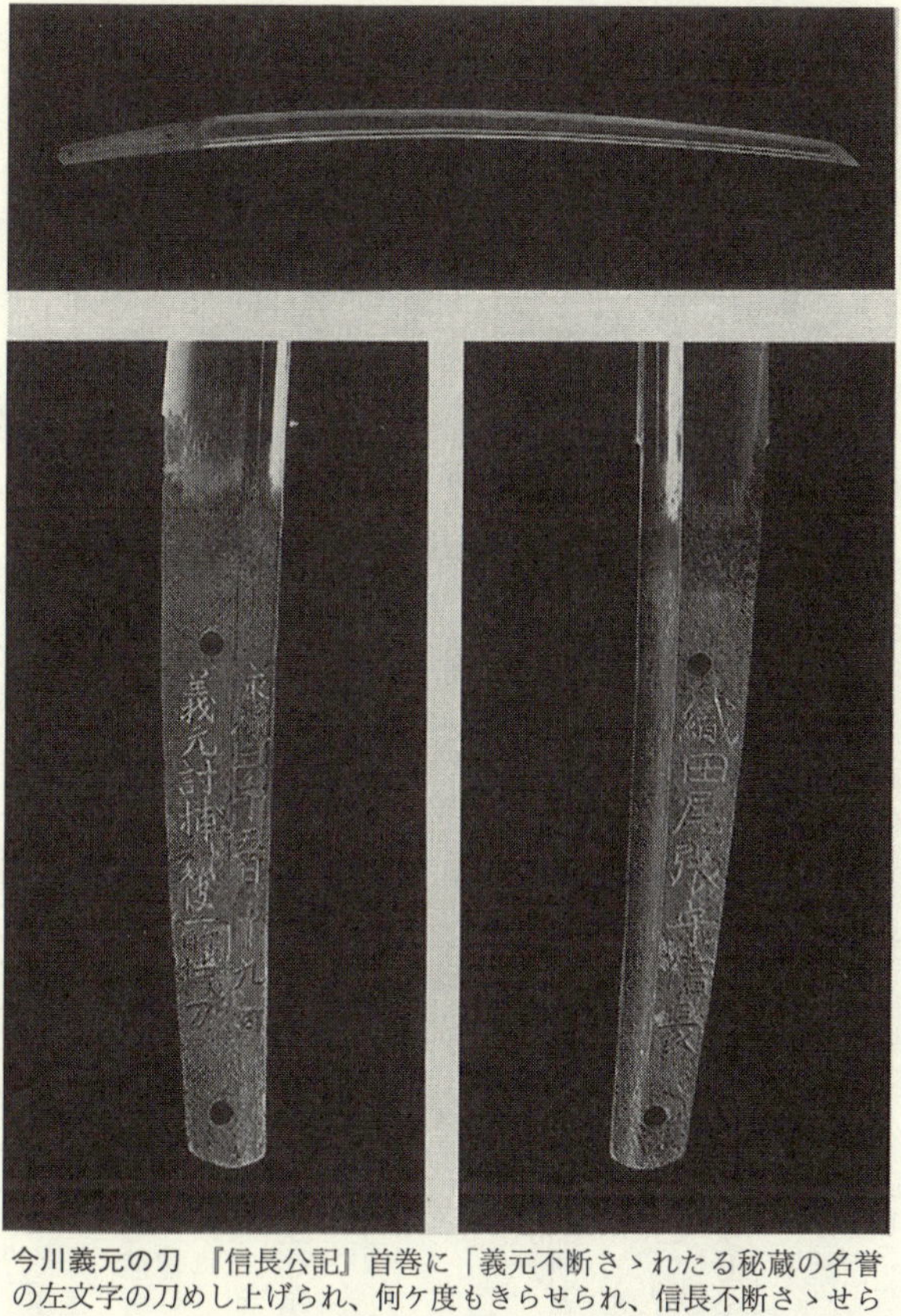

今川義元の刀　『信長公記』首巻に「義元不断さゝれたる秘蔵の名誉の左文字の刀めし上げられ、何ケ度もきらせられ、信長不断さゝせられ候なり」とあるもの。「織田尾張守信長」「永禄三年五月十九日　義元討捕刻彼所持刀」の金象嵌（ぞうがん）銘がある（建勲神社蔵）

初めは三百騎ばかり真丸《まんまる》になつて、義元を囲み退きけるが、二、三度、四、五度帰し合せ〱、次第々々に無人《ぶにん》になりて、後には五十騎ばかりになりたるなり。信長も下《お》り立つて、若武者共に先を争ひ、つき伏せ、つき倒ほし、いらつたる若もの共、乱れかゝつてしのぎをけづり、鍔《つば》をわり、火花をちらし火焔をふらす。然《しか》りといへども、敵身方の武者、色は相まぎれず。爰《ここ》にて御馬廻《おうままわり》・御小姓衆《おこしょうしゅう》歴々《れきれき》、手負死人員《かず》を知らず。服部小平太、義元にかゝりあひ、膝の口きられ倒伏す。毛利新介、義元を伐臥《きりふ》せ頸をとる。

義元の最期は、戦国大名が戦場で討ち死にした珍しい例である。これにより今川軍は、文字通り総崩れになった。あとは、凄惨な掃討戦のさまが語られている。

おけはざまと云ふ所は、はざま、くてみ、深田足入れ、高みひきみ茂り、節所《せっしょ》と云ふ事限りなし。深田へ逃入《のがれい》る者は所をさらずはいづりまはるを、若者ども追付き〱二つ三つ宛、手々《てんで》に頸をとり持ち、御前へ参り候。頸は何《いず》れも清須にて御実検《じっけん》と仰出だされ、よしもとの頸を御覧じ、御満足斜《なな》めならず。もと御出《い》で候道を御帰陣《がいじん》候なり。

この桶狭間合戦をはじめ、姉川合戦や長篠合戦など多くの合戦で、両軍の兵力に関係なく、負けた側が一方的な損害を出すことが多いのは、このように追撃戦の最中に討ち取られる者が圧倒的に多いからである。勝ちに乗じて追撃する集団と、浮き足だって逃げ回る集団とでは、まったく勝負にならない。一方的な殺戮《さつりく》が展開されるだけである。

『三河物語』に見る桶狭間合戦

『信長公記』は織田方から見た桶狭間合戦の記録だが、今川方から見た記録もある。それが大久保彦左衛門忠教《ひこざえもんただたか》の著書『三河物語』である。忠教は合戦があった永禄三年（一五六〇）の生まれで、無論、この合戦に参加していないが、徳川譜代《ふだい》の家柄だけに、その周囲には参加者が多くいたから、甫庵などに比べて、はるかに確実な情報源を持っていたことになる。

さて『三河物語』には、この合戦に関して、つぎのような一節がある。信長が戦場に駆けつけてきたので、駿河衆が徳川の家臣、石河六左衛門《いしかわろくざえもん》を呼んで状況を判断させた。六左衛門は「敵は少なくとも五千はあるだろう」と言った。駿河衆はそんなにはいないだろうと嘲笑した。それに対し、六左衛門はつぎのように答えた。

かた〴〵達は人数の積《つもり》は存知なしと見えたり。かさにある敵を、下より見上て見る時は、少勢をも大勢に見るものなり。下にある敵をかさより見をろして見れば、大勢をも少勢に見るものにて候。旁々《かたがた》達の積には何とて五千より内と仰せられ候哉《や》。

明らかに今川方は、織田軍を高い所から見下している。その後に起きた戦闘の模様はつぎの通りである。

早々帰らせたまへと六左衛門申ければ、急早めて行所に、歩行者《かちのもの》は早五人三人づゝ山へあがるを見て、我先にと除《のく》。

義元は其をば知給ずして、弁当をつかはせ給て、ゆる〳〵として御《おわしまし》給ひし所に、車軸《しゃじく》の雨がふり懸る処に、永禄三年庚申《こうしん》五月十九日ニ、信長三千計《ばかり》にて切て懸らせ給へば、我も〳〵と敗軍しければ、義元をば毛利新助方が、場もさらさせずして討捕。

織田軍が高い所へ向かって攻撃をかけたことや、最初の戦闘が義元の旗本とではなかったことなど『信長公記』の記事によく一致する。敵味方の記事が、基本的に一致していることは無視できない。以上をまとめれば、合戦の経過はつぎのようになる。

合戦当日の昼、遅くとも信長が善照寺砦に進出した頃には、その南東の丘陵（中嶋砦からは東方にあたる）に今川軍の一部（前軍）が進出し、善照寺・中嶋砦を制圧すべく、北西に向かって布陣していた。その背後（東方）の桶狭間山には義元の旗本が布陣していた。織田軍の佐々・千秋らが今川の前軍に攻撃をかけて討死した。これを見た信長は、ただちに中嶋砦に移り、ここから東進して前軍に正面攻撃をかけた。この前軍が簡単に崩れたので、義元の旗本も退却を始めた。追撃中に敵の旗本を捕捉した信長は、ここではじめて義元に狙いをつけ、ついに倒したのである。

2　信長の勝因・義元の敗因

驚くべき類似性

桶狭間合戦については、信長が迂回による奇襲で勝利を得たと、長い間、信じられてきた。甫庵の創作にすぎない、この奇襲物語が、これほど広く世間に受け入れられたのは、なによりも、小勢の信長が、義元の大軍を破ることができた理由として、奇襲を行ったというのが最もわかりやすかったからであろう。ところが、『信長公記』という信頼すべき史料には、信長が義元を正面攻撃で破ったと明記されている。したがって、なぜ信長は正面攻撃で義元の大軍を破ることができたのか、逆になぜ義元は小勢の信長に正面から戦って敗れたのかということが、当然、問題になる。

この難題を解くためには、記録が豊富に残っている近代戦の中から、類例を選んで比較してみるのがよいだろう。その類例として、ここではミッドウェー海戦を取り上げる。

太平洋戦争が始まって半年後の昭和十七年（一九四二）六月初旬、日本海軍は中部太平洋上のミッドウェー島を攻略すべく、機動部隊を含む大艦隊を派遣したが、同島からの反撃と米機動部隊の攻撃とで、機動部隊の全空母を失って敗退した。この海戦は太平洋戦争の転機となったばかりでなく、圧倒的に優勢な日本海軍が惨敗したことから、その敗因がさまざまに論じられているが、ここでは特に、つぎの点に注目したい。

そもそもこの作戦は、ミッドウェー島の攻略を目的としていた。それにはまず、機動部隊で同島の基地航空兵力を叩かねばならない。ところが米海軍にも機動部隊があり、これが介入してくるとなると話は別である。目標としてはこのほうが価値が高く、また危険でもあるから、日本軍はただちに目標をこれに変更しなければならない。だが、米機動部隊は、いつどこに現れるかわからないし、出現するかどうかさえ不明である。

要するに日本軍には、相対的にみて、価値は低いが明確な第一目標（基地）と、価値は高いが不明確な第二目標（機動部隊）とがあった。作戦は当然、第一目標に対して進められ、第二目標の介入を確認した時には修正される。だが、第二目標の確認が、第一目標との交戦直前ないし直後であった場合、大部隊を投入した作戦だけに、修正も容易ではない。むろん、こうした時点で第二目標を確認するケースは、よほどの偶然を必要とするもので、そうなる確率はきわめて低い。しかしながら、現実には、まさにこの時点で、米機動部隊の出現が確認されたのである。日本軍はただちに目標をこれに変更したが、その対応は遅きに失し、米機動部隊から一方的な攻撃を受けることになる。その結果は、前述の通りである。

以上のようなミッドウェー海戦の経過を桶狭間合戦の経過と比べてみよう。桶狭間合戦は義元が、織田方の付け城（善照寺以下の五砦）により封鎖された鳴海城の確保のため、大軍を率いて出動したことから起きた。したがって、義元の当面の目標は織田方の付け城の攻略であった。ところが、彼にはいま一つ、信長という大目標があった。信長の主力を撃破できれば、付け城の攻略は容易になるし、また信長の主力をいつまでも放置しておくわけにもいかない。けれども信長は、いつどこに現れるか予測がつかないし、そもそも戦場に現れるかどうかも不明である。

ようするに義元には、相対的に価値は低いが明確な第一目標（付け城）と価値こそ高いが不明確な第二目標（信長の主力）とがあった。もっとも、実際には、信長がはじめから主力を率いて付け城に入り、これを拠点として迎撃態勢をとる可能性が高く、そうなれば義元としても作戦を進めやすい。

ところが、信長がはじめから戦場にいなければ、義元は付け城の攻略のみを前提として作戦を進めるが、その時点で信長が主力を率いて介入してくると、すでに進攻中の大作戦を敵前で大修正しなければならず、事態はいささかやっかいなことになる。そして現実に、信長はまさしくこの時点で介入してきた。今川軍はこれに気づいたものの、十分な対応ができぬままに強襲を受けて惨敗したのである。

このようにみてくると、戦いの起因から経過、結果まで、桶狭間合戦とミッドウェー海戦には、驚くべき類似性が認められる。そして義元と日本海軍の敗因は、彼らの立案・実施した型の作戦が、時と場所とを越えて普遍的に持っている、アキレスの踵《かかと》にも似た弱点を衝かれたためであることが、明らかとなる。まさに歴史は繰り返すである。

信長の作戦と勝因

つぎに信長の作戦と勝因を考えてみよう。彼の勝因に関して最も注目されるのは、前述のように彼が部下に対し、敵の新手を「夜間行軍と鷲津・丸根砦の戦闘とで疲れ切った労兵である」と誤り伝えたことである。これは信長が、部下の士気を鼓舞するために、あえて行ったごまかしではあるまい。『信長公記』のこの前後の記事を見れば、そのような小細工を行いうるような状況であったとは考えられない。それに信長には、目の前の敵が新手か労兵かを見分けるための判断材料はなかったはずである。

彼の戦場到着は、今川軍よりはるかに遅かったし、着いた時には戦場の過半が今川軍に占領されていた。そして飛行機も無線も望遠鏡もなかったこの時代には、戦場を敵に占領されることは、情報収集・伝達力の決定的な低下を意味する。

ようするに信長は、十分な情報網を持っていなかった。したがって、戦場に遅く着いた彼が、善照寺砦における自身の見聞と、敵に占領されている戦場からもたらされた虚実とりまぜての断片的な情報とからだけで、目の前の敵を、新手か労兵か見分けることは困難だったはずである。では、なぜ信長は敵を労兵と断言したのであろう。それは、彼が最初から、敵の労兵を、温存していた自軍の主力で叩くことを狙っていたからである。

すなわち信長は合戦前夜、前線からの警報を受けたにもかかわらず、清洲城を動かなかった。そして翌朝、戦闘開始の確報を得たうえで、ようやく戦場に向かい、途中で鷲津・丸根砦の陥落を察知し、善照寺砦に入ってから最終的な状況観察を行ったのち、中嶋砦に移っている。これら一連の行動をみれば、彼が最初から敵の動きを確認しつつ行動していたこと（この一見なんでもないような行為を、漏らさず記録している点で『信長公記』は軍事史料として高く評価できる。信長はやみくもに行動したわけではないのである）と、敵の疲労を待って、温存していた自軍の主力で叩こうとしたことが認められる。これは劣勢を考慮しての苦肉の策といえるが、後年、彼が大軍を率いて戦った姉川合戦や長篠合戦でも同様の行動をとっていることを見れば、これが最も性にあった作戦であったともいえる。

そして、ひとたび自分の性にあった作戦を立てた以上、それが完璧に成就することを切望するのが人情であろう。したがって、作戦通り遅れて戦場に着いた信長が、一方で鷲津・丸根両砦の陥落を確認し、他方で中嶋砦付近まで進出してきた敵の新手を見て、これが両砦で戦ったばかりの労兵であり、自分はそれを捕捉したと錯覚しても不思議はない。それまでの戦況は、両砦の陥落を含めて、おおむね彼の予想通りに進行してきたし、苦しい場面で事態を自分に都合よく解釈するのが、彼のような人間の常だからである。

かくて状況判断を誤った信長は、家老たちの制止を振り切って中嶋砦に兵を進め、ここで彼が労兵と誤解した敵の新手に正面攻撃をかけることを、部下に命じたのである。そして部下たちは、信長の誤解を真に受けて勇戦奮闘したのである。

さて結果からみると、信長が戦闘開始まで、主力とともに清洲城にいたことが、勝因の一つであることは間違いないが、これを作戦として、常に最良とするわけにはいかない。狙った敵を、都合のよい時に都合のよい場所で捕捉して、後方に温存していた主力を一挙に投入できる機会など、自力で作れるものではないし、逆に、主力とともに後方にいる間に、戦線全体が敵の圧迫で崩壊する可能性のほうが、はるかに高いからである。

別の武将ならば、信長と違って、合戦前夜から善照寺砦に進出し、事態の変化に即応すべく待機したかもしれない。ただしこの場合、緒戦の小競り合いに巻き込まれる可能性があるから、大勝利を得ることは難しく、むしろ競り負ける確率が高い。いずれにしても、現実に信長の作戦が都合よく展開し、勝利を得ることができたのは、彼の積極的な陣頭指揮と部下の勇戦奮闘があったにしても、はなはだ幸運であったと思う。まして義元本人を倒せるなどとは、信長自身、想像もしていなかったであろう。

前述の通り、信長は鷲津・丸根両砦が攻撃されたことを確認してから出動した。その時点では、彼は義元がどこで何をしているのかわかっていない。そして進撃の最中に「敵は両砦の戦闘で疲労している」と訓辞しただけで、「義元本人を狙え」などとは一言も言っていない。これらをみれば、彼が最初から義元を狙わずに、両砦を攻撃して疲労した敵のうち、適当な部隊を選んで叩こうとしたことは明らかである。これは義元本人に比べれば、価値の低い目標であるが、捕捉して撃破できる確率は飛躍的に高いし、当面の危機を切り抜けるための戦果としては、それで十分である。そして、このように不必要な高望みをしなかったことが、結局は大勝利につながったのである。

金持ち喧嘩せず

つぎに義元の采配《さいはい》ぶりをみよう。今日、彼の武将としての能力は、はなはだ低く見られている。だが、その評価は、彼が大軍を擁しながら惨敗したことのみによる結果論であり、かならずしも根拠のあるものではない。たとえば、彼が本陣を深い盆地か谷底に置いたように解釈して、彼が油断していたとか、無能であったとか、地理不案内であったなどとする説がある。

だが『信長公記』に義元が「おけはざま山」にいたとあるように、彼が布陣したのは低地とは限らないし、実際の地形から推して、むしろ丘陵上であったと考えられる。しかも桶狭間山は、沓懸城から続く道が、鳴海・大高両方面に分かれる分岐点に位置しており、交通の要衝なのである。ただし、桶狭間山と鳴海城との間には、織田方の中嶋砦がある。両者は二キロメートル余の浅い谷筋で直線的につながっているから、義元は前軍を中嶋砦付近まで進出させ、織田軍の反撃に備えている。

こうした点を含め、義元の処置はすべて理にかなっている。もっともこの土地は、織田方の山口左馬助が今川方についてからは、今川領なのである。したがって、義元が地理に明るい部下の進言を活用すれば、布陣を誤るはずがない。現に『信長公記』に、今川軍が伊勢湾の潮の干満を計算に入れて軍勢を動かしたことを窺わせる記事があり（八四頁の引用文を参照）、彼らが戦場の地理に通じていたことが認められる。ようするに、今川軍の布陣の状態から、義元が油断していたとか無能であったなどという結論は引き出せないのである。研究者はなによりも、戦闘が今川領内で行われたという事実を、銘記すべきであろう。

さて、戦場にそつなく展開した今川軍であるが、信長の戦場到着を知りながら、満足な対応がとれず、簡単に撃破されている。その原因は、先に述べたように、作戦の虚を衝かれたためである。この時点まで今川軍は、信長不在という前提に立って、作戦を進めてきた。そこに信長出現という計算外の事態が生じた時、対応が遅れるのは当然であろう。前軍からは本陣へ警報が発せられ、本陣からは情報確認のため側近が派遣される。このやりとりの最中に、信長は中嶋砦を経由して前軍に攻撃を仕掛けてきた。

この状況はミッドウェー海戦の際、米機動部隊の出現で、日本軍に生じた混乱を想起させる。この時、日本機動部隊の下位の指揮官で、ただちに攻撃に出ることを進言する者がいたが、上位の指揮官に制せられてその機会を逸した結果、日本側が一方的な攻撃を受けている。したがって、仮に下位の指揮官が上位の指揮官にお伺いをたてず、独断で攻撃を実施（むろん、現実には不可能だが）すれば、その後の状況はかなり変わっていた可能性がある。そのことは、今川の前軍にもいえよう。

彼らは、背後にいる義元にお伺いをたてて行動せねばならず、信長が陣頭指揮を執る織田軍とは、決断力と実行力において、はじめから大差が付いていた。しかも劣勢なはずの織田軍が、午後二時という非常識な時間（味方の意図や布陣を隠し、戦闘時間を確保するため、準備は夜間にすませ、明け方に戦闘開始するのが常識）に、低い場所にある中嶋砦から強襲をかけてきたのである。予想外の事態に対応策をとる間もなく、前軍は一挙に粉砕され、その混乱は地理的関係で、後方にある義元の本陣を直撃した。混乱はさらに広がった。

もっとも、この時点では、義元の旗本はなお健在であった。それは『信長公記』の中で、旗本が組織的な退却戦を行っていることからわかる。したがって、義元が自ら旗本を指揮してその場に踏み留まれば、事態はどう変化したかわからない。付近の今川軍が駆けつけてくるまで持ちこたえれば、勝負は互角、あるいは逆転したと思われる。

だが、現実には、義元は旗本に守られて退却を開始した。それは意外な展開に動転して判断を誤ったというよりも、義元や重臣たちが〝金持ち喧嘩《けんか》せず〟という、ごく常識的な判断に従った結果であろう。後方に退けば味方もいるし城もある。こんなところで計算外の戦闘を行うより、いったん退却したほうが無難であるとの判断は、それなりに健全である。

以上の経過をみれば、義元はこの合戦において、終始、常識的判断に基づいて慎重に行動したことが明らかで、特に批判すべき点は認められない。だが、それらの常識の積み重ねが結局は敗北を招き、彼自身の生命をも奪うことになったのである。人間のやることである以上、そして相手というものがある以上、合戦もまた、かならずしも理屈通りにはいかないものなのである。

奇襲神話の教訓

桶狭間合戦は、牛一によれば、戦国大名同士の平凡な境界争いに端を発したもので、信長も別に奇襲を行ったわけではなかった。それを義元の天下取りの過程で起きた、信長による奇襲戦のように創作したのは、甫庵である。

牛一の『信長公記』は版本にはならなかったが、甫庵の『甫庵信長記』は版を重ねるとともに、多くの亜流を生んだ。その過程で奇襲戦という先入観が普及・定着し、明治以後も史実として扱われ続けた。小勢が大軍を奇策で破るという物語の持つ、一種の爽快感が日本人の体質に合致したのである。創作が史実を駆逐した典型例で、甫庵の小説家としての手腕は高く評価できる。

それにしても、明治以後、この合戦を研究した軍の関係者が、揃って創作を史実と誤解したのはどうしたことか。本来ならば、義元が大軍を擁しながら惨敗したことなどは、貴重な教訓になるはずではないか。だが、彼らは敗者に対しては冷淡、無関心であった。そして小勢で大軍を破った信長の行動にのみ、絶大な関心を寄せ、教訓を得ようと努めた。小国日本が列強と対決する際の指針となるものを、模索していたからである。したがって、信長が奇襲で勝ったというのは、彼らにとって希望通りの結論であった。

だが、創作を史実と誤解したことが後世に与えた影響は、はかりしれぬものがある。太平洋戦争において、日本軍がこれを精神的支柱として作戦を立案したことなど、その最たるものであろう。日本軍の作戦立案者たちには、圧倒的な連合軍を前にして、常識的作戦では勝てぬのではないかという潜在的不安があった。そして迂回・奇襲という桶狭間そっくりの作戦を、しばしば安易に立案した。

そこには、敵は大軍だから油断しているはずだとか、迂回すれば敵の弱点を衝けるであろうなどという虫のよさ、あるいは自身を信長に仮託した悲壮な自己陶酔や、桶狭間を再現できる爽快感に酔うようなところがあった。そのためかえって、情報、偵察、通信、補給、兵力の集中投入などという戦術の基本をおろそかにした。そして失敗をより悲惨なものにした。創作では都合よく進行したものが、現実にはうまくいかなかったのである。

桶狭間の奇襲戦は史実と誤解され、なせばなる式の精神主義の教材に利用されてきた。その認識を改めぬかぎり、将来も悪しき影響を与え続けるであろう。桶狭間の奇襲戦は現代に生きる亡霊なのである。

第二章　美濃攻め――墨俣《すのまた》一夜城は実在したか

1　信長らしからぬ用兵

はじめに

永禄《えいろく》三年（一五六〇）五月の桶狭間《おけはざま》合戦で、今川義元《いまがわよしもと》を倒した信長にとって、つぎの強敵は美濃《みの》（岐阜県）の斎藤義龍《よしたつ》であった。信長と斎藤氏の抗争は、弘治《こうじ》二年（一五五六）にさかのぼる。この年の四月、斎藤氏の先代の当主で信長の舅《しゅうと》でもあった道三《どうさん》が、子の義龍に殺された。信長は義龍と交戦状態に入ったが、当時はまだ、尾張《おわり》一国を平定しておらず、義元も健在であったから、義龍を倒すどころではなかった。

永禄四年（一五六一）、桶狭間合戦の勝利に乗じて、信長は、それまで今川氏に属していた徳川家康（当時は松平元康《もとやす》）を味方につけた。家康を今川氏の抑えとすることで、信長はようやく美濃の斎藤氏攻略に全力を集中できるようになった。一方、斎藤氏側では同じ永禄四年の五月十一日、義龍が三十五歳で急死し、子の龍興《たつおき》が跡を継いだ。信長と龍興の交戦は、その後六年間続き、永禄十年（一五六七）の龍興の美濃退去をもって終わった。信長は全面的な勝利を得たのである。

ところで、美濃攻略成功の契機となった事件として有名なものに、信長の家臣、豊臣秀吉（当時は木下藤吉郎）による、墨俣《すのまた》築城の一件がある。永禄九年（一五六六）九月、信長の命を受けた秀吉が、美濃の墨俣（現、岐阜県安八郡《あんぱちぐん》墨俣町）に築いたというこの城は、秀吉が奇計を用いて、一夜で築いたように見せかけたということから、俗に〝墨俣一夜城《いちやじょう》〟と呼ばれている。そして、信長はこの城を足掛かり（橋頭堡《きょうとうほ》）として、美濃攻略に成功し、秀吉も出世の道を開いたというのである。

ところが、信長にとっても、その後継者である秀吉にとっても重要なこの事件について、牛一《ぎゅういち》の『信長公記』をはじめとする良質の史料には、まったく記載がない。この事実を、どのように解釈すべきであろうか。

将軍・参謀と戦国大名

明治三十七〜三十八年（一九〇四〜〇五）の日露戦争の際、乃木希典《のぎまれすけ》将軍は第三軍を率いて、ロシア軍の籠もる旅順《りょじゅん》要塞の攻略に着手したが、強固な要塞施設に正面から肉弾攻撃を繰り返させた結果、一戦闘ごとに夥《おびただ》しい犠牲者を出す一方、戦果はほとんどあがらなかった。この惨状に文人肌の乃木将軍は胸を痛めたといわれる。だが、彼は正面攻撃を続行し、損害は累積していった。こうしておよそ五ヵ月間の戦闘で、第三軍の死傷者は五万九千に達したのである。

ところで乃木将軍が、このように損害を度外視したような用兵を続けることができたのは、なによりも兵士たちが彼の私兵ではなく、国家の兵であり、その消耗もまた国家が補塡《ほてん》してくれる仕組みになっていたからである。すなわち乃木将軍の胸は痛んでも、彼の財布の中身は痛まなかったわけである。

このように近代国家の軍司令官や参謀たちは、自軍の損害に対する私的負担から解放されている。そして、それをよいことにして、しばしば損害を度外視したような用兵を行ったあげく、味方の兵士で死骸の山を築いたりしている。これに比べれば、戦国時代の大名の方が、自軍の損害について、よほど気をつかわねばならぬ立場にいたといえよう。損害は身銭を切って埋め合わせなければならなかったうえ、敵もしくは敵になる可能性のある者は四方八方にいたから、ただ一度の戦闘に勝つために、損害を度外視して兵を用いることなど、許されなかったのである。このことは、戦国大名中、最も果敢な用兵家といわれる信長の戦歴を見れば、容易に理解できよう。

美濃攻略への道

信長は、斎藤龍興を敵として、永禄四年（一五六一）五月から同十年（一五六七）八月まで、たびたび美濃に出動しているが、『信長公記』首巻《しゅかん》によれば、その間、彼は敵の主力に対し、一度も決戦を挑んではいないし、徹底的な攻城戦もほとんど行っていない。それにもかかわらず、最後には龍興を降伏させ、居城稲葉山《いなばやま》城（現、岐阜市。のちに信長が岐阜城と改名して居城にする）から退去させている。その間、なにがあったのか。『信長公記』を要約してみよう（一部の年紀は他の史料で補う。第一章七七頁の図1を参照）。

（一）永禄四年（一五六一）五月十三日（義龍の死去の翌々日である）、信長は美濃に出動し、森辺《もりべ》（現、岐阜県安八郡安八町）で戦い、二十三日には十四条《じゅうしじょう》およびかるみ（軽海。ともに現、岐阜県本巣《もとす》郡真正《しんせい》町）で戦った。

（二）永禄六年（一五六三）信長は、従兄弟の犬山城（現、愛知県犬山市）城主織田信清《のぶきよ》（当時、斎藤方についていた）に対抗して、居城を清洲《きよす》から小牧山《こまきやま》（現、愛知県小牧市）に移した。そのため小牧山から二十町ほどのところにあった於久地《おぐち》城（小口城。現、愛知県丹羽《にわ》郡大口町）の敵は、城を明け渡して犬山城に退いた。

（三）犬山城の対岸（木曾川北岸）に宇留摩《うるま》城（鵜沼《うぬま》城。現、岐阜県各務原《かかみがはら》市）と猿はみ城（猿啄〔喰〕城。現、岐阜県加茂郡坂祝《さかほぎ》町）があり、そこから五里奥に加治田《かじた》城（現、岐阜県加茂郡富加《とみか》町）があった。加治田城の城主佐藤紀伊守《きいのかみ》父子が信長に内通してきた。信長は「内々国の内に荷担《かたん》の者、所望《しょもう》に思食《おぼしめす》折節《おりふし》の事なれば」非常に悦び、兵粮代として黄金五十枚を贈った。

（四）犬山の家老で黒田城（現、愛知県葉栗《はぐり》郡木曾川町）の城主、和田新介と、於久地城の城主、中嶋豊後守《ぶんごのかみ》が信長に内通し、城内に織田軍を引き入れた（この結果、永禄八年（一五六五）七月頃、犬山城は落ち、織田信清は甲州に逃れた）。

（五）信長は美濃に出動し、宇留摩城の近くの伊木山《いぎやま》に陣取り、圧力をかけた。宇留摩城は開城した。

（六）猿はみ城の上の大ぼて山に織田軍があがり、水の手（水源）を占拠した。猿はみ城も降参し、兵は退去した。

（七）斎藤軍の長井隼人正《はやとのしょう》が、加治田城の近くの堂洞《どうぼら》（現、岐阜県美濃加茂《みのかも》市）に砦を構え、関（現、岐阜県関市）に本陣をおいた。永禄八年（一五六五）九月、信長は堂洞城を落とした。帰陣の際、斎藤軍の追撃を受けたが、なにごともなかった。

（八）永禄十年（一五六七）八月一日、斎藤方の有力武将、稲葉伊予守《いよのかみ》（一鉄《いってつ》、曾根《そね》城主）、氏家卜全《うじいえぼくぜん》（大垣城主）、安藤伊賀守《いがのかみ》（守就《もりなり》、北方《きたがた》城主）のいわゆる美濃三人衆が、信長に内通してきた。信長は彼らから人質を受け取るため、使者を西美濃に派遣したが、その帰還を待つことなく急遽出動し、稲葉山城の城下町を焼き払い、翌日には城の包囲を完了した。龍興は降参し、十五日に美濃を去った。

これらの戦歴をみれば、信長の用兵の特色は明らかである。彼は敵方の属将にあるいは公然と圧力をかけて開城させ、あるいは内々で交渉して味方につける（調略《ちょうりゃく》という）などする一方、損害の出そうな主力決戦は行っていない。徹底的な攻城戦を行ったのも、永禄八年（一五六五）九月の堂洞城攻めくらいである。ちなみに、この堂洞城攻めでは、牛一自身、二の丸の入口にあった高い家の上に一人で登って、敵を弓矢で射倒したと『信長公記』に書いている。

信長は請手《うけて》に御人数備《そな》へられ、攻めさせられ、御諚《ごじよう》のごとくたえ松を打入れ、二の丸を焼き崩し候へば、天主構《てんしゆがまえ》へ取入り候を、二の丸の入口おもてに高き家の上にて、太田又助只一人あがり、黙矢《あだや》もなく射付《いつ》け候を、信長御覧じ、きさじに見事を仕《つかまつり》候と、三度迄御使に預り、御感有て、御知行《ごちぎよう》重ねて下され候キ。

ようするに、信長は武力を背景として、活発な外交戦を展開し、その勝利を積み重ねることで斎藤氏を倒したのである。

こうしたやり方は、美濃攻めのみならず、彼の戦歴全体にみられるところである。したがって、自身で出動した回数の多い割に、主力決戦や徹底した攻城戦を行った回数は驚くほど少ない（次章参照）。そして美濃三人衆の内通と同時に稲葉山城を急襲したように、外交戦の勝利に合わせて兵を動かすことを得策と心得ていたらしく、元亀《げんき》元年（一五七〇）の姉川《あねがわ》合戦、天正元年（一五七三）の浅井・朝倉攻め、天正《てんしょう》十年（一五八二）の武田攻めなど、いずれも敵の属将の帰服と同時に出動し、有利な立場で敵と交戦している。戦国大名の用兵として、最も理想的なものといえよう。

また、彼の成功の要因の一つとして、彼が軍隊をすばやく動かしたことを忘れてはなるまい。義龍の死去に乗じた、火事場泥棒的な美濃侵入はさておき、外交戦の勝利を確実なものとするためにも、彼はしばしば驚くべき速さで兵を動かしている。時には兵の集結を待たずに、出動することもあるくらいで、彼が〝用兵の神髄は軍隊のスピードにあり〟と心得ていたことはまず間違いない。こうした点に彼の積極的な一面をみることができるが、基本的には常識を失わぬ堅実な用兵家であったといえよう。

ところが、この信長が、龍興と戦った際、ただ一度、彼らしからぬ強引な用兵を行っている話がある。それが永禄九年（一五六六）九月に秀吉に命じて実施させたという墨俣（一夜城）築城である。

拙劣な信長の用兵

墨俣築城の経緯は、通説によれば、つぎのとおりである。

「信長は永禄九年（一五六六）に、龍興を倒すための拠点（橋頭堡）となる城を、墨俣に築くことを思い立った。そこでまず、重臣の佐久間信盛《のぶもり》に築城を命じ、ついで柴田勝家にもやらせてみたが、工事の途中で斎藤方の妨害を受け、いずれも失敗する。そこで秀吉にやらせてみたところ、蜂須賀《はちすか》小六《ころく》らの土豪を使い、短期間で城を完成させた。これが翌年の稲葉山城攻略の要因になった」。

この話は、今日まで多くの歴史書が史実として紹介してきたし、あらゆる軍事史家が、秀吉を視点の中心に据え、その行動を高く評価している。だが墨俣築城は、信長が対斎藤氏作戦の一部として立案したとされている以上、視点の中心には、やはり信長を据えるべきであろう。そして、信長を中心としてこの一件を検討すると、そこには信長らしからぬ強引で拙《せつ》劣《れつ》な用兵ぶりのみ目につくのである。

たとえば信長は、敵将の内応のような好機に乗じて、作戦を発動したわけではない。また、一ヵ月前には信長自身が美濃に侵入しながら、退去せざるをえなかったことがあり（中島文書）、このことから当時、斎藤氏の勢力はなお衰えていなかったとみられる。ようするに、墨俣のような長期にわたる確保が難しい場所に城を築くには、いまだ機が熟していなかったと思われるのである。それをあえて部下に命じたというのは、信長らしからぬ強引さではないか。

またこの城は、斎藤氏攻略のために築いたものというから、その使用は長期にわたる可能性があり、その間、斎藤方の反撃が予想される。ところが地理的関係で、斎藤方がいつでも反撃できるのに対し、織田方は早急に加勢を送れぬ場合が考えられる。したがって、この城を確保するためには、相当な兵力を長期間、駐屯させて、斎藤方の反撃に備えねばならない。だが、それでは織田氏の財政に多大の負担となるから、信長としては築城と同時に大軍を投入して、事前に反撃の根を断ち、戦果を拡大しておく必要がある。そして、それがこの種の城（橋頭堡）の本来の使い方なのである。

しかるに信長が、こういう点に考慮を払った形跡はない。斎藤方がなお強力であったこの時点で、強引に墨俣に城を築きながら、その後の運用についてなんら考慮を払わぬ信長の用兵は不審である。

さらに信長は、なぜ秀吉、佐久間、柴田らにそれぞれ独力で城を築かせようとしたのであろう。工事責任者は一人を選んだとしても、その支援には、信長自身を含む、家中の総力をあげてあたるべきではないか。実際、当時、信長には他に交戦中の強敵がいなかったから、自身の出馬も可能だったのである。

それにもかかわらず、信長は高みの見物をしながら、部下たちを順繰りに投入している。これでは部下たちに力競べをさせたようなもので、個別に撃破された佐久間や柴田は、秀吉の引き立て役を演じさせられただけではないか。軍事用語でいうところの〝兵力の逐次《ちくじ》投《とう》入《にゅう》〟〝各個《かっこ》撃破《げきは》〟の最悪の例で、まことに信長らしからぬ拙劣な用兵といわねばなるまい。

2　明治期に完成した〝史実〟

裏付け史料なき墨俣築城

前節でみたように、通説にみられる信長の用兵は、信長らしさがまったく認められない。しかも通説には、いま一つ不可解な点がある。それは、これほど大きな軍事行動が、当時の良質の史料にまったく記録されていないことである。ことに、稲葉山城攻略の契機となったというこの一件に関し『信長公記』に記述がないのは問題である。はたして秀吉は永禄九年（一五六六）九月に、墨俣に城を築いたのであろうか。良質史料の裏付けを欠き、内容にも不可解な点がある以上、秀吉の墨俣一夜城の存在そのものを疑わざるをえない。

もっとも、今日、秀吉の墨俣一夜城に関する史料といわれているものは、けっして少なくない。だが、それらはすべて後世（江戸時代以後）の小説や地誌の類で、史料価値に難のあるものばかりである。しかも意外なことには、それら墨俣一夜城の史料として扱われてきたものの中にさえ、通説通り、永禄九年九月に秀吉が単独で墨俣に築城したという記事は見当たらぬのである。

たとえば甫庵《ほあん》が『甫庵信長記』のあとで執筆した『太閤記』巻一「秀吉一命を軽んじ、敵国に於いて要害の主となる事」の条は、秀吉の墨俣築城に関する根本史料として有名であるが、実は、この中にさえ秀吉が単独で墨俣に築城したとは書かれていない。ただ永禄九年九月に、信長が美濃のどこか（地名をあげていない）に新規に城を築き、秀吉を城主にしたとあるばかりである。しかも甫庵は同じ『太閤記』の、「秀吉卿賊を捕え給《たま》う事」《とら》の条には、永禄六年（一五六三）に信長が「巣俣《すのまた》」に在陣したとして、墨俣という地名を明記し、さらに『太閤記』より先に執筆した『甫庵信長記』でも、永禄五年（一五六二）に信長が「洲《す》俣《また》」に築城した（詳細は後述）として墨俣の地名をあげている。

このように甫庵が、一方で墨俣という地名を明示し、しかも永禄五年にそこに城が築かれたとしている以上、『太閤記』の、永禄九年九月に信長が新規に城を築いたという場所は、墨俣以外のどこかということになろう。

ようするに、『太閤記』には、秀吉が永禄九年に墨俣に単独で城を築いたという記事はもちろん、多少ともそれを窺わせる記述さえ見当らぬのである。それにもかかわらず『太閤記』は、長い間、秀吉の墨俣築城の根本史料とされてきた。なぜ、このような錯覚が生じたのか。また、永禄九年九月に秀吉が単独で墨俣に城を築いたという話は、いつ頃成立したのであろうか。この点を明らかにするためには、実際に永禄年間（一五五八〜七〇）に墨俣で何があったかを、信頼できる史料で確認しておく必要があろう。

『信長公記』には、通説とは明らかに別の、墨俣築城に関する記事がある。つぎにそれを要約して紹介する。

信長は五月十三日に木曾川・飛騨川を越えて、西美濃に侵入し、翌十四日に「洲俣」から出動してきた斎藤軍を森辺付近で破った。その後、各地に放火したうえで「洲俣」に城を築かせて在陣した（〈原文〉には「洲俣御要害丈夫に仰付《おおせつ》けられ、御居《い》陣《じん》候」とある）。二十三日に井口《いのくち》（稲葉山城）から斎藤軍の主力が出動してきたので、十四条《じゅうしじょう》と軽海《かるみ》で戦闘になったが、夜に入って決定的な動きのないまま、双方とも引き取った。二十四日に信長は「洲俣」に帰り、ついで「洲俣御引払いなされ」た。

この記事には年紀がないが、永禄四年（一五六一）のものであることは、美濃瑞龍寺《ずいりゅうじ》から京都妙心寺《みょうしんじ》に宛てた五月二十五日付けの書状に「去十一日国主（義龍）逝去、同十三日国境迄尾州より乱入するといえども、差せるてだては非《あら》ず在陣せしむ」とあることでわかる。また尾張真福寺にもこの月に信長が軍事行動をとったことを示す制札が残っている。

『信長公記』の「洲俣御引払い」というのは、のちの経過からみて、信長だけが尾張に戻ったのではなく、全軍墨俣から撤収したものと解釈される。この時の信長の美濃侵入は、義龍死去に乗じた一過性の作戦であり、墨俣を半永久的に確保する意思も用意もなく、またそれが許される状況でもなかったのである。なお『信長公記』のこの部分は、独立した短編を書いたカードを何枚も寄せ集めて並べた形式になっており（序章第2節参照）、そのため森辺、軽海の二合戦も、本来は一連の事件でありながら、別個の事件のように書かれている。

ともかく永禄四年（一五六一）に信長が「洲俣」に城を築いた（厳密にいえば、以前に斎藤方が拠点としたものを改修補強したものであろう）という『信長公記』のこの一節が、秀吉の墨俣築城譚の出発点になるのである。

〝史実〟ができるまで

そこで永禄九年（一五六六）九月の秀吉の墨俣築城という、史料に見当たらぬ話が、〝史実〟として成立するまでの経緯をたどってみよう。

この〝史実〟の創作に関与した最初の人物は例によって甫庵である。彼は江戸初期に『信長公記』を下敷きにして『甫庵信長記』を執筆するが、その際、『信長公記』にそれぞれ独立して書かれていた森辺、軽海の二合戦の記事を、完全に分割してしまった。すなわち信長が永禄四年（一五六一）五月十三日に美濃に侵入して森辺で戦い、翌十四日に尾張に戻り（これが事実に反することは、前出の瑞龍寺から妙心寺に宛てた書状により明らかである）、ついで翌五年（一五六二）五月上旬に再び美濃に侵入し、「洲俣に要害を拵《こしら》え」たのち、軽海で戦ったとしたのである。

この改変は、甫庵が『信長公記』を読み誤ったためと考えられぬこともないが、むしろ小説家として話を面白くするため、個々の合戦譚を独立させたとしたほうがよいようである。実際、『甫庵信長記』には『信長公記』にはない、信長が五月雨《さみだれ》で増水した「洲俣河《すのまたがわ》」を渡る冒険譚が盛り込まれたりして、全体の分量が『信長公記』の記事の数倍に達している。そして、この改変により、信長の墨俣築城も永禄五年のこととされたのである。

さて甫庵は『甫庵信長記』執筆ののち、『太閤記』を書き、そこに前述の、永禄九年（一五六六）九月に信長が美濃のどこかに城を築き、秀吉を城主にしたという話を載せた。つまり彼は二つの著書に、永禄五年（一五六二）五月に信長が墨俣に築城したという話と、永禄九年（一五六六）九月に信長が美濃のどこかで築城し、秀吉を城主にしたという二通りの話を記したわけである。

ところが江戸中期の貞享《じょうきょう》二年（一六八五）頃に、遠山信春《のぶはる》という人物が『総見記《そうけんき》』を執筆した際、『信長公記』『甫庵信長記』などの記事を混ぜ合わせたため、ここに永禄五年五月に、信長が墨俣に築城して秀吉を城主にするという話に発展する。

さらに江戸後期に武内確斎《かくさい》（一七七〇～一八二六）という作家が、『太閤記』を主な典拠として『絵本太閤記』を執筆した際、従来はたんなる城主にすぎなかった秀吉を、墨俣の築城者として話の中心に据え、佐久間・柴田の二重臣を引き立て役に配したのである。しかも秀吉が奇計をもって一夜で城を築いたように見せかけるという筋立てにしたため、以後、墨俣城は一夜城と呼ばれるようになる。

ただし、同書では築城時期は、なお永禄五年（一五六二）夏ということになっていた。この話は御家人で故実家でもあった栗原柳庵《りゅうあん》（一七九四〜一八七〇）が編纂した『真書《しんしょ》太閤記』に再録されたため、さらに有名になった。そして史実として明治の史学界に引き継がれたのである。したがって、明治中期までは、秀吉の墨俣築城は永禄五年ということになっていた。

しかるに高名な歴史家であった渡辺世祐《よすけ》氏が、明治四十年（一九〇七）に著した『安土桃山時代史』の中で、「今太閤記、秀吉譜に考へ墨股築砦を永禄九年九月となし在来の諸説を排せり」としたのである。ここに見える『秀吉譜』とは、江戸初期の儒者林羅山《はやしらざん》が、甫庵の『太閤記』を漢文体に書き改めたものであるから、実際には渡辺氏は甫庵の『太閤記』のみで、この訂正を行ったことになる。もっとも前述のとおり、『太閤記』には秀吉が墨俣に築城したという記事はないから、この訂正はおかしいのだが、この時から、秀吉の墨俣築城は永禄九年（一五六六）ということになってしまった。

こうして、永禄九年九月に秀吉が単独で墨俣に築城したという〝史実〟が完成したのである。実に明治四十年（一九〇七、日露戦争終結の二年後である）のことであった。

小説家・甫庵の手腕と限界

甫庵の『太閤記』には、秀吉が墨俣に築城したという記事がないかわりに、永禄九年（一五六六）九月に、信長が美濃のどこかに城を築いたという記事がある。この記事が史実にもとづくものかどうか、考えてみよう。

まずこの記事の要旨が、史実に即していると仮定する。永禄九年当時、甫庵は三歳であるから、むろんこの一件に直接関与したはずがなく、後年、どこかから正確な情報を得て、この記事を書いたことになる。そしてその情報は『太閤記』の記事を信頼すれば、驚くほど詳細なものであったことになる。

ところが、ここに興味深いことがある。『太閤記』の成立は、その自序によれば寛永二年（一六二五）であるが、甫庵はそれ以前――林羅山の序文によれば慶長十六年（一六一一）頃――に『甫庵信長記』を執筆している。そして、この『甫庵信長記』には、永禄九年（一五六六）九月に信長が美濃のどこかに城を築いたという記事がないのである。この大事件（しかも成功譚である）を、甫庵が信長の伝記から故意に省いたとは考えにくいから、彼は『甫庵信長記』執筆の時点では、まだこの一件を知らなかったことになろう。

さすれば甫庵は、永禄九年よりおよそ半世紀後の『甫庵信長記』執筆の時点では知らなかったことを、さらに十数年後の『太閤記』執筆の時点では熟知していたことになる。これは彼が『甫庵信長記』執筆後、この件に関して有力な情報を入手した結果といちおうは解釈できるが、一方、この期におよんで正確かつ詳細な情報を入手できるものであろうかとの疑問がわくのも、また自然であろう。しかも甫庵は小説家として、創作を仕事にする人物なのである。

そこで『太閤記』を再読すると、この記事に不可解な点があることに気づく。その一つは、甫庵の記述が細部については詳細かつ具体的であるにもかかわらず、肝腎の城の位置と城名とを欠いていることである。甫庵がなんらかの情報にもとづいて執筆したのであれば、位置や城名は当然記載されるはずではないか。

つぎに不可解なのは、記事の内容そのものである。つぎにそれを要約して紹介する。

信長が美濃に城を築こうと言い出したところ、秀吉がその城主（築城者ではない）を志願した。信長はそれを許したうえで、永禄九年七月五日に、作事奉行《さくじぶぎょう》（秀吉とは別人）に対し、資材の準備を命じた。その日限は八月二十日であったが、資材はそれ以前に集まった。

そこで信長は老臣たちに命じて、九月一日に資材を川岸まで運び、四日に居城小牧山に兵を集め、五日に美濃に侵入し、築城を開始した。その際、斎藤方の妨害があったが、信長（秀吉ではない）は工事を急がせた。こうしてすみやかに工事が終わった（日数は記載なし）ので、信長は秀吉に城を預けた。秀吉は二十四日に斎藤軍の攻撃を退けた。

以上が『太閤記』の要旨で、これを漫然と読むと、作戦が一分《いちぶ》の隙もなく準備・決行されたという印象を受ける。だが、それが実は完全な錯覚なのである。なぜならば永禄九年は閏《うるう》年《どし》（陰暦の閏年は一年を十三ヵ月とする）にあたっており、八月のつぎに閏八月があった。それゆえ、八月二十日以前に準備が完了してから、九月一日に作戦が発動されるまでの間に、閏八月を挟んで約四十日の空白期間ができてしまうのである。

この種の作戦では情報漏れが失敗に直結するから、準備ができしだい決行するのが常識であろう。しかも信長は〝軍隊のスピードこそ用兵の神髄〟と心得ていた人物ではないか。それをなぜ信長は、準備完了後に四十日もの空白期間を作り、決行を遅らせたのか。この疑問について、甫庵はまったく説明していない。というよりも、閏八月などなかったかのごとき書きぶりなのである。これまで多くの歴史家が、作戦が一分の隙もなく決行されたと錯覚したのはこのためである。

甫庵がこのような書き方をした理由は、彼が永禄九年に閏八月があったということを知らなかったためではなかろうか。そして、これほど単純な事実さえ知らなかったとすれば、彼は永禄九年という年全体について、あまり情報を持っていなかったということになる。換言すれば、彼はこの記事を、一切の情報にもとづかず、頭の中で創作したとさえ考えられるのである。少なくとも、この曖昧な書きぶりからは、彼が正確な情報にもとづいて執筆した形跡がまったく認められない。

新史料（？）の出現

これまで述べてきた通り、秀吉の墨俣築城に関し、従来知られていた史料では、そうした事実があったことが裏付けられなかった。したがって、このままでは、築城の事実そのものを疑わざるをえない。ところが、近年、この事件に関する史料というものが出現した。この史料は一部の城郭研究家や歴史家が高く評価しているし、『武功夜話』という名で一般にもよく知られているから、無視するわけにもいくまい。

この史料は、永禄九年九月に秀吉の下で墨俣築城に参加した武士が書き残した覚書や、関係者がやりとりした書状などを、江戸時代に書写したものとされている。内容は築城工程の明細書や城の絵図など多岐にわたり、それらを通読すれば、築城の経緯が細大漏らさずわかる仕組みになっている。中世城郭の築城工程をこのように記した史料など、他には見当たらぬから、それだけでも驚くべき史料といえる。その文書の一つを原文のまま、紹介しよう。

美濃打入《うちいり》之事、かねて御承知之事、此度《こたび》木下殿加勢《かせい》致《いたす》御所存《ごしょぞん》、墨俣築城打合せ手段通り、
一、縄　駄馬に五駄
一、藤つる　駄馬に五駄
右之品々確《しか》と持参下され度《たく》候、明《あけ》四ツ刻、小越渡先一丁、

永禄九年寅九月十二日

彦右衛門

まへの
小右衛門殿

これは美濃の土豪で、のち秀吉に取り立てられ大名になった蜂須賀小六（彦右衛門）が、築城直前に、参加者の前野某に宛てた書状とされているが、当時の書状らしからぬぎこちない文章で、その割に内容がわかりやすい。それは、この書状が「美濃打入」「木下殿加勢」「墨俣築城」「縄　駄馬に五駄」などという、当事者間では周知の、あえて書く必要もないことを書いているからである。これでは最初から、後世の第三者に読ませることを意識して書いたとしか思えない。「打合せ手段通り」「確と持参下され度」「小越渡先一丁」などというのも、戦国時代の文書としては奇妙な表現である。また、これと一連の史料には、歴史上の有名人がつぎつぎに登場したり、現代人にもよくわかるほど具体的に書かれているなど、まことに興味深いものがある。

さらに、これらの文書には、墨俣城の絵図面なるものが付いている。原図は墨で粗《あら》く画かれた平面図で、それを筆者（藤本）が画き起こしたのが図I（一三二頁を参照）、その基本形態を鳥瞰図にしたのが、図IIである。原図では、城は東西百二十間、南北六十間の長方形

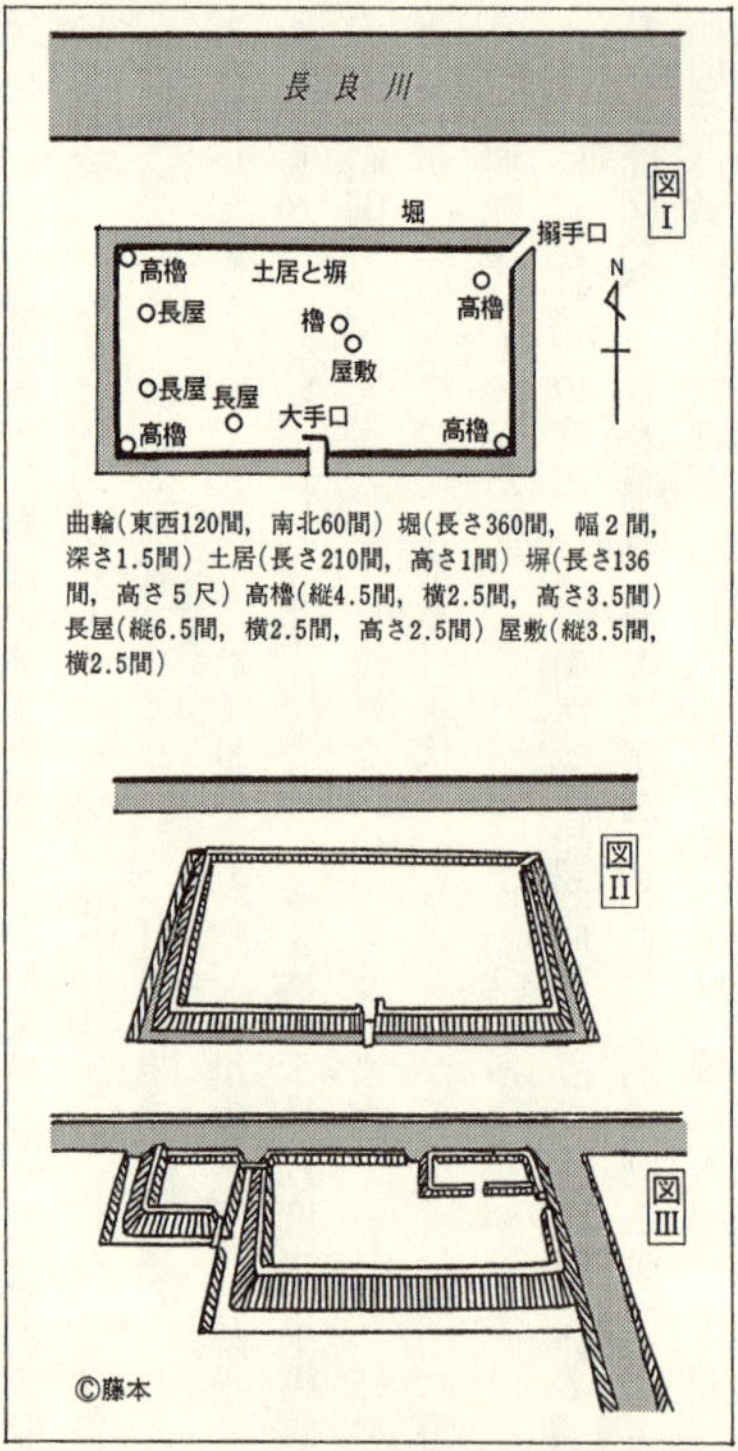

曲輪(東西120間，南北60間) 堀(長さ360間，幅2間，深さ1.5間) 土居(長さ210間，高さ1間) 塀(長さ136間，高さ5尺) 高櫓(縦4.5間，横2.5間，高さ3.5間) 長屋(縦6.5間，横2.5間，高さ2.5間) 屋敷(縦3.5間，横2.5間)

墨俣一夜城図

で、周囲に堀(水堀)を掘り、土居(土塁)と塀をめぐらせている。ただし、付属の明細書では、堀の長さを三百六十間としておきながら、土居を二百十間、塀を百三十六間としており、計算が合わない。また原図では、周囲に柵が画かれているが、ここでは省略した。

さて、図I、図IIを見ると、この城には、敵地に橋頭堡として築かれた中世の城郭とは信じられないような欠陥や疑問点があり、非能率的な作られ方をしていることに気づく。すなわち、付近に川がありながら、それを防御線として利用していないこと、橋頭堡として不可欠の船着き場から離れていること、曲輪《くるわ》が一つで広すぎること、曲輪を広くしたためにできた長く単調な防御線を、低い土居や塀と、浅くて狭い堀とで守ろうとしていること、大手の虎口《こぐち》（出入口）を櫓《やぐら》の射程外に設けたこと、搦手《からめて》の虎口を、敵の攻撃が集中し、味方は守りにくい城壁の隅に設けたこと、しかもそれが北東（鬼門）であり、そこから北東方向に向かって橋を架けていることなどである。さらに、城主の安全と権威づけと情報漏れの防止とをかねた、本丸に相当する内曲輪《うちくるわ》が存在しないのも不審である。

これほど欠陥のある中世城郭も珍しいであろう。しかも、これらの欠陥は、計画を少々修正するだけで、工事量をふやすことなく、解消できるものばかりなのである。つまり、図IIIのように（一）城の位置をずらして川に近づける、（二）曲輪を複数にして個々の防御線の長さを短くし、また防御線を二重、三重にする、（三）虎口の位置を工夫するなどの修正をすればよいのである。

このようにすれば、川と河岸段丘が防御線として利用できるうえ、その方面の工事を節約して他の方面を強化することができる。船着き場を取り込むことで、補給路が確保でき、外部との連絡も容易になる。敵を地続きの側と川の対岸とに三分できるから、完全包囲がされにくくなる。曲輪を縮小することで、防御線の長さを減らせるから、その分で土居を高くしたり堀を深くしたりすることができる。曲輪が複数なので長時間の抵抗が可能になる。

以上のように図I、IIの城は、若干の工夫と計画の修正だけで、飛躍的に強化される。そしてこれらの工夫は、永禄年間（一五五八〜七〇）にはすでに常識になっていたことが、多くの遺構によって証明されているのである。

このように見てくると、永禄当時の人間が、図Ⅰの図面の原図を画いたとはとうてい考えられない。それに永禄九年に墨俣に城を築くなら、新規築城などする前に、まず過去に築かれた城を占領して、これを早急に改修補強し、斎藤軍の反撃に備えるのが普通ではないか。ちなみに図Ⅰの図面の原図と、同一の作者の手になると思われる墨俣城の攻防図も伝えられているが、そこには軍勢の動きが↓↓↓というように連続した矢印で示されているが、こうした手法が日本で普及するのは幕末に西洋の文化が流入してからのことである。また、城の虎口を鬼門に設けることは、中・近世を通じて忌み嫌われた手法であり、上田城（現、長野県上田市）の本丸のように、鬼門にあたる城壁の角を、わざわざ削り取った形になるように堀や石垣の線を折り曲げて作った例さえ、枚挙にいとまがないほどなのである。こうした点に注目すれば、これらの史料の作られた年代が推定できるであろう。

墨俣一夜城は実在したか

永禄九年（一五六六）九月に秀吉が墨俣一夜城を築いたという話には、それが史実であることを窺わせるだけの史料的な裏付けがない。

もっとも、秀吉が永禄八年（一五六五）に信長の下で奉行の位置にいたことが、美濃の土豪、坪内氏の文書で確認されており、また『信長公記』巻一の永禄十一年（一五六八）九月の近江箕作山《みつくりやま》城（現、滋賀県八日市市）攻めの記事の中に、佐久間信盛・丹波長秀らとともに秀吉の名が上げられている。したがって、その地位からみれば、彼が永禄九、十年頃、美濃のどこかに城を一つ築き、その城主になったとしても不都合ではないが、それならばそれで、信頼するにたる史料の一片ぐらいは残ってもよさそうに思う。

今後、そうした史料が見出せぬかぎり、秀吉が築いたという墨俣一夜城は、実在しなかったと言わざるをえないであろう。

第三章　姉川合戦——誰が主力決戦を望んだのか

1　きわめて異例な合戦

はじめに

永禄《えいろく》十年（一五六七）の秋、斎藤氏を倒して濃尾平野を手中にした信長は、居城を稲葉山《いなばやま》城に移し、岐阜城と改めた。これは周の文王が岐山《きざん》より興って天下を平定した故事によるものと思われる。これより先、信長は中国で王道が行われる時に現れるとされる動物「麒麟《きりん》」の〝麟〟の字を花押《かおう》（サインの一種）に用いているが（本書の表紙カバー参照）、この頃から「天下布武《ふぶ》」（天下に武を布《し》く）という文字の印判を用いはじめた。こういうところにも、天下統一に賭ける彼の意気込みが感じられる。

翌永禄十一年（一五六八）八月、畿内を追われ、越前の朝倉義景《よしかげ》のもとに身を寄せていた足利義昭《よしあき》を迎え入れた信長は、同年九月、大軍を率いて上洛を決行し、義昭を将軍職に就けた。義昭は感激のあまり、年下の信長を「御父」とまで呼んだが、もともと将軍に政治の実権を握らせる気のない信長と、プライドの高さでは一歩も譲らぬ義昭との蜜月はたちまちに終わりを告げる。信長は義昭の権限を制限する一方、朝廷と将軍の権威をかさにきて、他の大名たちに号令しようとした。

元亀《げんき》元年（一五七〇）の春、信長は「朝廷と幕府のことで相談がある」として、朝倉義景に上洛を求めたが、義景は応じなかった。信長が義景を討つべく出動すると、義景は近江《おうみ》の浅井《あざい》長政《ながまさ》（信長の妹婿《いもうとむこ》）と連合して、対抗した。

六月二十八日、近江の姉川《あねがわ》河畔（現、滋賀県長浜市）で、織田軍は加勢の徳川軍とともに、浅井・朝倉軍と衝突した。これが姉川合戦で、結果は、兵力にまさる織田・徳川軍の完勝に終わった。この戦いは、戦国大名同士が、主力部隊を率いて広々とした場所で向かい合い、正面から突撃を掛けて押し合うというものであったから、現代人の常識からすれば、いかにも戦国時代らしい大合戦ということになろう。だが実は、こうした大規模な正面衝突は、戦国大名にとってはきわめて異例の出来事であり、信長の長い戦歴の中にも、類例が見当たらない。

どうして、こういうことが起きたのか。それが本章のテーマである。

ある撃墜王の言葉

戦国大名同士の正面衝突は少ない。それは、たんに戦国大名は数が限られているから、衝突回数も少なかったというだけではない。強力な相手と正面から衝突すれば、勝敗にかかわらず自軍に大損害が出る恐れがあるからである。

前章で述べたように、戦国大名は、合戦での損害を自力で補塡《ほてん》しなければならず、他方、敵もしくは敵になりそうな者はいたるところにいた。したがって、一つの敵を倒すために、一度の戦いで損害を顧みず兵を用いることなど許されなかったのである。

さらに信長の場合、他の戦国大名と異なって、早くから天下統一を目指したから、必然的に日本中の戦国大名を敵にまわす可能性があった。彼が、自軍に大損害を出す恐れがあるような戦いを避けようとしたのは当然であろう。

もちろん、このことから彼を慎重一辺倒の人間とするのは早計である。現に彼は小勢を率いて敵の大軍に突入したことが一度ならずある。ただ当時、戦国大名には、自軍が損害を出すことを極力避けねばならぬという制約があり、天下統一を目指した信長にその制約が特に厳しかったということは、確認しておく必要がある。

現代人は信長の性急な面のみに、目を向けがちであるが、彼がたんに性急なだけの人物だったならば、あれほど長期間戦い続けることはできなかったであろう。このことについて、第一次世界大戦のフランスの戦闘機パイロットであったフォンクの言葉が思い出される。彼は同僚のパイロットで、当時最も人気の高かったギンヌメールを批判してこういっている。

「私と彼とは、戦い方が違う。私は敵機の死角に入ろうと努めるが、彼は正面から敵に挑戦する。彼の生死は敵機の機関銃の調子の如何《いかん》にかかっているといってよい」。

フォンクは七十五機を撃墜して、終戦まで生き残った。ギンヌメールは五十四機を集中的に撃墜したのち、戦場の上空で行方不明になっている。

理想的な用兵

戦国大名が、自軍が損害を出すことを極力避けようとした結果、戦いのやり方に、一つのパターンが生まれた。兵力の伯仲する敵軍との正面衝突や、堅固な敵城への無理攻《むりぜ》め（強引な攻城戦）を避けることである。そのかわり、敵の領内で放火や刈田《かりた》を行ったり、敵城の近くに城（付《つ》け城《じろ》）を築いたりして、圧力をかけ、経済的、心理的に弱らせるのである。その一方で、敵の部将を勧誘するなどして、敵陣営の切り崩しをはかる。交渉により、敵の部将などを味方につける調略《ちょうりゃく》についてはすでにふれた。

調略の成功が、敵味方の勢力のバランスを一挙に崩して合戦の最大の勝因になることも珍しくなかった。今川義元が尾張国境まで領国を一挙に拡大できたのは、鳴海《なるみ》城の山口左馬助《さまのすけ》を味方に付けたためであり、信長が斎藤龍興《たつおき》を降参させたのも、美濃三人衆の内応によるものであることは、すでに見たとおりである。

信長は当然、調略を重視した。それを明示したものに佐久間信盛《のぶもり》の断罪状がある。天正《てんしょう》八年（一五八〇）八月十二日、信長は、かつて石山本願寺《いしやまほんがんじ》攻めの総大将であった信盛を追放す

るが、『信長公記』巻十三に掲載されたその断罪状の一節に、

大坂（石山本願寺）大敵と存じ、武篇《ぶへん》にも構へず、調儀《ちょうぎ》・調略の道にも立ち入らず、たゞ居城《いじろ》の取出《とりで》を丈夫にかまへ、幾年も送り候へば、彼《かの》相手、長袖《ながそで》の事に候間、行く〳〵は信長威光を以て退くべく候条、去《さ》て遠慮を加へ候歟《か》。

〈釈文〉

石山本願寺を大敵と考えて、武力も使わず、謀略も行わず、ただ砦を堅固に構えて年月を送れば、敵は僧侶であるから、いずれは信長の威光で退散するとでも思っていたのか。

とある。武篇（武道）と調儀（計画）・調略（謀略）とを同等に扱っていることが興味深い。この断罪状は十九ヵ条からなるが、信長という人物の精神構造を考えるうえで、最も重要な史料の一つであろう。

ところで、調略で敵の部下を味方につけた場合、それに気づいた敵は、内応者を処分するなどして態勢を固めるから、そうなる前に成果を確固たるものにする必要がある。それには調略の成功と同時に出動することが肝要であり、信長もそれを十分に承知していた。あらためて、『信長公記』首巻《しゅかん》の美濃攻めの記事を見よう。

一、（永禄十年）八月朔日《ついたち》、美濃三人衆、稲葉伊予守《いよのかみ》・氏家卜全《ぼくぜん》・安東《（ママ）》伊賀守《いがのかみ》申し合せ候て、信長公へ御身方《みかた》に参るべきの間、人質を御請取り候へと申越し候。然《しか》る間、村井民部《みんぶの》丞《じょう》・嶋田所之助《ところのすけ》人質請取りに西美濃へさし遣はされ、未《いま》だ人質も参らず候に、俄《にわか》に御人数出され、井口《いのくち》山のつゞき瑞龍寺《ずいりゅうじ》山へ懸上《かけのぼ》られ候。是《こ》は如何《いか》に、敵か味方かと申す所に、早《はや》町に火をかけ、即時に生《はだ》か城《じょう》になされ候。其日、以《もって》の外《ほか》風吹き候。翌日、御普請《ふしん》くばり仰《おお》付《せ》けられ、四方鹿垣《ししがき》結ひまはし、取籠《とりこ》めをかせられ候。左候処《さそうろうところ》へ美濃三人衆もまゐり、肝《きも》を消し御礼申上げられ候。信長は何事もか様《よう》に物軽《ものがる》に御沙汰なされ候なり。

一、八月十五日、色々降参《こうさん》候て、飛弾《（ママ）》川のつゞきにて候間、舟にて川内《かわうち》長嶋へ龍興退散。

〝用兵の神髄は軍隊のスピードにあり〟と心得ていた信長の、面目躍如たる一節である。読者は、そんなことは当たり前と思われるかもしれないが、頭で理解していることとそれを実行することとは話が別で、現に戦国大名で実行しなかった者もいたのである。その一人が姉川合戦を起こした責任者の一人、朝倉義景である。彼の行動については、いずれ述べることになろう。

いま一つ、ここに引用した一節で注目されるのは、信長が龍興の稲葉山城を無理攻めにせず、「生か城」（敵城の城下町や周囲の防御線を占領し、中心部だけにすること）にして、厳重に包囲し、時間をかけて降参に追い込んでいることである。これは自軍が損害を出すのを避ける、合理的なやり方であるが、それが可能になったのは、稲葉・氏家・安藤の美濃三人衆の内応で、龍興の救援に動く者がなくなったからである。

このように調略で切り崩しを受けるなどして、状況不利を悟った者は、たいていは降伏するか逃亡する。異国で異民族と戦っているわけではないから、逃亡先はいくらもあった。また敗者が勝者に降伏を求められれば、たいていは、龍興の場合のように、降伏を受諾した。その際、責任者が自害させられることはあっても、部下まで殺されることはめったにない。下手に敗者を追い詰めて、死に物狂いで抵抗されるのは得策でないからで、かえって敗者を自陣営に吸収することに努めている。信長や家康の軍隊が、雪だるま式にふくれあがっていったのは、そのためである。

こうした状況では、双方協議のうえでの開城とか、城主逃亡後の無血占領などという話がやたらに多い。逆に、無理攻めで落城させることは、攻める側によほど良い条件があった場合、時間的余裕がない場合、城主に対して非常な恨みがあった場合、強引に落城させることで、大きな戦果を得られると判断した場合などにしか行われないのが普通である。さきに述べた、信長の堂洞《どうぼら》城攻めは、時間的余裕がない場合の例である。この時、信長は、堂洞城の存在が東美濃における織田方の拠点、加治田《かじた》城の脅威になっていることを認め、かつまた敵領内、奥深くにある堂洞城の攻略に時間をかけることは、敵の援軍との全面的な衝突に発展すると判断し、短時間で決着をつけるべく城を無理攻めしたのである。こうした無理攻めが特異な例であることは、おいおい明らかになるであろう。

姉川への道のり

そこで姉川合戦が起こるまでの経過をみよう。

永禄十一年（一五六八）、信長は足利義昭を擁して上洛をはたし、十五代将軍の座につけた。だが、信長と義昭は政治の実権をめぐって、たちまち対立する。翌十二年（一五六九）正月、信長は「室町幕府殿中掟《でんちゅうおきて》」を定め、義昭の権限を制限した。また三月には義昭が信長を管領《かんれい》に任命しようとしたのを断っており、正親町《おおぎまち》天皇が副将軍職を勧めたのにも返答しない。信長には、幕府体制内に組み込まれる気がまったくなかったのである。同年中に、信長・義昭不和の噂は公然たるものとなった。

明けて元亀元年（一五七〇、改元は四月二十三日）正月、義昭は五ヵ条の条々を出した。その第一条には、「将軍が諸国へ御内書《ごないしょ》を遣わす時は、信長の添状《そえじょう》を添えること」、第四条には、「天下のことは信長が委任された以上、いちいち将軍の了解を得るにはおよばない」などとある。義昭にとって不本意極まりない内容で、信長が実力を背景に強引に認めさせたのであろう。

また信長は、この月、皇居修理および「天下静謐《せいひつ》」のためと称し、越前の朝倉義景に上洛を要請した。ところが義景は、これに応じなかった。実は織田氏と朝倉氏には、古くからの因縁があった。すなわち信長の先祖は、越前織田庄の国人《こくじん》織田氏で、それが越前・尾張・遠《とお》江《とうみ》の守護、斯波《しば》氏の被官《ひかん》となり、のちに尾張に移ったものらしい。しかも信長の家は尾張守《しゅ》護代《ごだい》、織田氏の宗家ではなく、傍流にすぎない。一方、朝倉氏も斯波氏の被官であったが、主家を圧倒し、文明《ぶんめい》三年（一四七一）以来、越前守護職についている。義景がにわか大名の信長からの上洛催促を、快く思わなかったとしても無理はない。ここで上洛すれば、将軍を擁する信長に、臣下のように使われることになるし、身に危害が及ぶ恐れがあるとも考えたのであろう。義景は越前から出ようとしなかった。

ついに四月二十日、信長は朝倉義景追討のため、大軍を率いて京都を発ち、二十五日には越前の手筒山《てづつやま》城（現、福井県敦賀市）を落とした。『信長公記』には手筒山落城の際の戦果について「頸数《くびかず》千参百七十討捕《うちとる》」と、細かい数字をあげている。このことは、著者の牛一が、戦闘直後に作成された「頸注文《くびちゅうもん》」（戦果記録台帳）のような資料を参照して、この数値を得たことを窺わせる。また同書は、手筒山落城の翌日、金《かね》ケ崎《さき》城（現、敦賀市）を攻めようとしたところ「色々降参致し退出候」とあり、さらに引壇《ひきた》城（現、敦賀市）も「明退《あけの》」いたとある。

信長の実力からすれば、両城の攻略も可能であろうが、無用の消耗と時間の浪費を避けたのであろう。これらは交渉による開城の典型例であり、また手筒山の早急な落城が見せしめ的効果を発揮したことがわかる。ちなみに、見せしめ的効果を狙って、緒戦に城攻めを強行した例としては、天正十八年（一五九〇）の秀吉による山中《やまなか》城（現、静岡県三島市）攻めがある。秀吉が小田原の北条氏（後《ご》北条《ほうじょう》氏）と対決した小田原の役の緒戦に行われたこの戦いで、秀吉は万石取りの部将を含む数百人の部下の生命と引き換えに、この城を二、三時間で落とした。その結果、箱根一帯の後北条軍は全ての支城を放棄して小田原に退却し、以後三ヵ月間、はかばかしい抵抗もせず、開城にいたったのである。ちなみに、小田原の役に参加した北条軍数万のうち、責任をとらされて自害させられたのは四人にすぎない。

図3　姉川合戦関係地図

さて、引壇城を開城させた信長はただちにその破却を命じるが、その直後、信長のもとに「近江の浅井長政が信長に対して兵を挙げた」という情報が届いた。長政は信長の妹（お市の方）の婿であるが、長政の父、久政が、長年の朝倉氏との盟友関係を断ち切れなかったため、この挙に出たものであろう。そのうえ永禄十一年（一五六八）の上洛の際に、信長に敗れて逃亡した佐々木（六角《ろっかく》）承禎《じょうてい》まで、旧領内で挙兵した。信長にとっては、まさに青天の霹靂《へきれき》で、しかも長政の所領と承禎の旧領は、琵琶湖東岸一帯であるから、北国《ほっこく》街道を背後で完全に遮断されたことになる。信長は四月二十八日に、金ケ崎城に秀吉を残して退却を開始、琵琶湖西岸の朽木谷《くつきだに》を抜け、三十日の夜中にわずかの部下とともに京都に帰った。

近江出陣

一旦、京都に戻った信長は、五月九日、軍勢を率いて岐阜に向かい、二十一日に帰城した。その途中、近江の千草山中で、佐々木承禎が派遣した杉谷善住坊《すぎたにぜんじゅうぼう》に狙撃されたことが『信長公記』にみえる。さいわい弾丸は衣服に孔を開けただけでことなきを得たというが、信長の敵に対する憎しみは倍加したであろう。六月四日には、柴田勝家と佐久間信盛が南近江で佐々木承禎を撃破した。

六月十九日、信長は岐阜を発ち、北西五十キロメートルにある、浅井長政の居城小谷《おだに》城（現、滋賀県東浅井郡湖北町）に向けて進撃を開始した。岐阜に戻ってから約一ヵ月後のことである。出陣がこの日になったのは、軍隊を集めたり、編成しなおしたりするのに、それだけ時間がかかったためばかりではないらしい。

すなわち『信長公記』には、信長は出陣の直前に、浅井方の堀秀村《ひでむら》と樋口直房《なおふさ》を調略で味方につけたことが記されている。堀は美濃と近江の境目にある鎌刃《かまは》城（現、滋賀県坂田郡米原町）の城主、樋口は同じく長比《たけくらべ》城（現、滋賀県坂田郡山東町）の城主であるから、信長の近江侵出を防ぐ第一線に立っていたことになる。それが真っ先に信長方についたのであるから、織田と浅井の勢力のバランスは大きく崩れたわけで、信長はこの機会をのがさず、攻勢に出たと考えられるのである。『信長公記』はいう。

去程に、浅井備前《びぜん》（長政）、越前衆を呼越し、たけくらべ（長比）・かりやす（苅安尾。現、滋賀県坂田郡伊吹町）両所に要害を構へ候。（池田家文庫本は、ここに「尾谷《おだに》〈長政の居城、小谷城〉へ信長御働きの路次《ろじ》通り相防ぎ候」とある）信長公御調略を以て堀・樋口、御忠節仕《つかまつ》るべき旨、御請なり。六月十九日、信長公御馬を出《い》だされ、堀・樋口謀叛《むほん》の由承り、たけくらべ・かりやす取物も取敢へず退散なり。

信長はまったく抵抗を受けずに近江に入り、出陣からわずか二日後には小谷城の城下を焼き払った。

たけくらべに一両日御逗留《とうりゅう》なされ、六月廿一日、浅井居城大谷（小谷）へ取寄り、森三左

衛門・坂井右近《うこん》・斎藤新五・市橋九郎右衛門・佐藤六左衛門・塚本小大膳《こだいぜん》・不破河内《かわち》・丸毛兵庫頭《ひょうごのかみ》、雲雀山《ひばりやま》へ取上り、町を焼払ふ。

信長公は諸勢を召列《つ》れられ、虎御前山《とらごぜやま》へ御上りなされ、一夜御陣を居《す》ゑさせられ、柴田修《しゅ》理《り》・佐久間右衛門・蜂屋兵庫頭・木下藤吉郎・丹羽五郎左衛門・江州衆、仰付けられ、在々所々谷々入々《ざいざいしょしょたにだにいりいり》迄放火候なり。

信長が調略の成功にあわせて兵を動かすことは稲葉山城攻めで見たとおりである。ようするに出陣の準備には、軍勢を集めるといった表面的なものと、調略のような水面下で行われるものとがあったのである。『信長公記』はさすがに、その事実を書き漏らしてはいない。

横山城包囲

六月二十一日に、浅井氏の居城小谷城の城下一帯を焼き払った信長は、二十二日にはその南東三キロメートルの八嶋《やしま》まで撤収した（一五七頁の図4を参照）。比高二百メートルを越える急峻な山上に築かれた小谷城を強襲することは、得策ではなかったからである。

信長は矛先を、八嶋の南東十余キロメートルにある、浅井方の属城、横山城（現、滋賀県長浜市）に向け、二十四日にはこれを包囲した。横山城は比高百五十メートルほどの険阻な山城で、これを落とすのも容易ではない。信長は、これに圧力をかけて開城させるつもりだったのであろう。もちろん、浅井長政が横山城の救援のため、小谷城から出撃してくれば、これを有利な態勢から捕捉して撃破することも計算していたはずである。なにしろ兵力は圧倒的に多かったし、地形的にも有利な場所を占拠していたからである。

すなわち、この時、信長は横山城から北に延びる高地の先端、龍ケ鼻《たつがはな》に陣取っているが、ここは小谷方面を一望できるうえ、その裾を西流する姉川を小谷城方面に対する防御線として利用できる場所である。そのうえ、家康の援軍まで到着した。

六月廿二日、御馬を納れられ、（中略）其日はやたか（八嶋のことであろう）の下に野陣《やじん》を懸けさせられ、よこ山の城、高坂・三田村・野村肥後《ひご》（いずれも浅井の属将）楯籠り相拘《かか》へ候。廿四日に四方より取詰め、信長公はたつがはなに御陣取。家康公も御出陣候て、同龍が鼻に御陣取。

信長は圧倒的に有利であると、確信したであろう。

殿軍の部隊編成

ところで『信長公記』には、信長が六月二十二日に小谷城近辺から撤収した際、殿軍《しんがり》として、銃手と弓手からなる一部隊を編成し、三人の部将に指揮を執らせたとある。そして、この臨時編成の部隊は、追撃してきた浅井軍と戦いつつ、撤収を完了している。

殿《しっぱらい》に諸手《しょて》の鉄砲五百挺、幷《ならび》に御弓の衆三十ばかり相加へられ、簗田《やなだ》左衛門太郎・中条《ちゅうじょう》将監《しょうげん》・佐々《さっさ》内蔵介《くらのすけ》両三人御奉行として相添へられ候。

ここで「諸手の鉄砲」とあるのは、各部将の鉄砲（むろん、銃手つきである）のことで、信長はそれを何十挺（何十人）かずつ取り上げて、臨時に一部隊を編成したのである。また「御弓の衆三十ばかり相加へられ」とあるのは、鉄砲の補助として、弓を加えたものであろう。当時の鉄砲は、一発ごとの装塡《そうてん》・射撃に手間がかかるので、より軽便な弓で援護することが望ましかったのである。

このような鉄砲の集中使用は、絶大な効果を発揮する。ただ、当時の軍隊では、鉄砲は総大将自身に属する「馬廻《うままわ》り（親衛隊）鉄砲」のほかは、各部将たち銘々に属していた。そして各部将たちは、たとえ総大将の命令であり、また一時的にせよ、この最強の武器を取り上げられることを好まなかった。したがって、ここに信長が諸手（各部将）から鉄砲五百挺を取り上げたとあることは、たんに織田軍の鉄砲保有数の多さを示しているばかりでなく、彼の権力の大きさをも示しているのである。また同一種類の武器を扱う兵士のみを集中して用いることは、使用武器によって兵種が分かれる近代的な軍隊組織の先駆として注目される。

もっとも、この殿軍が鉄砲と弓だけで構成されていたとするのは、早計であろう。当時の鉄砲は単発・先込めの火縄銃で、野戦での使用は危険と背中合わせであった。弾丸の装填は時間がかかるうえ、手早く装填するには立ったままの姿勢でいる必要があるが、その間、敵の射撃の標的にされるうえ、突撃してくる敵に蹂躙《じゅうりん》される恐れがあったのである。したがって、銃隊を槍《やり》隊などで護衛する必要があった。また当時の火縄銃は、装填の問題や銃剣がなかったこともあって、突撃には適さなかったから、銃火をあびて浮足立った敵を押し崩し、追撃して戦果を拡大するためにも、槍などを持った兵士の協力が必要であったのである。

この状況は、太平洋戦争における航空母艦（空母《くうぼ》）中心の機動部隊の構成を連想させる。空母は戦力の中核だが、敵の艦艇や航空機に近くから攻撃されれば、まことに弱い。そこで巡洋艦や駆逐艦が何隻も付いて、空母を護衛するとともに、敵の損傷艦を拿捕《だほ》したりとどめを刺したりするのである。このように空母一隻を戦力として活用するためには、多数の護衛艦を付けるような、間接的な設備投資を必要とするのである。同じことは戦国時代の銃隊にも言えるのであり、これを戦力の中核にするためには、大変な費用がかかることを銘記せねばなるまい。銃と弾薬と銃手さえいれば銃隊が活用できると考えるのは、大変な間違いである。この殿軍の場合は、簗田左衛門太郎ら三人の奉行の手勢が、銃隊の護衛に付いたわけである。

この殿軍と、追撃してきた浅井軍との戦闘は、繰《く》り引《ひ》き（敵の追撃をかわすため、部隊ごとに順おくりで後退と戦闘とを繰り返すこと）の好例である。

敵の足軽近々と引付け、簗田左衛門太郎は中筋《なかすじ》より少し左へ付いてのかれ候。乱れ懸つて引付き候を、帰し合せ〳〵散々に暫《しばら》く戦ひ、太田孫左衛門頸をとりまかり退かれ、御褒美《ほうび》斜《なな》めならず。

二番に佐々内蔵介《くらのすけ》手へ引付け、八相山宮《はっそうやまのみや》の後にて取合ひ、爰《ここ》にても蔵介《（ママ）》高名を致し罷《まかり》退く。三番八相山の下橋の上にて取合ひ、中条将監疵《きず》つけらる。中条又兵衛橋の上にてたゝき合ひ、双方橋より落ちて、中条又兵衛堀底にて頸をとり、高名比類なき働きなり。御弓の衆として相支へ、異儀なく罷退く。

兵力の圧倒的に劣る浅井軍が、果敢に追撃していることが注目される。主力同士の正面衝突を避ける一方、敵の移動時などを狙って打撃を与え、小さな損害を累積させて、最終的に強敵を退去させるのは、当時の常識的なやり方である。信長は鉄砲の集中的使用で、それに対抗したのである。

両軍対決

さて、徳川の援軍の到着と時を合わせるように、朝倉義景の従兄弟《いとこ》、孫三郎景健《かげたけ》の軍が、浅井氏救援のために小谷付近に到着した。『信長公記』には朝倉軍は八千ばかり、浅井軍は五千ばかりとあるが、ともかく朝倉軍が浅井軍よりも圧倒的に多かったことは確実で、これにより、状況は大きく変化した。もっとも、諸史料を総合すると、織田軍は一万以上、徳川軍も三、四千はいたと思われるから、兵数の上では、依然として信長の有利は動かない。

朝倉軍は小谷城の東、横山城からは北西にあたる大依山《おおよりやま》に布陣した。浅井軍も小谷城を出て、朝倉軍に合流した。大依山と信長の布陣した龍ケ鼻との距離は五キロメートルにすぎない。信長は横山城攻撃を一時中止して、主力を北に向け、迎撃態勢をとった。

六月二十七日の夜、浅井・朝倉軍は南下を開始した。未明までには野村に浅井軍が、野村の西にある三田村に朝倉軍が布陣した。野村と三田村は、ともに姉川の北岸にある村で、浅井・朝倉軍はこれらを拠点に選んだのである。当時は、戦闘に先立って、付近の村や土豪の居館などを拠点としてまず確保し、ここを指揮所、補給所、給水所、包帯所などに利用するのが普通である。また戦闘に都合のよい、付近の丘を拠点として占拠することもある。特に大きな合戦では、遠くから進撃を続けて、そのまま敵に突入するといった不用意なことは、しないように心掛けている。

一方、信長も部隊を二つに分け、自身の馬廻りを中核とする織田軍主力を野村の浅井軍に宛て、徳川軍を三田村の朝倉軍に向かわせた。兵力の多い織田軍主力が兵力の少ない浅井軍と対決し、逆に兵力の少ない徳川軍が兵力の多い朝倉軍と対決する形になったわけである。

これは事前に徳川軍が先陣として、小谷城に近い場所に布陣したところ、そこが三田村の対岸であったため、自動的に三田村を占拠した朝倉軍と対決することになったのであろう。また信長も、龍ケ鼻の後方陣地（臨時築城を済ませていたであろう）の近くの安全な場所から指揮を執ろうとしたため、そこからは三田村よりも近い野村に、主力を向かわせることになったのであろう。一般に、家康は援軍として参加した関係で、敵の援軍である朝倉軍と対決したとされているが、朝倉軍が三田村に来るか野村に来るかは事前にわかるはずがないし、それを確認してから陣替えをして朝倉軍に対決する余裕もあるはずがない（一五七頁の図4参照）。

のちに紹介する信長の書状によれば、この時、家康は先陣を志願したという。日頃から信長を後楯としている家康としては、ここで点をかせごうとしたのであろう。なお『甫庵信長記』に、家康が信長に対し、加勢として稲葉一鉄《いってつ》（良通《よしみち》）を望んだとあるが、これは信じがたい。

当時、一鉄は、同じ美濃の豪族、氏家卜全《ぼくぜん》・安藤守就《もりなり》とともに「美濃三人衆」を称し、連合して行動しているから、その中から彼一人抜き出したとは考えにくい。現に『信長公記』では姉川合戦で「美濃三人衆」が一つの部隊として行動しており、しかも信長の馬廻りと並んで浅井軍と戦ったことを明記している。それにもかかわらず、『甫庵信長記』が一鉄一人を取り上げ、家康に協力させているのは、三人衆の内、稲葉氏のみが大名として江戸時代まで生き残ったうえ、一鉄の庶子重通《しげみち》の養女が、三代将軍徳川家光の乳母《めのと》、春日局《かすがのつぼね》だったためであろう。

ちなみに、氏家卜全は元亀二年（一五七一）五月の伊勢長嶋《いせながしま》一揆攻めで戦死し、その子孫は関が原の役で没落している。また安藤守就は天正八年（一五八〇）に、以前武田信玄に通じたことを理由にして、信長に追放されており、同十年（一五八二）の本能寺の変の際、再挙をはかって一鉄と戦い、敗死している。

主力決戦

元亀元年（一五七〇）六月二十八日の早朝、織田・徳川軍と浅井・朝倉軍は、姉川を挟んで衝突した。姉川合戦である。

まず決戦までの経過を『信長公記』でみよう。

然処《しかるところ》、朝倉孫三郎（景健）後巻《うしろまき》（味方の城を救援するため、敵の包囲軍を背後から攻めること）として八千ばかりにて罷立ち、大谷（小谷）の東をより山（大依山）と申候て、東西へ長き山あり。彼山《かの》に陣取るなり。同浅井備前（長政）人数五千ばかり相加り、都合《つごう》一万三千の人数、六月廿七日の暁陣払ひ仕り、罷退き候と存候の処、廿八日未明に三十町ばかりかかり来たり、あね川を前にあて、野村の郷・三田村両郷へ移り、二手に備へ候。

この一節で、特に興味深いのは、兵力の劣る浅井・朝倉軍のほうから進撃してきたという点である。浅井・朝倉軍としては、このまま対陣が長引けば、横山城を失う恐れがあると判断したのであろう。横山城を失えば、北国脇往還道の通行が遮断される。さらに、小谷城の目と鼻の先にある横山城を救援できなかったということが、味方の士気に深刻な影響を与えるのは必至である。

したがって、浅井・朝倉軍の行動は、いちおう理屈にはかなっているが、それにしても短《たん》兵急《ぺいきゅう》ではある。『信長公記』に、「二十七日に浅井・朝倉軍は撤収すると判断した」とあるのも、織田方が、劣勢な浅井・朝倉軍は強引な行動を採るまいと予想していたためであろう。ところが、彼らは二十八日に進撃してきたのである。その理由はさておき、浅井・朝倉軍は野村と三田村に移り、姉川南岸の織田・徳川軍と戦闘を開始した。

西は三田村口、一番合戦、家康公むかはせられ、東は野村の郷そなへの手へ信長御馬廻、又東は美濃三人衆、諸手一度に諸合《もみあい》、六月廿八日卯刻《うのこく》（午前六時頃）、丑寅《うしとら》（北東）へむかつて御一戦に及ばる。

御敵もあね川へ懸り合ひ、推《おし》つ返しつ散々に入りみだれ、黒煙立て、しのぎをけづり、鍔《つば》をわり、爰かしこにて思ひ〳〵の働きあり。終に追崩し、手前において討捕る頸の注文、真柄《まがら》十郎左衛門、此頸青木所右衛門是を討とる。前波《まえば》新八・前波新太郎・小林端周軒《はしゅうけん》・魚住龍文寺《りょうもんじ》・黒坂備中・弓削《ゆげ》六郎左衛門・今村掃部助《かもんのすけ》・遠藤喜右衛門、此頸竹中久作是を討とる。兼而《かねて》此首を取るべしと高言あり。浅井雅楽助《うたのすけ》・浅井斎《いっき》・狩野次郎左衛門・狩野三郎兵衛・細江左馬助・早崎吉兵衛、
此外宗徒者《むねとのもの》千百余討捕。

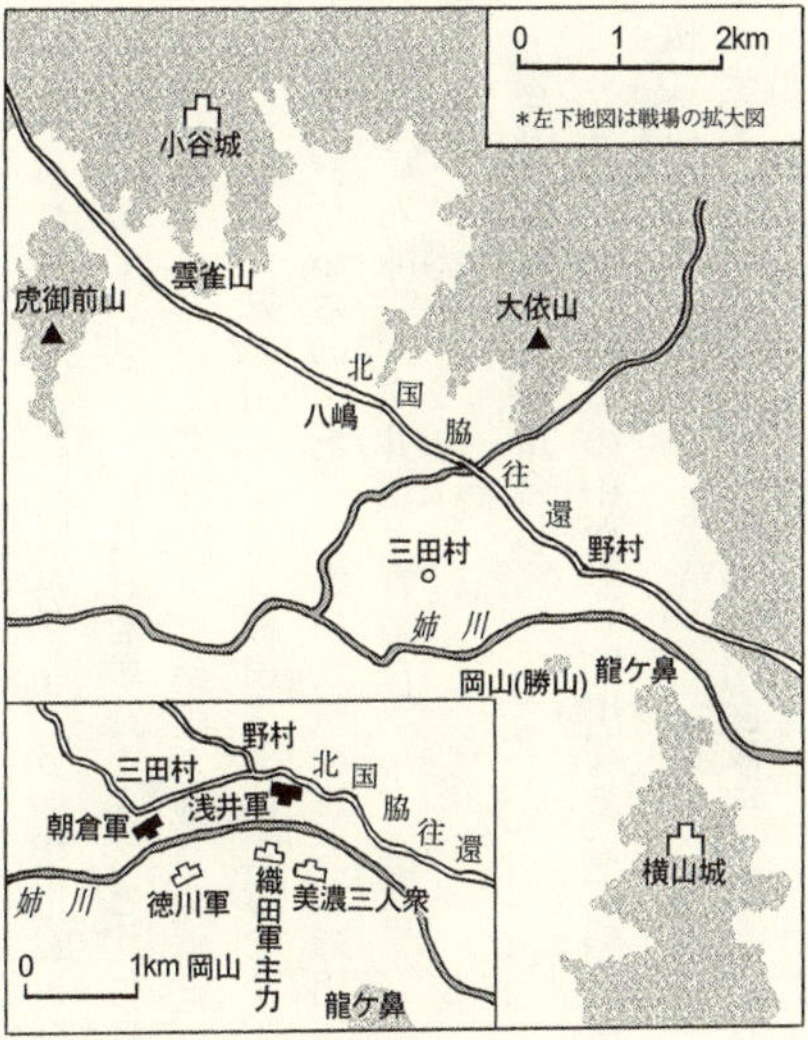

図4　姉川合戦戦場地図

大軍同士が、見通しの良い場所で正面から衝突し、死力を尽くして戦ったあげく、兵力の多いほうが少ないほうを押し崩して勝利をおさめるというこの合戦の経緯が、簡潔な文章で見事に再現されている。

　この引用文中で、特に注目されるのが「丑寅へむかって御一戦に及ばる」という一節で、織田・徳川軍全体としては北向きに戦った

にもかかわらず、ここには「丑寅」つまり北東となっているのである。牛一は地理描写に常に気を配っているから、これを単純なミスと片付けることはできない。そこで『信長公記』を読むと、まったく同様の例を長篠合戦の記事に見出すことができる（第五章を参照）。ようするに牛一は徳川軍を含む織田軍全体ではなく、信長を中心とする織田軍主力の戦った方向をあげているのである。姉川合戦の場合、織田軍主力は龍ケ鼻の西側の平地に布陣し、その北東に布陣した浅井軍と戦ったため、「丑寅へむかって」ということになったのである。

信長文書に見る姉川合戦

ここで、信長文書の中から、姉川合戦の実態を伝えるものを二点選んで、抜粋して紹介しよう。

まず、六月二十八日付けの細川藤孝《ふじたか》宛て信長書状（『津田文書』）である。

今日巳時《みのとき》（午前十時頃）、越前衆幷に浅井備前守（長政）、横山後詰《ごづめ》のために、野村と申す所まで執《と》り出す。両所の備の人数越前衆壱万五千ばかり、浅井衆五、六千もこれあるべく候歟《か》。同刻、此方より切り懸け、両口一統《りょうくちいっとう》に戦を遂げ、大利をえ候。首の事は更に校量《きょうりょう》を知らず候の間、注するに及ばす候。野も田畠も死骸ばかりに候。誠に天下のために大慶これに過ぎず候。

合戦当日に発せられた、文字どおり第一報で、「敵の首級は数えきれぬほどで、とても書けない。野も田畠も死骸ばかりで、天下のためこれほど慶ばしいことはない」という言葉に、越前攻め以来の鬱憤《うっぷん》をはらした信長の得意な様子が窺える。「天下のため」は信長の口癖のようなもので、内実は「信長のため」と言い換えても不都合ではない。宛て所の藤孝は将軍義昭の側近であるから、この書状の内容もただちに義昭に伝えられたことであろう。「野も田畠も死骸ばかりに候」は、義昭に対する威嚇《いかく》ととることもできる。なお藤孝は、のちに信長に臣従し、長篠合戦では銃隊を派遣している。

また、この書状には、つぎのような追而書《おってがき》がある。

今度、岡崎の家康出陣、我等手廻《てまわ》りの者共、一番合戦の儀を論ずるの間、家康に申し付けられ候。池田勝三郎（恒興《つねおき》）・丹羽五郎左衛門（長秀）相加へ、越前衆に懸り候て、切り崩し候。浅井衆には手廻りの者共に、其外相加はり、相果し候。

以上により、信長の馬廻りが浅井軍と戦い、徳川軍が朝倉軍と戦ったことが確認される。なお『信長公記』には池田と丹羽の名が見えないが、彼らは、一番合戦を行った徳川軍の後方にいたのであろう。

つぎに七月十日付けで毛利《もうり》元就《もとなり》に宛てた覚書（『毛利家文書』）の一節を紹介する。

一、同廿一日（六月）、浅井の居所小谷へ押し入り、城下の儀は申すに覃《およ》ばず、江北中を皆以つて放火候事。

一、小谷より二里余り南に横山と申し候地を、浅井かたより拘《かか》へ置き候間、討ち果すべきために、詰《つめ》の陣を申し付け、信長も在陣に候。然《しか》して後巻として越前衆・浅井衆都合三万に及ぶべく候歟《か》。去月廿八日巳時、取出し候。当手の人数は、同刻に備へ合はせ、一戦を遂げ、両口共に切り崩し、大利をえ候。首数の事、更に校量を知らず候間、註するに能はず候。小谷城を攻め果すべく候と雖《いえど》も、残党の逃げ入り候ひし山も険《けわ》しきの由に候条、一旦に果《はた》し難き歟。然《しか》る間、押《おさえ》の執出《とりで》（砦）を申し付け候。畢竟《ひっきょう》落居《らっきょ》程あるべからず候。此《かく》の如く早速に本意《ほい》を達し候事、且《かつ》は天下のため、且は伜《せがれ》（信長自身のこと）家のために、大慶賢察《けんさつ》に過ぐべからず候事。

これは戦勝報告を兼ねた、信長得意の宣伝文であり、敵の人数を三万としたり、小谷城の落城が近いなどと誇張が見られるものの、合戦前後の経緯は『信長公記』の記事に一致している。同書の信頼性を裏付けるものと言えよう。ここにも「天下のため」というスローガンが見られる。

2　浅井・朝倉氏滅亡への道

徳川軍礼讃

ところで、『甫庵信長記』をはじめとする江戸時代の軍記物は、家康の計略で、徳川軍の一部がひそかに姉川の下流を迂回して渡り、朝倉軍の側面をついて勝負を決したように書いているが、真偽のほどは不明である。仮にそのようなことがあったとしても、それは兵力に余裕のある織田・徳川軍が、敵の側面にまで兵を送り込んだだけの話である。戦闘は非常に見通しのよい場所で行われており、浅井・朝倉軍が徳川軍の迂回に気づかなかったとは考えにくい。また、浅井・朝倉軍に気づかれなかったほど、徳川軍が大きく迂回したならば、それはとりもなおさず、戦場から一部隊を引き抜いて大迂回させることができるだけの兵力と時間の余裕があったためである。家康の計略で迂回作戦が成功したというのはできすぎであろう。

このことを含めて江戸時代の文献では、この合戦における徳川軍の活躍を喧伝しすぎるきらいがある。また織田軍の苦戦を述べているものが多いが、これも徳川軍の活躍を強調するための配慮であろう。その典型として、江戸初期に武田の遺臣の子孫、高坂昌信《こうさかまさのぶ》が編纂した甲州流の軍学書『甲陽軍鑑《こうようぐんかん》』巻十一品《ほん》三十七の「姉川合戦の事」の一節を紹介しよう。

信長は三万五千の人数、敵の浅井は三千なればつよきよわきを沙汰するに、信長衆十一人して、敵浅井衆一人をせむる。家康は五千なり。敵の朝倉義景は一万五千なり。家康被官一人にて、越前衆三人あてがひにして、しかも勝利をうる。信長は十一人にて敵一人に、十町あまりをはれ候。家康なくてはたてなをす事ならずして、姉川合戦、信長負なるべきと、美濃・近江の侍ども、書付け越候。

実際の姉川合戦は、非常な激戦であったろうが、浅井軍に切り込まれた織田軍が、十町（一キロメートル強）も逃げるようなことはなかったように思う。あの地理では、十町はおろか五、六町も押しまくられれば、総崩れになっていたであろう。ところが、今日、意外に多くの歴史家が、姉川合戦を引き合いに出して、織田軍は接戦に弱く、そのため信長は長篠合戦で銃隊戦術を行ったなどといっている。それは、こうした江戸時代の徳川軍礼讃の文献に振り回されているからである。

頸注文の虚実

さて『信長公記』に記された頸注文には、浅井家の家臣遠藤喜右衛門のところに「此頸竹中久作是を討とる。兼而此首を取るべしと高言あり」との註がある。この竹中久作は、俗に秀吉の軍師として知られる竹中半兵衛重治《しげはる》の弟で、本能寺の変の際、美濃で明智方の一揆と戦って戦死している。喜右衛門と久作の関係は詳《つまび》らかでないが、互いに力量を心得ていたのであろう。またなんらかの私怨《しえん》があったのかもしれない。こうした敵味方の個人的関係が、行動に強く現れるところが、近代軍隊との大きな違いである。

なお『甫庵信長記』には、喜右衛門が織田軍の陣所に紛れ込み、討ち取った首級を見せるふりをして信長に近づき、刺し違えようとしたところを、久作に見つかって討たれたとある。この話は、司馬遷《しばせん》の『史記』に見える、亡命して手配中の将軍の首級を持参して秦の始皇帝に近づき、暗殺を図った荊軻《けいか》の故事を下敷きにした創作と思われる。

また『信長公記』の頸注文には、朝倉家の家臣として有名な真柄《まがら》十郎左衛門のところに「此《この》頸青木所右衛門是を討とる」と註がある。この青木所右衛門（一重）は、当時家康の家臣で、のちに秀吉に仕えて摂津麻田一万石の大名になり、晩年は幕府に仕えた人物である。一方、牛一の子の牛次は、この一重に仕えている。『信長公記』の頸注文の冒頭に、当時、家康の家臣であった青木一重の手柄が特筆されているのは、このことと関係があるのかもしれない。なお『当代記《とうだいき》』によれば、真柄十郎左衛門直元《なおもと》を討ち取ったのは家康の家臣勾坂式部《さぎさかしきぶ》となっており、また『寛政重修諸家譜』によれば、一重が討ち取ったのは、その子、十郎三郎直隆《なおたか》となっているが、それぞれの文献の成立年代などを考えれば、『信長公記』に真柄十郎左衛門を討ち取ったとあることを、一概には否定できないように思う。

ちなみに、この時、一重が、軍功の証拠として、討ち取った真柄の頸とともに持ちかえったと伝える、人頭を象《かたど》った兜《かぶと》がある。一見して姉川合戦当時の品と認められるもので、この種の伝来が首肯《しゅこう》される点、希有《けう》の遺品といえる。全体に黒毛を植え、額と耳を肉色に塗ったその形姿は、見る者をして、頸実検の現場に立ち会ったような厳粛な気持にさせる。

合戦の結末

さて主戦場で勝ちをおさめた信長は、退却する敵を小谷城下まで追撃したが、小谷城を攻略することは慎重に避け、再び横山城を包囲した。援軍を失った横山城は開城し、城兵は退去した。

大谷迄五十町追討ち、麓《ふもと》を御放火。然《しか》りといへども、大谷は高山節所《せっしょ》の地に候間、一旦に攻上り候事なり難く思食《おぼしめ》され、横山へ御人数打返し、勿論、横山の城降参致し退出。

小谷城の強襲を避けたことといい、横山城を無血開城させたことといい、いかにも戦国大名らしいやり方である。信長には無数に敵がいたから、損害を出す可能性の高い攻城戦は、極力避けねばならなかったのである。

信長は横山城に定番《じょうばん》として秀吉を置くと、主力を率いて西に進み、琵琶湖東岸の佐和山《さわやま》城

（現、滋賀県彦根市）を包囲した。佐和山城は浅井方の磯野員昌《かずまさ》の守る山城である。信長は、これを包囲して持久戦に持ち込んだ。翌元亀二年（一五七一）二月二十四日、孤立無援の佐和山城は開城し、磯野員昌は退去した。のちに員昌は信長に仕えるが、天正六年（一五七八）二月、人質に出した母親を見殺しにして逐電《ちくでん》している。佐和山城には、丹羽長秀が入り、横山城の秀吉とともに、近江の制圧に当たった。

浅井・朝倉氏は、その後も信長と抗争を続けるが、なし崩し的に勢力を失い、滅亡への道をたどることになる。もし、彼らに勝機があったとすれば、それは元亀元年（一五七〇）四月末、長政が信長に反旗を翻した瞬間であったろう。長政の離反は浅井氏の内情によるところが大きいが、義景との事前の打合せがなくては、実行できなかったはずであるから、その実態は、信長に敵対する義景が、調略をもって長政を信長の陣営から引き込んだのに等しい。しかも、この時、信長は越前遠征の最中で、長政はその後方にいたのであるから、信長を挟撃《きょうげき》するには絶好のタイミングであった。ここで義景がそつなく軍を動かせば、織田軍に相当の打撃を与えることが可能だったはずで、信長本人をも討ち取ることができたかもしれない。

だが、戦国時代における空前の規模のこの調略は、信長に越前攻めを中止させたことを除けば、義景にとってほとんど得るところがなかった。義景自身が積極的に行動しなかったからである。朝倉軍が信長を追って近江への進撃を開始したのは、信長の退却から十日以上たった五月十一日のことで、しかも義景自身は出馬せず、一族の景鏡《かげあきら》を代理に立てるといっていたらくである。調略が成功するや否や、手勢を率いて飛び出してゆく信長とは、なんという違いであろう。

義景は、この後も、拙劣《せつれつ》な用兵を繰り返しており、特に元亀三年（一五七二）十二月、同盟者の武田信玄と、信長を挟撃する態勢をとりながら、勝手に兵を引いてしまった時は、信玄につぎのように罵倒《ばとう》されている（『伊能文書』）。

御手の衆、過半《かはん》帰国の由、驚き入り候。おの〳〵兵を労《いたわ》ることは勿論に候。しかりといへども、此節、信長滅亡の時刻到来候のところ、ただ今寛宥《かんゆう》の御備《おそなえ》、労して功無く候歟。御分別過ぐべからず候。

領国内や家中にさまざまな問題を抱えていたとはいえ、しょせん、義景という人物は信長の敵ではなかったのである。

誰が決戦を望んだか

四人の戦国大名の主力軍が、二手に分かれ、早朝に平坦な場所で正面から衝突した姉川合戦は、両軍とも大損害を出す可能性のある、危険な賭《かけ》であった。公家の山科言継《やましなときつぐ》の日記『言継卿記』の六月二十八日の条には、この合戦について、つぎのようにみえる。

江州北郡、軍これ有り。浅井討死、其の外七、八千ばかり討死すと云々（ここに「昨日巳刻」と註あり）。磯野丹波守同じ。

昨日江州北郡合戦、北郡衆、越前以下九千六百人打死すと云々。首四千八百これ有りと云々。徳川衆・織田衆も多く死すと云々。越前衆五千余討死。前波以下と云々。

これは、合戦直後に京都に届いた情報を記したものである。戦死者の数が多すぎると思うが、ああした合戦では、敵味方とも相当の犠牲者を出したことは間違いない。『信長公記』は「宗徒者《むねとのもの》（主だった者）千百余討捕」としているが、これだけでも大変な数字である。

では、このように大損害を出す危険のある正面衝突が、なぜ起こったのか。それは浅井長政が決戦を望んだからにほかならない。当時、長政は信長に対し、圧倒的に劣勢であったが、一度信長に背いた以上、降参はできない。したがって、彼には同盟者である朝倉義景の援軍を期待するほかはなかった。ところが、織田は隣国、朝倉は遠国である。信長が好きな時に浅井を攻められるのに対し、朝倉の援軍はすぐに来てくれはしない。また来てくれたとしても、それを手元に留めておくには、莫大な経費がかかるし、いつまでもいてくれるという保証はない。しかも冬季には越前との通行が遮断されるのである。ようするに、長政にとっては朝倉の援軍が手元にいる間が、信長に対抗できる好機ということになるのだが、それは時間的にはきわめて限られている。したがって、朝倉の援軍が到着し次第、積極的な行動に出る必要があったのである。

実際、朝倉の援軍が到着したのは、信長が小谷城付近を放火したのち、横山城を包囲した時点であった。しかもこの援軍には、肝腎の朝倉義景は参加しておらず、兵力もそのぶんだけ少なくなっている。長政は内心不満であったろうが、義景の出馬を待つだけの余裕はない。浅井・朝倉軍が、優勢な織田・徳川軍に対して攻勢に出たのは、まさしくこのためであった。

一方の信長も、横山城を包囲した時点で、浅井軍が横山城の後詰めのため、なんらかの手をうつことは、予想していたであろう。ただ、織田軍のほうが兵力も多く、地の利も得ているところから、浅井軍側から攻勢に出る可能性は五分五分か、それ以下と見ていたのではあるまいか。『信長公記』で織田軍側が、六月二十七日の敵の行動を、撤退すると判断したのは、敵が撤退すると見せかけたためばかりでなく、最初から、敵が攻勢に出る可能性を低く見ていたためであろう。

だが、長政は攻勢に出た。ことここにいたっては、信長も自軍の損害などにかまってはいられない。それに、ここで一戦を交えることは、浅井・朝倉軍の主力を撃破できる絶好の機会である。また、万一ここで敗れれば、近くに適当な城を持たぬ織田軍は、総崩れになる恐れがある。その上、戦国武士には、ひとたび戦闘になれば、一歩でも前に出たほうが有利であるという発想があったから、ここで下手に迎撃態勢を採ることは、味方の士気を低下させるとともに、敵に臆《おく》したと思われてつけこまれる恐れがある。そこで織田・徳川軍もまた撃って出た。特に徳川軍は、織田軍との対抗意識も手伝って、戦闘を望んだようである。

信長の戦歴の上でも、また戦国合戦史上でもきわめて異常な、戦国大名同士の正面衝突は、こうして起こり、予想どおりの激戦の果て、信長の完勝に終わったのであった。

第四章　長嶋一揆攻め――合戦のルール

1　城攻めと開城の交渉

はじめに

元亀《げんき》元年（一五七〇）六月の姉川合戦で、浅井・朝倉軍を破った信長の前に、新たな敵が現れた。同年九月、石山《いしやま》本願寺門跡《もんぜき》の顕如《けんにょ》が、浅井・朝倉氏と結び、兵を挙げたのである。本願寺門徒《もんと》による一向一揆《いっこういっき》と信長との、十年におよぶ死闘の始まりである。浅井・朝倉氏も反撃に転じ、比叡山延暦寺がこれに加担した。十一月には伊勢長嶋（現、三重県桑名郡長島町）方面の一向一揆が、信長の弟信興《のぶおき》（一説に、のぶもと）の守る尾張の小木江《こきえ》城（現、愛知県海部《あま》郡立田《たつた》村）を攻め、信興を自害させた（第一章七七頁の図1を参照）。

翌二年（一五七一）五月、織田軍は長嶋の一揆軍を攻めて惨敗した。信長は態勢を立て直すと、九月に延暦寺を焼き打ちにした。叡山焼き打ちは敵対者への見せしめばかりではない。信長は、岐阜と京都の通路を扼《やく》す延暦寺が、浅井・朝倉軍の橋頭堡《きょうとうほ》として利用されることをとを嫌ったのである。

これより先、家康と武田信玄に西と東から圧迫された今川氏真《うじざね》が、永禄《えいろく》十二年（一五六九）に駿河《するが》を退去すると、旧今川領をめぐって家康と信玄の対立が鮮明になった。信玄は浅井・朝倉氏とはかって信長包囲態勢を固めるとともに、元亀三年（一五七二）の冬には、大軍を率いて三河《みかわ》に侵入した。信長は家康の加勢に佐久間信盛《のぶもり》らを派遣した。十二月二十二日の三方《みかた》ケ原《はら》合戦で、徳川・織田軍は信玄に完敗した。この危機は、翌天正《てんしょう》元年（一五七三年、改元は七月）四月の信玄の病死によって回避された。

天正元年七月、それまで信長包囲網を陰で操っていた足利義昭《よしあき》が、信長追討の兵を挙げた。信長は義昭を追放すると、翌八月には朝倉氏、浅井氏を続けて滅ぼした。両氏攻略は、信玄の死と義昭追放で余裕ができたので決行したとされており、むろん、それで間違いはないが、暇にまかせて漫然と出動したと思うのは早計である。

すなわち『信長公記』巻六に「八月八日、江北阿閉淡路守《あつじあわじのかみ》（現、滋賀県伊香《いか》郡内の浅井方の土豪）御身方《みかた》の色を立て、則《すなわち》、夜中信長御馬を出され、其夜御敵城つきがせの城（月ケ瀬城。現、滋賀県東浅井郡虎姫《とらひめ》町）あけのき候なり」とあるように、例によって調略《ちょうりゃく》の成功をきっかけにして出動したのである。『信長公記』には、このあと敵の降参・退却記事と織田軍の追撃記事が連続しており、調略の成功が勢力のバランスを一挙に崩したことがわかる。

こうして近江を平定し、京都への通路を確立した信長は、翌天正二年（一五七四）七月、念願の長嶋一揆攻略に出動、二ヵ月余の包囲戦ののち、一揆軍を全滅させた。

この事件は、信長が二万余といわれる一揆の参加者を、老若男女を問わず皆殺しにしたことから、空前の大虐殺として知られている。本章では、この事件を題材として、当時の籠城戦の実態と、交戦中の敵味方の間で行われた交渉のルールとについて述べることにする。

「イエスか、ノーか！」

太平洋戦争初期の昭和十七年（一九四二）二月、山下奉文《ともゆき》将軍麾下《きか》の日本軍は、イギリスの東洋支配の拠点、シンガポールに突入した。イギリス軍のパーシバル将軍は、十五日に山下将軍と会見して降伏文書に調印するが、その際、山下将軍はパーシバル将軍に「イエスか、ノーか！（降伏するのか、しないのか！）」と問いただした。この姿はニュース映画で紹介されたので、多くの日本人が、白人に堂々と降伏を迫る山下将軍の姿勢に溜飲を下げたが、一方では、日露戦争中の旅順《りよじゆん》要塞開城の際、乃木希典《のぎまれすけ》将軍とステッセル将軍が行った会見を引き合いに出して、武士の情けを知らぬものと批判する者もいた。

ところが、この話は、事実関係がかなり歪曲されて伝わっているようである。

関係者の証言によれば、パーシバル将軍が降伏に関してさまざまな条件を出してきたことと、日本側通訳の不慣れとが重なって、交渉が進まなくなってしまった。そこで、山下将軍が、降伏するか否かという肝腎の点を確認するため「イエスか、ノーか！」と発言したというのである。実際、この発言で、パーシバル将軍が降伏を確約してからは、事務手続きがてきぱきと進み、日本側はイギリス側から出された、日本軍進駐時の警備に関する条件などを承諾している。

ちなみに、問題のニュース映画は、山下将軍のもったりした動作が現実より早く見えるように撮影し、編集とナレーションとで劇的雰囲気を盛り上げたと、当時の映画スタッフが証言している。

さらにいえば、山下・パーシバル会見と乃木・ステッセル会見を比較して、山下将軍を批判すること自体、間違っている。山下・パーシバル会見が、いつまた戦闘が再開されるかわからない状況の下に行われた、双方必死の駆け引きだったのに対し、乃木・ステッセル会見は、有名な軍歌「水師営《すいしえい》の会見」の冒頭に〝旅順開城約《やく》なりて……〟とあるように、ロシア軍の降伏が確定してから行われた、高級軍人同士のセレモニーだったのである。したがって、乃木将軍が山下将軍より、余裕のある態度で、敵の敗将に接したとしても不思議はないし、彼の指揮下に万余の人間が死んだことを思えば、いい気なものだという気がしないでもない。

ところで、このように、戦いを話し合いで終わらせることは、双方にそれなりの利益がある。敗者は生命の安全が保障されるし、勝者はそれ以上、時間と将兵と物資とを消費せずにすむ。仮に話し合いという解決方法がないと、敗戦が明白になった側が、降伏後の処遇を心配して、死に物狂いで戦い続け、勝者に無用の犠牲を払わせるといったことも起こるであろう。したがって、話し合いによる解決は、古くから行われたし、経験を積み重ねた結果、一定のルールもできている。

そして我々は、日本の戦国時代における、この種のルールの実例を『信長公記』の中に見ることができる。さらには、そのルールを踏みにじった実例も……。

絵に画いたような落城劇

信長が本能寺で死んだ一年後の天正十一年(一五八三)、秀吉は信長の後継者の地位を賭けて、かつての同僚、柴田勝家と対決した。四月二十一日、近江《おうみ》の賤ケ岳《しずたけ》(現、滋賀県伊香郡)付近で秀吉は勝家を破った。いわゆる賤ケ岳合戦である。秀吉は勝家を急追し、二十三日には居城北荘城《きたのしょう》(現、福井県福井市)に追い詰め、二十四日に城を落とした。勝家は天守の上で自害、夫人(信長の妹、お市の方)もこれに殉じた。これにより、秀吉は信長の後継者の地位を不動のものとした。

その翌月、秀吉は毛利氏の一族、小早川隆景《こばやかわたかかげ》に宛てて、戦勝を報じた(『毛利家文書』)。つぎにあげるのは、その書状に書かれた、秀吉が勝家を北荘城に追い詰めた時の状況である。

一、廿三日、息を継がせず追懸け、惣構《そうがま》へ（城の外側の防御線）乗り破り、則《すなわち》、城中の廻り拾間・拾五間に陣捕《じんど》り申候事。

一、柴田息をつかせては手間も入り申すべく候かと秀吉存じ、日本の治《おさめ》此時に候の条、兵共を討死させ候ても、筑前（秀吉）不覚にて有《あ》る間敷《まじ》とふつつと思切り、廿四日の寅刻《とらのこく》（午前四時頃）に本城へ取懸け、午刻《うまのこく》（正午頃）に本城へ乗り入り、悉《ことごと》く首を刎《は》ね候事。

秀吉が「日本の平和と引き換えならば、ここで部下を死なせても自分の落ち度にはならないだろうと覚悟を決めた」といっているのは、実際に、城攻めで損害が出たことに対し、言い訳をしているのではない。「秀吉に敵対する者は国家に敵対する者であるから、容赦しない」という、彼の決意を隆景に披瀝しているのである。その決意が、どれほど凄まじいものであったかは、続きの文章を読めばわかる。

一、城中に石蔵《いしくら》を高く築き、天主《てんしゅ》（ママ）を九重に上げ候の処へ、柴田弐百ばかりにて相拘《かか》へ候。城中狭く候の条、惣人数入りこみ候へば、互共道具《たがいのともどうぐ》に手負ひ死人これ在るに依り（同士討ちの恐れがあるので）、惣人数の中にて兵を撰び出し、天主の内へ、うち物（打物、刀剣類）ばかりにて切り入らせ候へば、修理《しゅり》（勝家）も日比《ひごろ》武篇を仕付《しつ》けたる武士にて候条、七度まで切て出候といへども、相禦《ふせ》ぐ事叶《かな》はず、この戦闘は無理攻め（強襲）の最たるもので、死を覚悟した二百人の精鋭が立て籠もるところへ、選りすぐりの兵に刀を持たせて突入させたのであるから、短時間に双方の死傷者続出の惨状が展開したことであろう。このあと勝家は、天守の九重目から秀吉軍に「切腹の手本にせよ」と言葉をかけ、静かになったところで家族を刺したのち切腹したと書状にある。

城主が天守に籠もって最後の一戦を交えたのち、家族を刺して自害をするというのは、まさしく絵に画いたような落城である。そして、これに類する落城譚は、全国各地にあるから、当時は別に珍しいことではなかったように思われるかもしれないが、実際には、あまり多くなかった。それは、つぎのような理由があるからである。

嫌がられた攻城戦

北荘城の攻城戦のような戦いが、あまり起きない主な理由は、攻める側が、損害を出すことを恐れたからである。江戸時代初期の寛永《かんえい》十四〜十五年（一六三七〜三八）に起きた島原の乱に、幕府軍の一員として原《はら》城（現、長崎県南高来郡南有馬町）の攻城戦に参加した細川忠利《ただとし》（熊本城主）は「城責と存《ぞんじ》候ハハ、必《かならず》手負ひ・死人数々出来仕《つかまつる》べく候間、（中略）諸《しょ》手《て》城乗《しろのり》の儀、事の外いやかり申候」と述べており（『細川家文書』）、同じく立花宗茂《たちばなむねしげ》（柳川《やながわ》城主）も「籠城も数度仕《つかまつり》、城をも責申候へとも、城中同身《どうしん》に候へは六ケ《むつか》敷《しき》物に御座候」と述べている（『一揆籠城刻々之日記』）。

当時の兵士は近代国家の兵士のように愛国心や軍律や社会的制裁などで、行動を完璧に束縛されていたわけではないから、攻城戦のような危険性の高い戦闘は、露骨に嫌がったのである。むろん武将のほうも、損害は自己負担となるから、戦わずに戦果をおさめることができれば、それに越したことはない。また城方も、無駄死にはしたくない。その結果、敵味方が話し合って戦闘を回避するようになる。

『信長公記』には、交渉による開城の記事が多く見られるが、攻める側にとって、戦闘で時間・兵士・物資を消耗せずにすむうえ、城を損傷せずに手に入れることができる、有効な方法だったからである。

交渉による開城

そこで、交渉による開城の例を、『信長公記』から抜き出してみよう。

まず、開城の時期であるが、一戦も交えず開城するものから、長い籠城のはてに開城するもの、城内まで攻め込まれてから開城するものまで、さまざまである。後者の例としては、『信長公記』巻十二の天正七年（一五七九）八月の黒井城（現、兵庫県氷《ひ》上《かみ》郡春日町）の攻防戦がある。

八月九日、赤井悪右衛門楯籠《たてこも》り候黒井へ取懸推詰《おしつめ》候処に、人数を出だし候。則、噇《どっ》と付入《つけいり》（退却する敵と一緒になって敵陣に突入すること）に外くるは（外曲輪《そとぐるわ》。周辺部の曲輪）まで込入《こみい》り、随分の者十余人討取る処、種々降参候て退出。

あとひと攻めで皆殺しにできるところで、それをしないのは、損害を出すのを嫌ったためであろうが、適当な仲介役がいたためかもしれない。当時の合戦は、限られた地域内の住人が、敵味方になって戦うことが多いから、地縁・血縁で仲介役になれる者がいることも珍しくなかった。逆に、天正元年（一五七三）の信長の朝倉氏攻めで、徹底的な掃討戦が行われたのは、長駆遠征してきた織田軍と地元の住人との間で、仲介役になれる者が少なかったためとも考えられる。

つぎに、城主や城兵たちの生命であるが、これもさまざまに遇されている。

まず、開城するかわりに城主と城兵全員の命を助けるもの。つまり、完全な無血開城である。『信長公記』首巻《しゅかん》に、永禄三年（一五六〇）の桶狭間合戦の直後、今川方が、境界にあった城から退去したことが見える。

去て鳴海《なるみ》の城（前出）に岡部五郎兵衛楯籠《たてこもり》候。降参申候間、一命助け遣はさる。大高《おおだか》城（前出）・沓懸《くつかけ》城（同）・池鯉鮒《ちりう》の城（現、愛知県知立市）・鴫原《しぎはら》の城（未詳）、五ケ所同事（マヽ）

に退散なり。

つぎに、城主など責任者の生命と引き換えに、城兵の生命を助けるもの。『信長公記』巻十四の天正九年十月の鳥取城（現、鳥取県鳥取市）の開城がその好例である。

> 義ニ依ツテ命ヲ失フ習ひ大切なり。城中より降参の申し様、吉川式部少輔《きっかわしきぶのしょう》（経家《つねいえ》）・森下道祐《どうゆう》・日本介、三大将の頸を取進《とりまいら》すべく候間、残党扶《たす》け出され候様にと侘言《わびごと》申候間、此旨、信長公へ伺ひ申さるゝ処、御別義なきの間、則、羽柴筑前守秀吉同心の旨、城内へ返事候の処、時日を移さず腹をきらせ、三大将の頸持ち来り候。

同様の話として、『信長公記』巻十三に天正八年（一五八〇）正月の三木《みき》城（現、兵庫県三木市）開城の際、城主別所長治《べっしょながはる》が部下の生命と引き換えに自害したという記事がある。吉川経家の記事では、秀吉が信長にお伺いを立てているのが興味深い。

つぎに、城兵が生命を助かるため、城主などを引き渡すもの。『信長公記』巻十五に天正十年（一五八二）三月、小諸《こもろ》城（現、長野県小諸市）の城番の下曾根《しもそね》覚雲軒《かくうんけん》が、主人の武田典廐《てんきゅう》（信豊《のぶとよ》）を自害させ、首級を信長に献上したことが見える。

十一人、生害《しょうがい》させ、典厩の頸、御忠節として下曾根持来たり、進上仕候。

また『信長公記』巻十二に明智光秀が天正七年（一五七九）に波多野の館（八上《やがみ》城。現、兵庫県篠山《ささやま》市）を攻略した際「波多野兄弟三人の者、調略を以て召捕《めしと》」ったとあるが、あるいはこれも、城内の内応者を利用して捕虜にしたのかもしれない。

開城後の城兵の行動は、味方の陣営に戻る場合と、投降して敵方につく場合とがある。時には、天正二年（一五七四）に武田軍の攻撃で開城した、徳川方の高天神《たかてんじん》城（現、静岡県小《お》笠《がさ》郡大東町）のように、城主及び城兵の一部が武田軍に投降し、残る一部が徳川軍に戻った例もある（第五章の二〇三頁を参照）。

城兵が退去する場合、近現代のような徹底した武装解除は、行われなかったようである。したがって、退去した兵が態勢をたてなおせば、再び、やっかいな存在になる。当座の損失を考慮して、戦いを回避するか、先々の損失を考慮して、一気に決着をつけるかは、武将が頭を悩ます問題であった。その難問に一つの解決方法を示したのが、信長の伊勢長嶋一揆攻略である。

2　一揆軍殲滅の背景

長嶋一揆との対決

信長と長嶋一揆との対決は、石山本願寺が挙兵した、元亀元年（一五七〇）に始まる。この年の九月から十一月にかけて、信長は近江で浅井・朝倉軍と対陣を続けた。その間隙《かんげき》をぬって長嶋一揆が蜂起し、信長の弟信興の守る小木江城を攻めた。『信長公記』巻三をみよう。

志賀（現、滋賀県滋賀郡）御陣に御手塞《てふさがり》の様躰《ようだい》見及び申し、長嶋より一揆蜂起せしめ、取懸け、日を逐ひ攻め申候。既に城内へ攻め込むなり。一揆の手にかゝり候ては御無念と思食《おぼしめ》し、御天主へ御上り候て、霜月廿一日、織田彦七（信興）御腹めされ、是非なき題目なり。

同年十二月に、浅井・朝倉氏と講和して岐阜に帰った信長は、翌年（一五七一）五月、戦局の好転を見はからい、長嶋一揆攻略を試みたが、五月十六日に敵地を放火して撤収するところを、一揆軍の襲撃を受け、柴田勝家負傷、氏家卜全《ぼくぜん》討死というさんざんの結果となった。この時の状況を『信長公記』巻四は、

長嶋の一揆共、山山へ移り、右手《めて》は大河なり、左りは山の下道一騎打ち節所の道（一騎ずつしか通行できない狭くけわしい道）なり。弓・鉄砲を先々へまはし相支へ候。

と述べている。地の利を得て、武装を整えた一揆軍は、侮《あなど》りがたい相手だったのである。

天正元年（一五七三）に浅井・朝倉氏を滅ぼして、ようやく余裕のできた信長は、長嶋の背後に位置する北伊勢（現、三重県桑名市一帯）の平定に着手した。『信長公記』の記事では、九月から十月にかけて行われたこの戦いで、強襲で攻略した城は一つだけで、攻撃半ばで交渉に入り、開城した領主が三、戦う前に人質を出して帰順した領主は十を数える。こうして信長は北伊勢を平定するが、十月二十五日に撤収中を例によって一揆軍に襲撃され、相当の損害を出した。

翌天正二年（一五七四）六月、武田勝頼が高天神城を落とした。信長は救援に出動したが、彼らしからぬもたついた行動で、そのうちに城が落ちてしまった。信長が勝頼と不用意に戦って損害を出すことを恐れたのであろうが、その背景として、長嶋一揆が健在であったことも見逃せない。五年にわたって信長の足を引っ張り続けた長嶋一揆は、この時点では、信長の居城岐阜から最も近い場所（直線距離で三十数キロメートル）にいる強敵だったのである。

長嶋一揆攻め

天正二年（一五七四）七月十三日、信長は長嶋一揆攻略に出動した。『信長公記』巻七は長嶋の地理を、つぎのように述べている（第一章七七頁の図1を参照）。

抑《そもそも》尾張国河内長嶋《かわうちながしま》と申すは隠れなき節所（要害の地）なり。濃州より流出る川余多《あまた》あり。岩手川・大滝川・今洲川・真木田川・市の瀬川・くんぜ川・山口川・飛弾《（ママ）》川・木曽川・養老の滝、此外山々の谷水の流れ末にて落合ひ、大河となつて、長嶋の東北西五里・三里の内、幾重共なく引廻《ひきめぐら》し、南は海上漫々として、四方の節所申すは中々愚《おろか》なり。これに依つて隣国の佞人《ねいじん》・凶徒《きようと》等相集り住宅し、当寺（願証寺《がんしようじ》。一向宗の有力寺院）崇敬す。

織田軍は一揆軍を打ち破りつつ進撃した。十五日には、九鬼《くき》嘉隆《よしたか》・滝川一益《かずます》らの指揮する織田水軍も加わり、包囲態勢が整った。その陣立てには秀吉、明智光秀を除く有力武将のほとんどが参加しており、信長の意気込みが窺われる。一揆軍は「妻子を引つれ長嶋へ迯入《にげい》」り、しのはせ（篠橋）・大鳥居・屋長嶋《おくながしま》・中江・長嶋の五ヵ所に立て籠もったと『信長公記』に見える。これらは三重県桑名郡長島町・多度《たど》町付近に築かれた城である。現在では、明瞭な遺構は見当たらない。

織田軍は、篠橋・大鳥居の二城に攻撃を集中した。

諸手大鳥居・しのはせ取寄り、大鉄砲を以て塀・櫓《やぐら》打崩し、攻められ候の処に、両城迷惑致し、御赦免《しゃめん》の御侘言《わびごと》申し候といへども、迚《とて》も程あるべからずの条、佞人懲《こらしめ》のため干殺《ほしごろし》（餓死させること）になされ、年来の緩怠《かんたい》・狼藉《ろうぜき》（乱暴）御鬱憤《うっぷん》を散ぜらるべきの旨にて、御許容《きょよう》これなき処に、

一揆軍の城には、長期戦の準備がなかったのであろう。すぐに信長に交渉を持ち掛けるが、信長は応じない。

信長が七月二十三日付けで河尻秀隆《かわじりひでたか》に宛てた朱印状写《うつし》（『玉証鑑』所収）に、「種々一揆共懇望《こんもう》仕候へとも、此刻根《ね》切るべき事に候の間、其咎《とが》を免《のが》さず候」とある。また七月二十九日付けの明智光秀宛ての黒印状（『細川家文書』）に、「篠橋と云ふ所、又大鳥居此両所、昨今《い》弥《いよいよ》執巻《とりまき》候。両所なから兵粮一円なき事、慥《たしか》に相聞へ候。五三日《ごさんにち》迄ハ相延《の》ぶべからず、落居《らっきょ》たるべく候」とある。

信長のこの観測は的中した。開城の交渉を拒絶された大鳥居城の一揆軍が、二日後に絶望的な脱出を試みたのである。

八月二日の夜、以《もって》の外《ほか》風雨候。其紛《まぎ》れに、大鳥居籠城の奴原《やつばら》夜中にわき出で退散候を、男女千ばかり切捨てられ候。

一揆軍の男女が、夜中、風雨に紛れて「わき出」たというのは、その場の情景を彷彿とさせる。織田軍はそれを容赦なく切り捨てているが、このことは信長が八月七日付けで河尻秀隆に宛てた書状（『富田文書』）に「男女悉《ことごと》く撫切《なでぎ》りニ申し付け候。身をなけて死候者も多く候由、申候」とあって確認される。これでわかる通り、信長の長嶋一揆攻めは、たんに、その撃破だけが目的ではない。一揆に加担する者への見せしめにするという目的があり、さらには信長自身の年来の憤懣を解消する目的もある。このことを『信長公記』は、つぎのように述べている。

先年、信長公志賀御陣、浅井・朝倉と御対陣半《なかば》、御手塞《てふさがり》と見及び申し一揆蜂起せしめ、既に日を逐つて攻め申し、織田彦七（信興）御腹めさせ、緩怠の条々勝《あげ》て計《かぞ》ふべからず。日《ひ》比《ごろ》御鬱憤《うつぷん》候つれ共、信長天下の儀仰付けらるゝに依つて御手透《てすき》御座なく、御成敗御延引なされ、今度は諸口より取詰め、急度《きつと》御対治《たいじ》なさるべきの御存分にて、

信長のような人間が四年間、何度も煮え湯を飲まされながら、我慢し続ければどういうことになるか……。一揆軍の運命は包囲された瞬間に決まったといってよい。交渉の余地などまったくなかったのである。

長嶋一揆の最期

ところが、ここで信長は、篠橋城の一揆軍と交渉に入った。

八月十二日、しのはせ籠城の者、長嶋本坊主にて御忠節仕るべきの旨堅く御請《うけ》申すの間、一命たすけ長嶋へ追入れらる。

だが、これも作戦の内に入っていたことは、『信長公記』のつぎの一節で明らかである。

今度長嶋長陣《ながじん》の覚悟なく、取物《とるもの》も取敢へず、七月十三日に、嶋中の男女貴賤《きせん》其数を知らず、長嶋又は屋長嶋・中江三ケ所へ迯入《にげい》り候。既に三ケ月相抱《かか》へ候間、過半餓死仕候。

信長が「しのはせ籠城の者」をいったんは助命して、長嶋に追い入れたのは、籠城者をふやして一揆軍の兵粮を消耗させるのが目的であった。一揆軍には非戦闘員が多く含まれていたから、籠城者をふやすことは、信長にとってむしろ有利になる。信長が一揆軍に兵粮の準備がないことを早くから察知していたことは、前掲の七月二十九日付けの光秀宛て黒印状に「はや城中ニ男女の餓死ことの外多由《ほかおおきよし》、相聞へ候」とあることでわかる。

信長は長嶋城の包囲を強めた。八月十七日付けの長岡（細川）藤孝宛て黒印状（『細川家文書』）に「篠橋落居以来、弥押詰め、長嶋構《かまえ》は江河一重の為躰《ていたらく》に候（もはや長嶋城は一筋の川で守られているにすぎない）。色《いろ》を易《か》へ、様を易へ、侘言仕り候。然《しかり》といへども火急ニ相果《あいはたす》べき事候の条、承引《しょういん》無く候」とある。「色を易へ、様を易へ、侘言仕り」という文言に一揆軍の必死の様子が窺われる。

長期戦が起こることを予想していなかった一揆軍の食糧は、たちまち底をついた。籠城戦で兵粮が尽きればどういうことになるか。『信長公記』巻十四の天正九年（一五八一）の秀吉の鳥取城攻めの記事には、その状況が活写されている。

今度、因幡国とつ鳥一郡の男女、悉く城中へ逃入り楯籠《たてこもり》候。下下《しもじも》百姓已下、長陣の覚悟なく候の間、即時に餓死に及ぶ。初めの程は五日に一度、三日に一度、鐘をつき、鐘次第、雑兵悉く柵際《さくぎわ》（城の周囲を囲む柵の際）迄罷出で、木草の葉を取り、中にも稲かぶを上々の食物とし、後には是も事尽き候て、牛馬をくらひ、霜露にうたれ、弱き者は餓死際限なし。

餓鬼のごとく痩《やせ》衰へたる男女、柵際へ寄、喉焦《もだえこがれ》、引出し扶《たす》け候へとさけび、叫喚《きょうかん》の悲しみ、哀れなる有様、目も当てられず。鉄砲を以て打倒し候へば、片息《かたいき》したる其者を、人集まり、刀物（刃物か）を手々に持て続節《つぎふし》（関節）を離ち、実取り候キ。身の内にても、取分け頭能《こうべよ》きあぢはひありと相見へて、頸をこなたかなたへ奪取り、逃げ候キ。

この一節は、戦争のなんたるかを伝えるものとして特筆に値する。長嶋でも、これに近い惨状が展開されたことであろう。追い詰められた一揆軍は、あとさきを考えず信長と交渉した。信長は開城を条件にこれを受諾した。それから何が起こったか。

九月廿九日、御侘言申し、長嶋明《あけの》退き候。余多《あまた》の舟に取乗り候を、鉄砲を揃へうたせられ、際限なく川へ切りすてられ候。

これほどあからさまな裏切り行為は、当時としても珍しい。今日、歴史家の中に、『信長公記』は家臣が主君のことを書いたものであるから、都合の悪いことは省いているはずだなどという方がいるが、この記事をどのように読まれたのであろうか。

騙《だま》されたと知った一揆軍は、死に物狂いの反撃に出た。

其中に心ある者ども、はだかになり、抜刀《ぬきがたな》ばかりにて七、八百ばかり切り懸り、伐り崩し、御一門を初め奉り歴々数多討死。小口《こぐち》（戦場の要所）へ相働き留守のこや〳〵（小屋々々）へ乱れ入り、思程《おもうほど》支度仕候て、それより川を越し多芸山・北伊勢口へちり〳〵に罷《まかりの》退き、大坂へ逃《にげ》入るなり。

追い詰められたあげく裏切られた一揆軍が、窮鼠猫《きゅうそねこ》を嚙《か》むごとく抵抗するのは当然で、織田軍に多数の戦死者が出ても不思議はない。当時の常識として、優勢な攻城軍が交渉に応じるのは、こういうことを回避するためだったはずである。信長はその常識を無視し、ルールを無視し、自軍の損害を無視してまでも、一揆軍を殲滅《せんめつ》する覚悟だったのである。残された中江城・屋長嶋城には、さらに過酷な運命が、待ち構えていた。

中江城・屋長嶋の城両城にこれある男女二万ばかり幾重も尺《さく》（柵）を付け、取籠め置かせられ候。四方より火を付け焼ころしに仰付けられ、御存分に属《しょく》し、九月廿九日岐阜御帰陣なり。

「御存分に属し」の一句に、積年の恨みを晴らし、重荷を一つ取り除いた信長の、満足な様子が目に見えるようで、やりきれない気分になる。

一揆軍の対応の遅れ

信長の長嶋一揆攻略は、対戦国大名戦に匹敵する大規模な軍事行動であった。また、岐阜と長嶋とは三十数キロメートルしか離れていない。したがって、一揆軍には、事前に織田軍の動きが察知できたのではないかと思う。ところが『信長公記』によれば、一揆軍は織田軍の急襲を受けており、また長期戦の用意がなかったという。

一揆軍の中には、当然、織田軍の攻撃を予想した者がいたはずである。だが、村々に散在して日常生活を営む一揆の人々に、戦闘準備をさせることは、戦闘開始が確実になるまでは難しかったであろう。一揆軍に信長や信玄のような強力なリーダーシップを発揮する者がいれば、事前になんらかの処置がとれたであろうが、それがいなかったところに一揆の限界があったのかもしれない。

いま一つ、織田軍の軍事行動への対応が遅れた理由として、その直前に信長が高天神城の救援に出動したことがあげられる。この出動にあたり信長が兵粮を調達したことが六月五日付けの佐治《さじ》左《さ》馬允《まのじょう》宛て信長朱印状に見えるが、十四日に岐阜から出動した信長は、救援に間に合わず、二十一日に岐阜に戻っている。したがって、この時、信長の手元には無傷の大部隊と大量の兵粮が残ったのである。

このことは、信長が、あらためて長嶋一揆攻略の準備をする必要がなくなったというだけではない。物資を調達し、兵士を集結させることで、敵に動きを察知されるという恐れがなくなったことを意味するのである。余談だが、太平洋戦争末期の昭和二十年（一九四五）四月の沖縄戦で、戦艦大和を急遽出撃させることになったため、関係機関の間の電報の数量が一挙に増加し、それがアメリカ軍に事前に動きを察知されるきっかけの一つになっている。

さらに信長が武田勝頼や石山本願寺など、複数の敵を持っていたことも、信長に対する長嶋一揆側の対応を遅れさせた原因になったと思う。信長が勝頼の動きを警戒して岐阜に留まるか、対陣中の石山本願寺に向かうか、また織田軍の各部隊はそれぞれどの方面に向かうのかといった憶測が入り乱れ、信長の意図をわかりにくくしたであろう。

こうしたさまざまな事情が重なって、長嶋一揆は準備不足の状態で織田軍の急襲を受けたのである。たいていの包囲戦では、大軍を率いて長駆遠征してくる包囲軍のほうが、籠城軍よりも経済的負担が大きいので、適当なところで包囲を止めて撤収するものである。ところが長嶋一揆攻めの場合、豊富な兵粮を前線まで安全に届けることができる織田軍は、経済的な負担を顧みずに包囲戦を続けた。逆に籠城の準備がない一揆軍は、たちまち兵粮が底を尽き、悲惨な結末を迎えることになった。

長嶋一揆を殲滅させたことで、信長は大量虐殺者とされている。そのこと自体は間違いないが、一揆を一方的な犠牲者扱いにして、その潜在的な戦力を無視、ないし過小評価するのはいかがかと思う。土壇場で信長に裏切られたことを知った一揆軍の反撃の凄まじさをみれば、信長が当時、武士同士の戦いで常識になっていたルールを無視してまで、一揆軍を殲滅させようとした理由がわかる。彼らは長嶋城を明け渡したとはいえ、武装解除されたわけではない。少なくとも刀剣類は携帯したままで退去しようとしたのである。これこそ、虎を野に放つようなものではないか。

長嶋一揆は、天正二年（一五七四）当時、最も信長の身近にいた強敵であった。その拠点の長嶋は、岐阜と伊勢湾を結ぶ水路を扼す、交通の要衝である。これを放置して、石山本願寺と武田勝頼とに当たろうとすれば、常に足元をすくわれる危険性がある。それゆえ信長は、合戦のルールを踏みにじってまでも、一揆の殲滅を決行したのである。

第五章　長篠合戦——鉄砲新戦術への挑戦

1　新戦術と旧戦術

はじめに

天正《てんしょう》元年（一五七三）八月の浅井・朝倉両氏の滅亡で、信長の敵は武田勝頼《かつより》と石山《いしやま》本願寺にしぼられてきた。信玄の跡を継いだ勝頼は、織田・徳川領への侵攻を継続し、翌二年（一五七四）五月には、徳川方の拠点、高天神《たかてんじん》城（現、静岡県小笠《おがさ》郡大東町）を奪った。家康は奥三河の土豪、奥平《おくだいら》氏を調略《ちょうりゃく》で味方につけると、武田方の長篠《ながしの》城（現、愛知県南設楽《したら》郡鳳《ほう》来《らい》町）を奪って反撃した。

天正三年（一五七五）五月、勝頼は大軍をもって長篠城を包囲した。信長もまた大軍を率いて救援に出動し、五月二十一日に長篠城の近く（現、愛知県新城《しんしろ》市）で武田軍を撃破した。信玄が半生をかけて築き上げた武田の精鋭は、わずか半日の戦闘で消滅してしまった。これが長篠合戦である。

こうして東方からの脅威を軽減した信長は、翌四年（一五七六）に居城を岐阜から安土《あづち》に移し、天下統一へと前進した。一方の勝頼は、この損失を回復できぬままに、七年後の武田氏滅亡を迎えることになる。

このように長篠合戦は、尾張《おわり》の新興大名の織田氏が甲斐《かい》の守護大名の系譜をひく名門武田氏を破ったことで、新旧勢力の交替を強く印象づけるが、一般には、信長が三千挺の鉄砲を交替で千挺ずつ一斉射撃をさせるという〝新戦術〟で、騎馬突撃を主体とした〝旧戦術〟を固守する武田軍を破った、画期的な戦いとして知られている。

ところが『信長公記』には、織田軍の銃隊が武田軍を撃退するさまこそ描かれているものの、この合戦の最大の勝因とされている〝新戦術〟については、まったく触れられていないばかりか、鉄砲の数自体を、三千挺とした伝本と、千挺とした伝本とがあるのである。日本戦史上、革命的とまでいわれている〝新戦術〟を信長は本当に行ったのであろうか。

戦場の迷子たち

イギリス海軍にネルソンという提督がいた。一八〇五年に、スペインのトラファルガー岬の沖で、フランス・スペイン連合艦隊を撃破し、ナポレオンのイギリス侵攻を挫折させた人物である。旗艦ヴィクトリーの艦内で、この勝利の報告を聴きつつ息を引き取ったネルソンは、当時の有能な軍人にふさわしく、伝説的な言葉を多く残している。その一つに、つぎのような訓話がある。

各艦長は、状況不明となった場合は、乗艦を最寄りの敵艦の横腹に並べよ。

いうまでもなく、当時の海戦の一般的なやり方は、木造の大型帆船同士が接近して大砲を打ち合うというもので、それで決着がつかないと、船同士を並べて大砲や小銃を撃ちまくり、さらには横付けにして敵船に乗り移って、白兵戦で勝敗を決したりする。このように敵味方接近しての戦いであるから、戦況の変化は手に取るようにわかりそうなものであるが、実際に艦隊同士が無我夢中で戦いを続けると、潮と風とで船があらぬ方向に持ってゆかれたり、霧や砲煙で視界を遮《さえぎ》られたり、信号旗を上げるべきマストが撃ち折られたりして、戦場の真ん中で行き場に迷うことが少なくなかった。

そこでネルソンが「状況不明云々」と訓示したわけであるが、彼が「作戦通りに行動しろ」というかわりに「最寄りの敵艦に並べろ」といったのには理由がある。

いったい、どこの国の軍隊でも事前に作戦をたてて戦場にのぞむし、作戦通りに行動するのが原則である。だが、戦場はしばしば予想外のことが起こるし、作戦も計画通りに進行するとはかぎらない。いくら規律を重んずる軍隊といえども、最初から一分の狂いも許さぬような作戦をたて、それを厳守させようというのは、状況の変化を無視する現実離れのやり方であり、部下の負担を重くするだけで、得るところは少ない。その意味で、ネルソンの訓示は納得できる。

彼が最初から状況不明になる場合を想定し、その対応策として敵艦に並べるという単純明快な行動を指示したのは、実際の戦場を理解している人間だからである。状況が把握できなくなった人間に、高度な判断や複雑な行動を要求してもはじまるまい。このように、実戦では状況が複雑に変化しやすいだけに、部下には単純明快な行動を命じるほどよい。それは信長の時代も同じことであり、通信技術などが未発達であったことを考えれば、さらに単純明快にせねばならなかったであろう。特に部下の数が多い場合は……。

ところがここに、信長が最初から一分の狂いも許さぬような複雑な行動を三千人もの部下に指示し、実際に戦場で厳守させたという話がある。それが長篠合戦における鉄砲〝新戦術〟である。

首をかしげる〝新戦術〟

長篠合戦における織田軍の勝因について、一番にあげられるのが、鉄砲を用いた〝新戦術〟である。具体的にいえば、戦線全体に三千挺の鉄砲を、千挺ずつ横三段に備え、各段が交替で一斉射撃を繰り返し行うというものである。交替で射撃を繰り返させたというのは、銃の発射準備中に、敵に攻め込まれることを防ぐための配慮という。

当時の銃は、先端から弾丸を込める、先込《さきご》め式の火縄銃であり、発射までに時間がかかる。一方、武田氏は精強を誇る騎馬軍団を擁しており、織田軍の銃隊が一発目を撃ったあと、二発目を装塡《そうてん》中に蹂躙《じゅうりん》されてしまう恐れがある。そこで信長は三交替で間断なく射撃をさせる戦術を考案したというわけで、これが軍事の天才、信長が考案した〝新戦術〟として、高く評価されているわけである。

だが、はたしてこの戦術を、天才的といえるのであろうか。早い話、織田軍の銃隊が一斉射撃をするためには、武田軍が織田軍の銃隊全員の射程距離内に同時に入る必要がある。だが、武田軍が騎馬武者と徒歩《かち》武者が入り交じっていること、戦場が平坦でないことなどを考えれば、彼らが織田軍の銃隊全員の射程距離内に同時に入ることなどとうてい考えられないではないか。

現実には、武田軍は合戦の常道に従い、特定の場所に攻撃を集中するであろう。そうした場合、攻撃の集中した場所からは射程外になる銃手や、地形的にその場所を見通すことができない銃手が出てくるはずである。だが、彼らも一斉射撃の列に加わった以上、敵に届かないとか敵が見えないからといって、勝手に射撃を止めるわけにはいかない。無駄弾《だま》になることを承知のうえで、発射の号令にあわせて引き金を引き、つぎの列と交替しなければ、全体が混乱状態におちいるからである。これほど不経済なことはあるまい。

だいいち、いったい誰が、どの位置から、どんな方法を使えば、三千もの銃手に一斉射撃

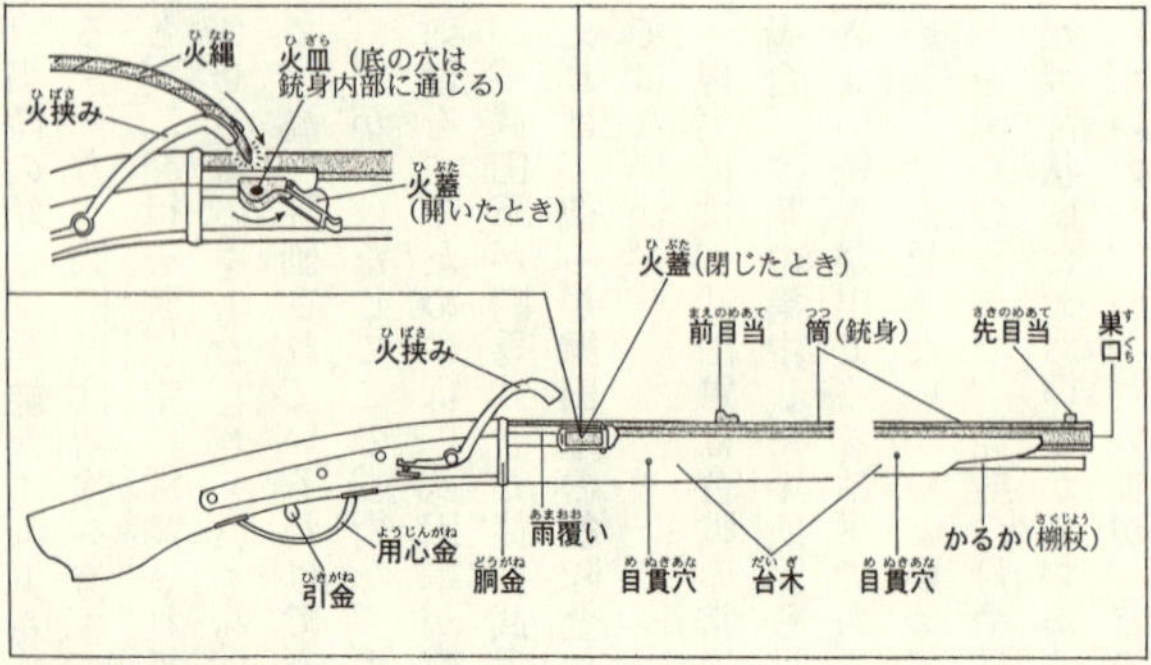

■火縄銃の実態

火縄銃は火縄（木綿、竹などで作る）の火で黒色火薬（硝石を主原料として硫黄と木炭を混ぜる）に点火し、急激に燃焼させて出たガスの圧力で弾丸（主原料は鉛、銅など）を飛ばす銃である。軍用には銃身約1m、重量約4kgで、直径13〜16㎜の弾丸を使用するものが多い。射程は500mほどだが、命中精度と破壊力を考え、実戦では約100m以内で射撃した。火縄式の点火がソフトタッチであったことと、重い銃身が反動を吸収したことで、命中精度は悪くなかった。

■鉄砲足軽の装具

菊を三つの蝶で囲んだ松平（大河内）家の合印（団体の目印）を描いた番具足（お貸し具足）に陣笠、籠手を使用し、股引と草鞋をはき、大小を差す。具足の右の高紐に口薬入れ、右腰に胴乱をつけ、後ろ腰に二つ折りの鉄砲袋に替えかるか（予備の槊杖）を入れたものを差す。左腕に火縄をかけ、兵粮を入れた数珠玉（長い筒状の袋）を両肩にかける。

（東京国立博物館蔵『雑兵物語』より）

■火縄銃の操作

①胴乱（ポシェット）、玉袋、口薬入れなどを身体の右側につける。左腕には、両端に点火した火縄の輪を通す。

②胴乱から早合（一発分の火薬、あるいは火薬と弾丸をセットした筒）を出し、中の胴薬（粗い火薬）を銃口から入れる。ついで弾丸を銃口から入れる。

③かるか（槊杖）を銃口から差し込み、胴薬を数度つき固める。つき方が強いほど発射時のガス圧も強くなる。

④風雨や暴発を防ぐための火蓋を開け、口薬（微粉末の火薬）を火皿に盛り、火蓋を閉める。

⑤火挟みを起こし、これに点火した火縄の一端を挟む。狙いをつけ、再び火蓋を開けて（火蓋を切るという）引き金を引く。火挟みが落ち、火縄の火が火皿の口薬に点火、その火が銃身内の胴薬に伝わって急速に燃焼させ、そのガス圧で弾丸を飛ばす。火蓋を閉めて、以上の操作を繰り返す。

■火縄銃の特色

①一発撃つのに15〜20秒ほどかかるが、人により状況により一定はしない。

②撃つたびごとに火薬のカスが銃身内や火皿にたまり、装塡を難しくするので、連続射撃には不向きである。

③火薬を注ぎ込む関係で、装塡は立ったまま行うのが望ましいが、遮蔽物がない場所では、敵の標的にされる。

④突撃しながらの射撃は困難であり、装塡はさらに困難である。

⑤以上の理由から、火縄銃は突撃よりも迎撃に向いた武器である。

⑥火縄での点火は雨風の中では困難である。欧州では火打ち石の火花で点火する方法が火縄式点火に替わったが、日本の火打ち石は点火力が弱く、火打ち石を挟む装置に必要なネジの生産が普及していなかったこともあり、江戸時代を通じて火縄が用いられた。

火縄銃の基礎知識

の号令を送り続けることができるであろうか。もしも、その場にネルソンがいたら「千挺ずつ交替で一斉射撃せよ」というかわりに「各小隊は最寄りの敵が有効射程内に入り次第、射撃を開始せよ」とでもいったであろう。

ようするに、この〝新戦術〟は、あまりに不合理、不経済、非現実的である。信長ともあろう者がこんな愚かなことをやらせようとしたとは、とうてい考えられないではないか。このこと一つをとってみても、長篠合戦については、考え直す必要が感じられる。

長篠合戦への道

そこで、あらためて長篠合戦の経緯を見よう。永禄《えいろく》十一年（一五六八）、家康と信玄は連絡をとって、東西から今川氏真《うじざね》の領国（遠江《とおとうみ》と駿河《するが》）に侵入した。翌十二年に氏真が家康に降伏すると、旧今川領は家康と信玄が折半する形になったが、駿河から遠江へと領国拡張を狙う信玄と、遠江の経営を目指して、三河の岡崎から遠江の浜松へ居城を移した家康との関係は急速に悪化、翌元亀《げんき》元年（一五七〇）には敵対するにいたった。

翌二年（一五七一）、信玄は徳川領に侵入を開始した。まず遠江の高天神城を攻め、ついで三河の足助《あすけ》城（現、愛知県東加茂郡足助町）を落とした。翌三年には遠江の二俣《ふたまた》城（現、静岡県天竜市二俣町）を落とし、十二月二十二日に、浜松城の北にある三方《みかた》ケ原《はら》で徳川・織田軍と戦った。

この三方ケ原合戦について、『信長公記』巻五には、「十一月下旬に二俣城が包囲されたとの情報で、佐久間信盛《のぶもり》・平手汎秀《ひろひで》・水野信元《のぶもと》を派遣したが、間に合わなかった。信玄は二俣城を落とした勢いに乗じて、堀江城（現、静岡県浜松市舘山寺町）に攻め寄せた。そこで家康も浜松城から出撃した」とある（二八三頁の図8を参照）。

三方ケ原合戦は徳川・織田軍の大敗北となり、織田軍では平手汎秀が討死した。このことものちに佐久間信盛の断罪状にあげられることになる。なお共に戦った水野信元は、三河刈《かり》谷《や》城（現、愛知県刈谷市）の城主で家康の叔父である。当時は信盛の与力《よりき》（より有力な武将に配属された武士）であった。これらのことは、長篠合戦における織田軍の布陣を考えるうえで、重要な点である。

ついで翌天正元年（一五七三）、信玄は野田城（現、愛知県新城市）を落としたが、ここで病状が悪化し、帰国の途中死去した。跡を継いだ勝頼は、遠江と三河に軍を派遣して威勢を示した。一方、家康は八月に、それまで武田氏に属していた奥三河の作手《つくで》城（亀山城。現、愛知県南設楽郡作手村）の城主、奥平貞能《さだよし》・信昌《のぶまさ》（当時は貞昌）父子を調略で味方につけた。この時、家康は山間の一土豪にすぎぬ奥平氏に所領の安堵《あんど》（現有の利権の確認）、新恩の加増（新利権の追加）ばかりか、長女を貞昌に嫁がせる約束までした（このことは、長篠合戦の翌年に実行された）。

当時、武田氏の勢いになびく土豪が多かった中で、奥平氏が家康のもとに走ったのは、なによりも、この破格の待遇があってのことであろう。さらに家康は、武田氏の土豪菅沼正貞《すがぬままささだ》の居城、長篠城を攻めて開城させた。押されどおしの家康が打ち込んだこれらの布石が、結果的に、長篠合戦の勝利につながることになる。

勝頼の攻勢

翌天正二年（一五七四）正月、勝頼は美濃《みの》の明智《あけち》城（現、岐阜県恵那郡明智町）を攻めた。信長はただちに尾張・美濃の兵を派遣し、自身も出動したが間に合わなかった。『信長公記』巻七をみよう。

二月五日、信長御父子御馬を出だされ、其日はみたけ（現、岐阜県可児《かに》郡御嵩《みたけ》町）に御陣取。次日高野《こうの》に至つて御居陣。翌日馳向はるべきの処、山中の事に候の間、嶮難節所《けんなんせっしょ》の地にて互に懸合ならず候。山々へ移り御手遣《てづか》ひ（手勢を率いて直接戦闘を指揮すること）なさるべき御諚半《ごじょうなかば》の処、城中にていゝばさま右衛門（美濃の土豪、飯羽間《いいばさま》氏）謀叛候て、既に落居《らっきょ》是非に及ばず。

さらに勝頼は、六月に徳川方の小笠原氏の守る高天神城を落とした。信長は援軍を率いて出動するが、またも間に合わなかった。『信長公記』巻七をみよう。

六月十九日、信長公御父子、今切《いまき》れの渡り（浜名湖の南端）御渡海あるべきの処、小笠原与八郎（長忠）逆心を企て、惣領《そうりょう》の小笠原を追出し、武田四郎（勝頼）を引入れたるの由、申し来り候。御了簡《りょうけん》なく、路次《ろじ》より吉田城（現、愛知県豊橋市。家康の重臣、酒井忠《ただ》次《つぐ》の居城）迄引帰へさせられ候。

ここに小笠原長忠が総領を追い出したとあるが、実際には長忠自身が当主で、家康の援軍が来ないため開城したのである。開城後、城兵の一部は浜松へ退去し、一部は長忠とともに勝頼に仕えた。勝頼の滅亡後、長忠は北条氏のもとに走ったが、信長の命で殺されている。

家康の家臣、大須賀氏の家譜『大須賀記』には高天神城は五月十二日に包囲され、六月十七日に開城したとあり、また、奈良興福寺多聞院《たもんいん》の院主の日記『多聞院日記』には京都で急報を受けた信長が五月十六日に岐阜へ向かったとあるから、時間的には救援が間に合ったと思われる。この前後、信長は損害を出すのを避けるため、慎重に行動したようである。また、家康は高天神城から三十キロメートルの浜松城に留まって、救援に出動しなかった。単独で出動して武田軍と戦う自信がなかったのである。逆に、明智城と高天神城を奪ったことで、勝頼は、非常に自信をつけたと思われる。これが、翌年（一五七五）五月に起こる長篠合戦の伏線になるのである。

長篠城の攻防

明けて天正三年（一五七五）二月、家康は、長篠城の城主として奥平信昌を任命し、一族の松平景忠《かげただ》らを加勢として守りを固めた。景忠は新参の信昌の監視役でもある。三月には信長が家康へ兵粮を送った。家康はその一部を長篠城に入れた。同時に信長は、佐久間信盛を諸城の視察に派遣している（大阪城天守閣所蔵文書）。信盛は当然、長篠城および周辺の地理を検分したはずである。長篠合戦の下準備は着々と整えられた。

三月下旬、勝頼は大軍を率いて足助《あすけ》に進出し、作手《つくで》をへて、家康に奪回された野田城を攻め、さらに吉田方面に出たあと、方向を転じ、五月十一日に長篠城を囲んだ。長篠城は、信濃・美濃・遠江などから山地を抜けて、平地に出る接点に位置する境目《さかいめ》の城（領国の境界にある城）である。家康にとっては武田軍を阻止し、あるいは補給路を遮断するために手放せぬ城で、勝頼にとっては三河侵攻の橋頭堡《きょうとうほ》として獲得したい城である。しかもその城主は、信玄が死ぬや否や、徳川方に走った奥平信昌である。勝頼が長篠城の攻略を目指したのは当然である。

ここで『信長公記』巻八の長篠城周辺の地理描写をみよう（二一三頁の図5を参照）。

鳳来寺《ほうらいじ》山の根より滝沢川（現、寒狭《かんさ》川）、北より南のりもと川（乗本《のりもと》川。現、大野川）へ落合ひ候。長篠は南西は川にて平地の所なり。

この文面のとおり、長篠城は寒狭川と大野川という二本の川の合流点の台地上に築かれた城で、川と断崖とが自然の要害になっている。合流点の城の例には、桶狭間合戦で信長が拠点とした中嶋砦がある。合流点の城を攻める場合、包囲軍は二つの川のそれぞれの対岸と、台地続きの側との三方に分かれて布陣せねばならないから、完全に包囲して攻略するためには大軍を必要とする。武田軍も台地続きにある丘陵と、大野川の対岸の高地と、寒狭川の対岸とに布陣した。

勝頼自身は城の北七百メートルにある医王寺《いおうじ》を本陣とし、その裏山に砦を築いた。また大野川の対岸の高地には、鳶ノ巣山《とびすやま》砦をはじめ、多数の砦を築いて包囲網を強化するとともに、徳川軍の反撃に備えた。これらの砦の遺構を見ると、地形を把握した巧みな設計とともに、その驚異的な工事量に圧倒される。このように腰を据えて包囲態勢をとられると、城兵が開城したくなったとしても不思議はない。ことに鳶ノ巣山砦群は、長篠城を見下ろす場所にあるだけに、城兵に対し非常な圧力になったと思われる。

長篠城の構造は川の合流点の近くに本丸があり、そこから台地続きのほうに二の丸があった。二の丸の外には丘陵が迫っており、その上に大通寺《だいつうじ》があった。ここから東へ山道をたどると鳳来寺にいたるのである。

武田軍は攻撃を開始した。長篠城のように、川に接して築かれた城を攻撃する場合、川の側を避け、台地続きのほうに攻撃を集中するのが普通である。逆に城側とすれば、守る箇所をその方面だけに限定できることになる。つぎに『信長公記』の長篠城攻防戦の記事を紹介する。この記事は池田家文庫本に見られるものである。

近々と円通寺《えんつうじ》山《やま》ニ陣取り、長篠を見下ろし、金ほりを入れ、既に二の丸へほり入り候を、引き退き、塀を付け直し、相拘《あいかか》へられ、五日、十日の内ニハ落去《らっきょ》たるべき様躰《ようだい》、難儀の仕《し》合《あ》はせなり。

円通寺山は大通寺のある丘陵のことであろう。武田軍が、型通りに台地続きのほうから城を攻めたことが窺われる。また文中の「金ほり」とは、金掘りつまり坑夫のことで、鉱山の多い甲斐を領国とする武田氏は、しばしばこれを攻城戦に用いている。長篠城攻めでは二の丸の土塁の下に坑道を掘り、塀を崩そうとしたのであろう。城兵は防御線を下げて塀を作り直したものの、落城は時間の問題であったという。勝頼は、これまでのいきがかりや、みせしめ効果を狙って、本気で攻略する決意だったのであろう。

攻防戦がここまでくれば、たいていは両軍が交渉に入り、開城となるのだが、長篠城の城兵は最初から激戦を覚悟していたらしく、容易に屈しない。それに城主の信昌には松平景忠という監視役がついており、勝手に武田軍と交渉ができない。また、かつて勝頼を裏切った奥平一族がこの場面で許される望みは薄い。かりに武田側に帰参することを条件に、奥平一族が降伏を申し出たりすれば、家康の手元に預けた家族が殺されるのは確実である。地形上、城からの集団脱出は不可能である。こうなれば、死に物狂いで戦う以外、方法がない。武田の大軍に包囲された長篠城兵が頑強に抵抗し続けたのはこのためである。

ちなみに、前述の二俣、作手、足助、明智、高天神の諸城では、いずれも、形勢不利と見た城主が城を放棄するか、交渉により開城するか、城内から敵に内通する者が出て落城するかしており、長篠城のように、二の丸まで攻め込まれても防戦し続けたなどといった例は、一つもない。当時としては、それが当たり前だったのである。

攻勢に出る勝頼

さて、勝頼の長篠城包囲より、やや遅れて、信長も出動した。『信長公記』によれば、信長は五月十三日に岐阜を発ち、岡崎、野田を通り、十八日に長篠城の近くに到着している。この場所で三日後に決戦が行われるのである。

ついで『信長公記』には、長篠城を包囲していた勝頼が、二十日に主力を率い、織田軍に向かってきたとある。この前後の信長と勝頼の行動は、二人が、それぞれ、後方に留まってこの合戦に参加しなかった部下に宛てて、五月二十日付けで出した二通の書状で確認される。うち一通は信長が細川藤孝に宛てた黒印状（『細川家文書』）で、つぎに、その一節を紹介する。

去る十七日、牛久保《うしくぼ》（現、愛知県豊川市）と云ふ地より人数押し出し候。長篠との間三里余に候。敵の備《そなえ》は節所《せっしょ》（険阻な場所）たりといへども、十八日、鉄砲放《はなち》（銃手）を押し詰め候。通路も合期《ごうご》すべからず候。却《かえっ》て擒《いけど》り候。此の節、根切り眼前に候。

〈釈文〉

十七日に牛久保から出撃した。長篠まで三里余のところに着いた。敵は険阻な場所に布陣しているが、十八日には銃隊を敵の近くまで進めた。進撃が思うようにならなかったところ、かえって敵を捕捉できた。これで敵の殲滅は決定的だ。

いま一通は、勝頼が長坂長閑斎《ちょうかんさい》や三浦右馬助《うまのすけ》に宛てたものである（『神田孝平文書』『桜井文書』）。

信長・家康後詰《ごづめ》として出張候といへども、指せる儀無く、対陣に及び候。敵、行《てだて》の術《すべ》を失ひ、一段逼迫《ひっぱく》の体《てい》に候の条、無二《むに》に彼の陣へ乗り懸け、信長・家康両敵共、此度、本意を遂ぐべき儀、案の内に候。（長閑斎宛てのもの）

〈釈文〉
信長と家康が長篠城の後詰として出動してきたが、なにごともなく対陣になった。敵は方策を失って、一段と逼迫している様子だから、わきめもふらずに敵陣へ攻め懸け、信長と家康を思い通り撃滅できよう。

信長と勝頼が、合戦前日に書いたこれらの書状はいずれも、信長が長篠城の手前で進撃を停止したこと、それに対し勝頼が攻勢に出たことを明記している。ただ、進撃停止について、信長は武田軍が険阻な場所に布陣していたためとするが、勝頼はそれを織田軍が臆《おく》しているると解釈している。それゆえ勝頼は攻勢に出るのだが、信長は、この行動を、自分から罠に飛び込んだとしている。二人とも、後方にいる部下に威勢のよいことをいったわけであるが、互いの行動をはっきり確認したうえで、自分に有利に解釈しているのは、のちの合戦の経過と考えあわせて興味深い。

実際、勝頼は、信長が落城寸前の長篠城の後詰として出動しながら、城の手前で進撃を停止したことを、臆していると判断したのであろう。また、兵力が足りず、後続部隊を待っているとも考えたであろう。それならば、早いうちに攻勢に出たほうが有利である。勝頼は、そう判断したのであろう。

2　両軍激突の状況

主戦場の地形と織田軍の布陣

前節で述べたように、織田軍は十八日に進撃を停止し、二十日には武田軍がそこへ向かって進撃してきた。そして二十一日に決戦となる。そこで、この主戦場の位置を確認しておこう。これほどの大合戦の現場の確認など、なにをいまさらと思われるかもしれないが、こうした当たり前すぎる作業ほど、おろそかにされやすく、そのため、合戦全体の解明が遅れることも珍しくない。現に、長篠合戦の場合でも、俗に三千挺といわれる織田軍の銃隊が、主戦場のどのあたりにいたのかということを検討した者は誰もいないのである。こうした点の解明に取り組まずに〝新戦術〟の評価を云々しても始まるまい。

前出の史料から、主戦場が野田と長篠の間であることは明らかだが、『信長公記』には織田軍の戦場到着の状況も詳細に述べられており、主戦場の位置と地形が確認できる。つぎに、その一節を紹介する（二一三頁の図5を参照）。

十八日推詰《おしつ》め、志多羅《しだら》の郷《ごう》極楽寺山に御陣（信長の本陣）を居《す》ゑられ、菅九郎《かんくろう》（織田信忠）新御堂山《にいみどうやま》に御陣取。志多羅の郷は一段地形《ちぎょう》くぼき所に候。敵かたへ見えざる様に段々に御人数三万ばかり立置かせられ、先陣は国衆《くにしゅう》（地元の者）の事に候の間、家康ころみつ坂の上、高松山に陣を懸け、滝川左近《さこん》（一益）・羽柴藤吉郎（秀吉）・丹羽五郎左衛門（長秀）両三人、（池田家文庫本にはここに「左へ付テ」とある）同じくあるみ原へ打上り、武田四郎に打向、東向に備られ、家康・滝川陣取の前に、馬防《うまふせぎ》の為柵を付けさせられ、

〈釈文〉

十八日に敵の間近に詰め寄り、信長は志多羅の郷の極楽寺山、信忠は新御堂山に陣取った。志多羅の郷は地形が低くなっているので、敵から見えぬよう、そこに三万ばかりの軍勢を配置した。地元の者が先陣を務めるという慣例に従って、家康がころみつ坂の上の高松山に布陣し、滝川一益・羽柴秀吉・丹羽長秀の三人が、その左手について同じようにあるみ原に上り、勝頼に向かって東向に布陣した。そして家康と滝川の陣の前に、騎馬武者の突入を防ぐため、柵を作った。

　さらに『信長公記』は、二十一日の戦闘の際、信長が「家康陣所に高松山とて小高き山御座候に取上《とりのぼ》られ」て観戦したとあるから、主戦場は家康や滝川らが布陣した〝あるみ原〟ということになる。信長は、後方の極楽寺山から最前線の高松山に移り、陣頭指揮を執ったのである。このあるみ原（有海原）について同書は、つぎのように述べている。

彼あるみ原は、左りは鳳来寺山より西へ太山《たいざん》つゞき、又、右は鳶の巣山より西へ打続きたる深山なり。岸をのりもと川、山に付いて流れ候。両山北南のあはひ纔《わず》かに三十町には過ぐべからず。

文中の「鳳来寺山」は長篠の奥（東方）の山で、そこから大野川が西に流れ、長篠城のところで寒狭川と合流する。この合流点より下流を豊川《とよかわ》という。文中の「のりもと川」（乗本川）は、この豊川のことである。織田軍は、北と南を山に遮《さえぎ》られた三十町（三キロメートル余）に満たない場所に戦線をしいて、武田軍を迎撃することになる。

一方、武田軍の行動について、『信長公記』はつぎのように記す。

長篠へは攻衆《せめしゅう》七首《かしら》差向け、武田四郎、滝沢川（寒狭川）を越来り、あるみ原三十町ばかり踏出し、前に谷を当て、甲斐・信濃・西上野《こうずけ》の小幡《おばた》・駿河衆・遠江衆・三州の内つくで（作手）、だみね（田峰）、ぶせち（武節）衆を相加へ、一万五千ばかり十三所に西向に打向ひ備へ、互に陣のあわひ廿町ばかりに取合ひ候。

〈釈文〉

勝頼は長篠城の攻城軍として七人の部将を宛て、自分は滝沢川を越えてあるみ原を三十町ばかり前進し、前に谷を当て、甲斐・信濃・西上野の小幡・駿河衆・遠江衆に奥三州の作

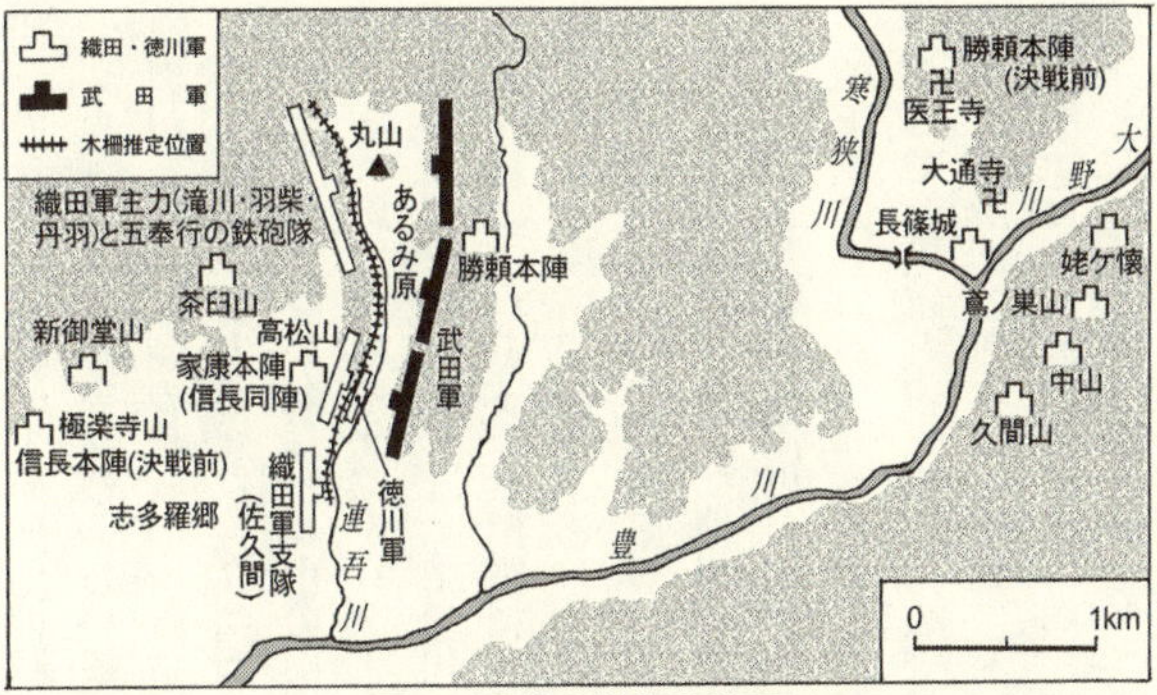

図5　長篠合戦戦場地図

手・田峰・武節衆などの土豪を加え、一万五千ほどの軍勢を十三ヵ所に、西向きに布陣させた。敵味方の間は二十町ばかりであった。

すなわち、勝頼は寒狭川から三キロメートルほど前進し、谷を挟んで織田軍と西向きに対峙したのである。そしてそこから信長の陣所の極楽寺山までは二キロメートルほどという。

以上の記述から、両軍が対峙した場所は、飯田線の三河東郷《とうごう》駅の北側、現在設楽原《しだらがはら》決戦場と呼ばれる一帯とみられる。

ここには、南北に長い二本の丘陵がある。両者の間隔は数百メートルで、それらに挟まれた浅い谷(『信長公記』に武田軍が「前に谷を当て」たとある、その谷である)の中央を、連吾《れんご》川(連子川)という小川が南に流れている。西側の丘陵に織田軍が、東側の丘陵に武田軍が布陣したわけで、現在も西側の丘陵上の織田軍の陣地の跡には、切岸《きりぎし》（斜面を急角度に削った城壁）や空堀《からぼり》（水をたたえぬ堀）などが多く残っている。また東側の丘陵上には、武田軍のものとみられる陣地の遺構がある。西側の丘陵の南端に古墳があるが『信長公記』の高松山に当たるとみられる。西側の丘陵の西方が、『信長公記』に信長が敵に見えぬように大軍を待機させた志多羅の郷に当たる。丘陵の北は雁峰山《がんぽうざん》の山裾に続き、南には豊川との間に狭い平地がある。雁峰山の裾から豊川までは南北二キロメートルあまりある。

連吾川の下流は崖になって豊川に合流しており、この崖と丘陵の間の狭い平地に、野田と長篠を結ぶ道がある。武田軍にとってはこの付近が恰好の突撃路であり、織田軍にとっては最も危険な場所である。そして、『信長公記』に「地元の者が先陣を務めるという慣例に従って」とあるように、家康が、この最も危険な場所を受け持ったのである。

ところで『信長公記』池田家文庫本には、家康の左に滝川・羽柴・丹羽の三人が布陣したとあり、また家康と滝川の前に柵を設けたとあるから、戦線の北側に信長の重臣たち、つまり織田軍の主力が布陣したことになる。

そこで徳川軍と織田軍主力の守備範囲を確認しておこう。織田軍は全体として、雁峰山の裾から豊川まで南北二キロメートルあまりにわたり、東向きに布陣したことになるし、『信長公記』にも「武田四郎に打向、東向に備られ」とある。ところが同書にはまた「五月廿一日日出より、寅卯《とらう》の方（東北東）へ向つて未刻《ひつじのこく》（午後二時頃）迄入替《いれかえ》々々相戦ひ」とある。

すなわち東向きに布陣したとする一方で、東北東に向かって戦ったとしているのである。

こうした矛盾は『信長公記』の元亀元年（一五七〇）の姉川合戦の記事にも見られる。すなわち、長篠合戦と同じく織田軍と徳川軍が連合して戦った姉川合戦の記事を見ると、織田・徳川軍は北向きに布陣したとしている一方で、戦った方角を北東と限定しているのである（第三章一五七～一五八頁を参照）。織田・徳川軍のうち、北東に向かって戦ったのは織田軍主力である。ようするに『信長公記』の姉川合戦と長篠合戦の記事には、織田軍全体が戦った方角ではなく、信長の主力が戦った方向が示されているのである。著者の牛一が信長の側近であったことを考えれば、この書き方も不思議ではない。

そこで長篠の主戦場の地形を見ると、連吾川は北側の約一キロメートルが南南東に流れ、ついで南南西に折れ、最後は南に流れて豊川と合流している事に気づく。また織田軍の布陣した丘陵もこの流れに沿っている。したがって連吾川と丘陵とを利用して布陣する場合、北側の約一キロメートルに布陣した者は東北東に向かって戦うことになる。そこではじめて、家康の左、すなわち戦線の北側に信長の重臣が布陣したという『信長公記』の記述が生きてくる。織田軍の主力が、どの場所に布陣したかということは、〝新戦術〟を行ったとされる銃隊にかかわる重要な問題につながるのだが、それについては後に述べる。

なお一般に、戦線の北側には佐久間信盛もいたことになっているが、『信長公記』にはその名が見えない。一方、江戸前期に画かれた『長篠合戦図屏風』では、信盛は与力の水野信元とともに、家康の右隣、つまり戦線の南端で戦っている。これが事実であろう。前述のように信盛は信長・家康間の連絡・交渉にあたっており、三方ケ原合戦にも参加している。また信元は家康の叔父であるから、彼らが家康と陣を並べて戦っても不思議はない。しかも、この時、徳川軍は後に述べるように主力の東三河衆を欠いていたから、信盛のような有力武将の支援が不可欠であった。信盛は戦線の北側ではなく、最初から家康の陣所付近におり、戦線の南端で戦ったと考えるべきだろう。

別動隊の派遣

武田軍が二十日に前進してくると信長は臨時に一部隊を編成した。『信長公記』をみよう。

今度間近く寄合せ候事、天ノ与ル所に候間、悉《ことごと》く討果《うちはた》さるべきの旨、信長御案《ごあん》を廻らされ、御身方一人も破損せざるの様に御賢意を加へられ、坂井左衛門尉（酒井忠次）召寄せられ、家康御人数の内、弓・鉄砲然《しか》るべき仁《じん》を召列《めしつれ》、坂井左衛門尉大将として二千ばかり、幷《ならび》に信長御馬廻《おうままわり》（親衛隊）鉄砲五百挺、金森五郎八・佐藤六左衛門・青山新七息・賀藤市左衛門、御検使《けんし》として相添へられ、都合四千ばかりにて、

〈釈文〉

信長は、敵が攻勢に出たのは、天が与えてくれた絶好の機会であるから、全滅させようと

考えた。そして、味方に損害が出ぬようにと、酒井忠次を呼び、徳川軍の中から弓や鉄砲の巧みな者を選抜した二千人ほどの部隊を編成させ、忠次をその大将にした。これに信長御馬廻の銃手五百人に金森五郎八ら四人を検使として添え、合計四千ほどの部隊を編成した。

酒井忠次は家康の重臣で、吉田城（現、愛知県豊橋市）の城主である。当時、家康の主戦力であった東三河衆を統轄していた。この忠次に優秀な弓手・銃手をつけ、さらに自身の馬廻り鉄砲五百を加えたということは、信長がこの部隊を非常に重視したことを示している。この結果、主戦場に残った徳川軍は、家康の馬廻りと石川数正《かずまさ》の統轄する西三河衆、および遠江衆のみとなった。『大須賀記』に主戦場の徳川軍について「遠州・三河の衆五千に不足の人数」とある。そこで手薄になった徳川軍を補強するため、佐久間信盛がその右翼（戦線の南端）を固めたとみられる。

さて酒井忠次の部隊は、別動隊となって主戦場の南側の山中を大きく迂回し、二十一日の朝には鳶ノ巣山の裏手（南側）に達した。大部隊の山中の夜間移動としては、相当な速さである。別動隊は鳶ノ巣山砦の武田軍に攻撃をかけた。『信長公記』の引用を続けよう。

五月廿日戌刻《いぬのこく》（午後八時頃）、のりもと川（豊川）を打越し、南の深山を廻り、長篠の上鳶の巣山へ、五月廿一日辰刻《たつのこく》（午前八時頃）取上り、旗首《はたがしら》を推立《おした》て凱声《ときのこえ》を上げ、数百挺の鉄砲を嚔《どっ》とはなち懸け、責衆《せめしゅう》を追払ひ、長篠の城へ入り、城中の者と一手になり、敵陣の小屋々々焼上げ、籠城の者忽《たちまち》運を開き、七首《かしら》の攻衆案の外の事にて候間、癈忘《はいもう》致し、鳳来寺さして敗北なり。

別動隊は鳶ノ巣山砦などを守っていた武田軍を追い払って長篠城に入り、さらに城兵とともに周囲の武田軍の陣屋を焼き払った。彼らは、落城寸前の長篠城を救ったばかりか、包囲陣の手薄につけこんで一挙に付近を制圧したのである。

あるみ原の決戦

一方、主戦場の状況であるが、『信長公記』はつぎのように述べている。

信長は家康陣所に高松山とて小高き山御座候に取上られ、敵の働《はたらき》を御覧じ、御下知《げち》次第働くべきの旨、兼てより堅く仰含められ、鉄砲千挺ばかり、佐々蔵介《くらのすけ》（成政）・前田又左衛門（利家）・野々村三十郎（正成）・福富平左衛門（秀勝）・塙《はなわ》九郎左衛門（直政）御奉行として、近々と足軽懸けられ御覧候。前後より攻められ、御敵も人数を出し候。

〈釈文〉

信長は家康の陣所の高松山に上って、敵の行動を観察した。指示に従って戦うようにと厳重に命じてあった。また、佐々成政ら五人を奉行とした千人ほどの銃隊を編成した。そのうえで、徒歩の部隊を出撃させた。前後に敵を受けて、敵も軍勢を繰り出してきた。

戦闘開始に先立って、信長は後方の極楽寺山から、最前線の高松山に移っている。ここに銃隊のことが記されているが、その数は「千挺ばかり」となっている。また「佐々蔵介……御奉行として」とあるのは、この銃隊が臨時編成だったため、側近で活躍した部将たちを臨時に奉行に任命して指揮を執らせたことを示している。ただし、そのあとに「近々と足軽懸けられ」とあるが、この足軽は佐々らの銃隊ではなく、徳川軍である。

すなわち『大須賀記』に、

左衛門尉（酒井忠次）乗取り申し候ニ付て、勝頼惣人数《そうにんずう》を払ひ、大手へ懸り申し候。信長の御人数、皆柵の内に引籠《ひきこも》り、一人も出申さず候処、遠州・三河の衆、五千に不足の人数、柵の外へ出、馬は御法度《はっと》にて、出申さず候故、上下歩立《かちだ》ちにて出、入乱《いりみだ》れ御合戦始め候。（中略）大窪《おおくぼ》七郎右衛門（大久保忠世）・同治右衛門（忠佐）・内藤金市（家長）、信長公・権現様（家康）御意を以て、馬にて其日の軍見《いくさみ》に三騎出申され候。敵味方目に立ち申し候。

〈釈文〉

酒井忠次が鳶ノ巣山砦を奪ったので、勝頼は全軍を率いて大手に攻め懸かった。織田軍は全員柵から出なかった。遠江・三河衆の五千たらずの徳川軍は、柵の外に出た。乗馬は禁じられていたので、身分の上下にかかわらず皆、徒歩で出て戦闘を開始した。（中略）大久保忠世・忠佐兄弟と内藤家長の三人だけが、検分のため信長と家康の許可を得て乗馬していたので、敵からも味方からもよく目立った。

これらの史料と現地の地形とを考えあわせれば、高松山の南東の平地に押し出した徳川軍に対し、腹背に敵を受けるかたちになった武田軍も兵を繰り出して、戦闘が開始されたことになる。そして『大須賀記』に、

廿一日九ツの始め（午前十一時頃）より八ツ時分（午後二時頃）まで、互に軍場《いくさば》を取《とり》とられ、終《つい》ニ敗軍仕《つかまつる》。其後、信長の御人数、柵の内より出、三河衆と一ツに成、敵追討に、滝川（寒狭川）の橋のこなたにて、頸数弐千程討捕申し候。

〈釈文〉

二十一日の午前十一時から午後二時頃まで互いに軍場を取ったり取られたりしたが、つい

に敵は逃げ出した。その後、織田軍も柵から出て、徳川軍と一緒になり敵を追撃した。寒狭川の手前で二千ほど討ち捕った。

とあるから、武田軍は織田・徳川軍に波状攻撃を繰り返し、ついに撃退されたのであろう。『大須賀記』が織田軍と徳川軍は別個に戦ったとしているのは、当時の慣例からも地形的にみてもうなずける。

主力決戦の模様は『信長公記』に、つぎのように描かれている。

前後より攻められ、御敵も人数を出し候。一番、山県《やまがた》三郎兵衛（昌景《まさかげ》）、推太鼓《おしだいこ》を打つて懸り来り候。鉄砲を以て散々に打立てられ引退《ひきのく》。
二番に正用軒《しょうようけん》（信玄の弟、逍遥軒信綱。信廉《のぶかど》とも）、入替《いれかえ》、かゝればのき、退《のけ》ば引付《ひっつき》、御下知のごとく鉄砲にて過半人数うたれては其時引入るなり。
三番に西上野《こうずけ》小幡一党、赤武者《あかむしゃ》（武装を赤で統一すること）にて入替り懸り来る。関東衆馬上の巧者にて、是又《これまた》馬入るべき行《てだて》にて、推太鼓を打つて懸り来る。人数を備へ候身がくいをして、鉄砲にて待請けうたせられ候へば、過半打倒され無人《ぶにん》になつて引退く。
四番に典厩《てんきゅう》（信玄の弟信綱の子、信豊）一党黒武者（武装を黒で統一すること）にて懸り来り候。かくのごとく、御敵入替へ候へども、御人数一首《ひとかしら》も御出しなく、鉄砲ばかりを相加へ、足軽にて会釈《あいしらい》、ねり倒され、人数をうたせ引入るなり。五番に馬場美濃守、推太鼓にてかゝり来り、人数を備へ、右同前に勢衆《せいしゅう》うたれ引退く。五月廿一日日出より、寅卯《とらう》の方（東北東）へ向つて未刻《ひつじのこく》（午後二時頃）迄入替々々、相戦ひ、諸卒をうたせ、次第々々に無人になつて、何《いず》れも武田四郎旗元へ馳集り、叶難《かない》く存知候歟《か》、鳳来寺さして噇《どう》と癈軍《はいぐん》致す。其時前後の勢衆を乱し追はせられ、

武田軍が、有力な武将と麾下の騎馬武者が大勢の徒歩部隊を率いて突撃するという通常の戦法を繰り返したのに対し、織田軍が「御人数一首も御出しなく」とあるように、通常の編成の部隊を出すことなく、鉄砲を持った徒歩の兵を追加しつつ、迎撃を続けたことがわかる。武田軍は初め、織田軍の戦線の南側の平地を突破しようとし、その後は各所で突破口を求めて戦ったが、いずれも撃退された。その過程で、指揮官クラスの武将を失い、組織的な戦闘を続けることができなくなった。その結果、いったん退却を始めてからは、織田軍の追撃を食い止めることができず総崩れになったのである。

『甲陽軍鑑《こうようぐんかん》』巻六品《ほん》十四「長篠合戦之次第」には、この戦いで武田軍は各部隊の大将や役人のほか、一隊のうち七、八人が乗馬し、他は馬を後に残し、徒歩で槍をとって戦ったとある。地形や織田軍の陣地の状況からみて、一部にはこういうこともあったかもしれないが、武田軍全体がこのようにしたと考えるのは早計であろう。とくに戦線の南側の平坦な場所

で、徒歩で柵から押し出してきた徳川軍を攻撃するのに、馬を下りる必要はまったくないのである。この付近が騎馬戦に適していたことは、五月十八日付けで家康が重臣の石川数正と鳥居元忠に宛てた書状に、

先刻《せんこく》申し含め候場所の事、様子見積《みつも》らしめ、柵等能々《よくよく》念を入れらるべく候事、肝要に候。馬一筋入れ来るべく候。

〈釈文〉
以前に指示していた場所について、よく検分し、柵などの工事を入念に行うようにせよ。敵は馬一筋に突撃してくるぞ。

と述べていることでもうかがえる（『龍城《たつき》神社文書』）。

この点に関し、『信長公記』に馬上の巧者の関東衆が馬で突入しようとしたのに対し、身《み》隠《がく》し（柵や竹束の陰で待機したのであろう）をして迎撃したとあるのは印象的である。もちろん武田軍といえども、後世の騎兵隊のように全員が乗馬した部隊があったわけではない。この点で、広く用いられている「武田騎馬軍団」という言葉は不適切だと思う。また武田軍にも相当数の鉄砲や弓があったから、それらの援護射撃の下に突撃したはずである。

一般に、勝頼は騎馬突撃の威力を過大評価するあまり、鉄砲を軽視したといわれている

が、事実無根である。彼が富士浅間《せんげん》神社（現、静岡県富士宮市）に奉納した元亀三年（一五七二）の年紀と上州甲冑師の作銘のある厚手の鉄板を用いた甲冑をみれば、鉄砲の威力を軽視したなどとはとうていいえない。ただ当時、火薬の主原料の硝石や、弾丸の原料に最適の鉛などは輸入に頼っていたから、畿内に進出して堺の港を掌握した信長に比べ、中部地方を領国とする勝頼は圧倒的に不利だったのである。武田軍の鉄砲隊が質・量ともに劣った最大の原因はここにあったのである。

なお、織田・徳川軍の柵を「馬防柵《ばぼうさく》」と呼び、信長の発案とする説があるが、戦場で柵を作ることは珍しくない。ただ長篠合戦では、それが迎撃戦に活用されたため『信長公記』に特筆されたまでである。

『本多家武功聞書《ぶこうききがき》』に、「本多忠勝の陣所へ武田軍の内藤昌豊の千五百人の部隊が攻めかかり、三重目の柵を乗り越して二十四人が押し込んだが、撃退した」とある。武田軍は、このようにして消耗し続けたうえ、背後も敵に押さえられ、最後は浮き足立って、我先にと逃げ出したのであろう。

武田軍壊滅

二十一日の午後二時頃、織田軍は、退却する武田軍に対する追撃を開始した。『信長公記』に「前後の勢衆を乱し追はせられ」たとある。積年の恨みに加え、信長の命令で迎撃戦に徹していたこととの反動で、我勝ちにと追撃したのだろう。『信長公記』は武田軍の死者を、主だった侍と雑兵とを合わせて総計一万ばかりとするがやや誇大である。『大須賀記』には「滝川（寒狭川）の手前で二千程、討ち取った」とあり、『多聞院日記』五月二十七日の条には「千余討死」とある。死者の数もさることながら、勝頼にとって痛かったのは、この一戦で重臣の過半を失ったことである。『信長公記』は「討捕る頸、見知分《みしりのぶん》」として馬場信春ら二十人ほどの名をあげている。

ところで、江戸時代から今日まで、討死した重臣たちはもともと決戦に反対であったという説が行われている。たとえば『甲陽軍鑑』巻十五品五十二「長篠合戦の事」に、馬場・内藤・山県・小山田らの重臣が、勝頼に決戦を避けるよう進言したのに対し、若年（三十歳であった）の勝頼は、長坂長閑斎《ちょうかんさい》ら側近の主張をいれて、決戦に踏み切ったとある。だが、その場に長閑斎がいなかったことは、前出の二十日付けの勝頼の書状が当の長閑斎宛であることで、一目瞭然であるから、この話全体が信頼できなくなる。

また『長篠合戦物語』などの江戸時代の軍記物に、敗北を予期した武田の重臣たちが、合戦前夜に水さかずきを交わしたという話が見えるが、これなども、彼らが決戦で死んだことから逆算して作られた話であろう。だいいち、指揮官がこんなことをすれば、部下が動揺して満足に戦わなくなる。

余談だが、第二次世界大戦中の一九四〇年に、ドイツの戦艦ビスマルクが北大西洋で撃沈された際、艦橋にいた提督が早めに救命胴衣の用意を命じたところ、部下がショックで動けなくなったという話がある。また一九四四年のレイテ海戦でも、栗田提督が同様の行動をとって、部下の士気を低下させている。

もちろん、経験豊富な武田の重臣たちは、織田軍との決戦を、なまやさしいものとは思っていなかったであろうし、〝討死〟の二文字が頭をよぎった者もいたかもしれない。だが、全軍総崩れになるとは想像もしていなかったはずである。事前に敗戦を予想させる材料はまったくなかったからで、それゆえにこそ、あのような大激戦になったのである。

彼らは、落城寸前の長篠城を救援にきたはずの信長が、十八日に城の手前で進撃を停止し、二十日になっても動こうとしないことを、敵は兵力が少なく、臆しており、後続部隊の到着を待っていると判断したはずである。それならば早く攻勢に出たほうがよい。その結果、織田軍を後退させることができれば、救援部隊だけが頼りの長篠城を、開城させることが可能になるからである。

もちろん、攻勢に出た結果、主力同士が衝突することも、十分に考えたであろう。ただし、武田軍が実際に決戦を挑んだのは、織田・徳川軍の別動隊に後方を占拠され、前方からは徳川軍が押し出すという状況になってからである。このことは彼らが最初から二十一日にあのような攻撃を仕掛けるつもりはなかった可能性を示唆する。彼らとて、織田軍の陣地を一方的に攻撃することの危険性は理解していたであろう。また自分たちが連吾川東岸の丘陵を占拠すれば、織田軍も不用意な攻撃は仕掛けてこないとも考えていたであろう。現在、この丘陵上には、武田軍が急造したとみられる陣地の跡が残っており、織田軍のそれには劣るけれども、相当の工事量といえる。したがって、両軍対峙のまま陣地構築を続け、持久戦になった可能性があったのである。

それにもかかわらず決戦になったのは、『信長公記』や『大須賀記』のいうように、前後から攻められた武田軍が、攻撃に踏み切ったからである。『大須賀記』には戦闘が午前十一時頃から始まったとあるが、この頃から武田軍の本格的な強襲が始まったのであろう。この時点で武田軍は、持久策も後退も許されぬ状況に陥っていた。彼らは攻撃を繰り返して損害を積み重ね、狙撃で指揮官を失い、組織的な戦闘ができなくなったあげく、一挙に崩壊したのである。

3　鉄砲三千挺・三段撃ち説の根拠

〝新戦術〟のできるまで

本章の冒頭で述べたように、信長の発案とされる〝新戦術〟は、火縄銃の発射準備中に敵に攻め込まれることを防ぐための合理的やり方といわれているが、実は大きな欠陥がある。すなわち、火縄銃は個人の技量や装具の差、周囲の状況などで、発射準備に要する時間がばらばらになりやすい。それを千挺並べて一斉射撃をさせようとすれば、一番発射準備の遅い者にあわせて、発射の号令をかけねばならなくなる。これでは、射撃の間隔が広がるばかりである。

それに交替射撃などということは、信長という〝天才〟の出現を待つまでもなく、古く弓矢の時代から経験的に行われていたはずである。仮に弓矢を持った二人の武士が、刀を持った大勢の武士に襲われたならば、誰に教わらずとも、交替で矢を射るであろう。それに交替射撃というものは、上杉家が大坂の陣の際に作った『上杉家大坂御陣之留《ごじんのとめ》』という史料(『大日本史料』十二編十五所収)に「銃隊は組の多少にかかわらず、三分之一ずつ射撃せよ」とあるとおり、千人で一斉に行う必要はなく、むしろ人数の少ないほうがスムースにゆくに決まっている。

しかも同史料は、交替射撃は時と場合による、と柔軟な姿勢を示している。実戦が不測の事態の連続となりやすい事を考えれば、当然の配慮であるが、こういう史料をみると、〝新戦術〟の愚劣さはいよいよ際立ってくる。そのうえ、〝新戦術〟は、それが実際に行われたことを裏付けるような、良質の史料がまったくないのである。

では〝新戦術〟の出所はどこかといえば、またしても『甫庵《ほあん》信長記』で、その巻八「長篠合戦事」の、つぎの一節が発端である。

角《かく》て五月二十一日夜も、ほの〴〵と明ければ、信長公先陣へ御出有て、家康卿と御覧じはかられ、兼て定め置かれし、諸手《もろて》のぬき鉄砲三千挺に、佐々内蔵助、前田又右衛門尉、福富平左衛門尉、塙九郎左衛門尉、野々村三十郎、此の五人を差し添へられ、敵馬を入れ来たらば、際一町までも鉄砲打たすな。間近く引き請け、千挺宛《ずつ》放ち懸け、一段宛立ち替はり〳〵打たすべし。敵猶《なお》強く馬を入れ来たらば、ちつと引き退き、敵引かば引つ付いて打たせよと下知し給ひて、

ここで信長は、戦闘開始に先立って、三千挺を千挺ずつ撃つことを命じているが、交替で射撃するというやり方が彼の考案であるとは書いていない。文中の「諸手のぬき鉄砲」とは、部将たちから信長が出させた銃手のことである。

『甫庵信長記』には、これに続いて、合戦の場面が展開する。その一部を紹介する。

二番に信玄が舎弟《しやてい》に逍遥軒と云ひし者、音もせず静まり返つて推し来たる。是も家康卿の鉄砲に射立てられ、引き色に成りて見えけるが、亦《また》右の手へなぎたるに彼の五人下知して、三千挺を入替へ〳〵打たせければ、爰《ここ》にもなじかはたまるべき。勝頼が旗本指《さし》てぞ引きたりける。

三千挺の銃隊は、信長の命令通り行動している。またここに「家康卿の鉄砲」が見えるが、『甫庵信長記』では、信長の三千挺の隣に、家康が三百挺の銃隊を配置したことになっており、しかもこの三百挺のほうが、信長の三千挺よりも、よほど活躍するのである。家康の天下掌握後に書かれた軍記とはいえ、主客転倒もはなはだしいといわねばなるまい。

その後、貞享《じようきよう》二年（一六八五）頃に遠山信春《のぶはる》が『甫庵信長記』を増補改訂して『総見記《そうけんき》』を作った。『総見記』では五人の奉行が七人に増加しており、また『信長公記』や『甫庵信長記』では「あるみ原」となっている戦場の呼称が、「設楽原」に変わっているが、三千挺の銃隊の記事については『甫庵信長記』と特に違いがない。

ところが明治三十六年（一九〇三）に参謀本部が『日本戦史・長篠役』と題して長篠合戦をまとめた際、この『総見記』を下敷きにしたため、三千挺・三段撃ちの〝新戦術〟と「設楽原」という地名が〝公認〟されることになる。それ以後は『日本戦史・長篠役』の内容が増幅され、甫庵や信春でさえ言わなかった三段撃ちの具体的なやり方や、それを発明した信長の天才性が論じられ続けた。一方では戦場を「設楽原」と呼ぶことが定着した。明治三十五年（一九〇二）に刊行された吉田東伍《とうご》の『大日本地名辞書』に「設楽原」という地名自体が記載されていないことからみても、その翌年に刊行された『日本戦史・長篠役』が、「設楽原」の普及定着に決定的な役割をはたしたことは明らかである。

以上のように〝新戦術〟には史料的裏付けがまったくない。創作を核にして憶測という凝固材で固められた〝新戦術〟が、現実離れしたものになるのは、当然であろう。

ちなみに連続射撃に関して、『信長公記』首巻《しゅかん》の天文《てんぶん》二十三年（一五五四）正月二十四日の村木《むらき》城（現、愛知県知多郡東浦町）攻めの記事に、つぎのような一節がある。

正月廿四日払暁に出でさせられ、駿河衆楯籠《たてこもり》候村木の城へ取懸け攻めさせられ、北は節所手あきなり。東大手、西搦手《からめて》なり。南は大堀霞むばかりかめ腹にほり上げ、丈夫に構へ候。上総介信長、南のかた攻めにくき所を御請取候て、御人数付けられ、若武者共我劣らじとのぼり、撞《つき》落されては又はあがり、手負・死人其数を知らず。信長堀端に御座候て、鉄砲にて狭間《さま》三ツ御請取りの由仰せられ、鉄砲取かへ〳〵放させられ、上総介殿御下知なさるゝ間、我も〳〵と攻上り、堀（塀か）へ取付き、つき崩し〳〵、

文中に「鉄砲取かへ〳〵放させられ」とあるのを、信長が銃手たちにつぎつぎに射撃させたと解釈し、〝新戦術〟の先例とする説もあるが、村木城の狭間（銃眼）に向け、鉄砲を取り替え取り替え撃ち続けたのは、信長自身である。信長はお殿様であるから、狩場などで、鉄砲係の小者《こもの》たちに自分専用の複数の鉄砲（御持筒《もちづつ》）の発射準備をさせ、準備のできたものから受け取って、連続射撃するといったことをやり慣れていたであろう。小者たちもまた、手際よく働いたであろう。

このように、熟練した者同士で、発射準備と射撃を分担すれば、射撃の間隔は短くなる。右の一節は、この種の連続射撃の初見として注目されるが、こうしたやり方は、誰でも経験から考案できることで、信長が発明したわけではあるまい。たとえば、ある鉄砲隊が城壁を守る際、狭間の数よりはるかに多くの銃手がいたならば、優秀な銃手に射撃を担当させ、他の銃手は発射準備に専念させても不思議はない。もっとも、発射準備時間の短縮と命中精度の向上が期待できるからといって、射撃と発射準備の分担を戦術として固定化すれば、少数精鋭主義の弊害に陥り、全体の質的低下を招く恐れがある。

それに、安全な城壁の内側ならばともかく、野戦の最中に、撃ち終わった火縄銃を発射準備のできたものと手渡しで交換するのはきわめて面倒で、危険でもある。さらに、急に移動したり、乱戦に巻き込まれたりすることを考えれば、銘々が自分の鉄砲だけを持っていたほうが無難であり、現実的であろう。

信長の村木城攻めの場合は、彼が日頃やり慣れており、しかも大堀の対岸にいたため、敵に不意に切り込まれる恐れもなかったから、うまくいったと思われる。同じことを、長篠の戦場で臨時編成の大部隊に要求するような無茶は、信長もしなかったであろうし、そうまでする必要もなかったと思う。織田・徳川軍の兵力が圧倒的だったからである。

鉄砲の数とその効果

〝新戦術〟はさておき、長篠合戦で鉄砲が威力を発揮したことは、『信長公記』に「敵は、武将に率いられた通常の部隊を繰り出してきたが、味方は一部隊も出さず、鉄砲だけを追加して、撃破した」とあることで明らかである。この合戦にあたり、信長は後方に留まって、戦闘に参加しなかった部将たちからも、鉄砲を動員した。たとえば京都長岡《ながおか》の細川藤孝が銃手を戦場に派遣したことについて、『細川家記藤孝』に、

鉄砲足軽百人（一本に七十人）、小頭《こがしら》を添て御加勢有り。（中略）五月廿一日長篠合戦、（中略）藤孝君より御加勢の足軽は、塙九郎左衛門定行《（ママ）》備に加はりて多く敵を討取候。

と見える。このことは五月十五日付けの藤孝宛ての信長黒印状に「去る十二日の折紙《おりがみ》、披閲せしめ候。鉄砲放《てっぽうはなち》、同じく玉薬《たまぐすり》の事、申し付けらるるの由尤《よしもっとも》に候」、同じく二十日付けの黒印状に「折紙披見せしめ候。鉄砲の事申し付けられ、祝着《しゅうちゃく》せしめ候」、同じく二十一日付けの黒印状に「仍《よ》って鉄砲放申し付けられ候。祝着せしめ候。爰許《ここもと》隙を明け候条、差し上せ候」とあることで、確認される。

細川の銃隊は二十日頃、駆け込みで前線に到着し、塙直政の指揮下で二十一日の戦闘に参加、その終了後、ただちに帰国したのである。なお当時、銃手は鉄砲放、鉄砲衆、鉄砲の者などと呼ばれている。

また奈良の筒井順慶《つついじゅんけい》も銃隊を派遣したことが、『多聞院日記』天正三年（一五七五）五月十七日の条に「岐阜へ筒井より、てつはう（鉄砲）衆五十余、合力《ごうりき》にこれを遣《つか》はさる。各々《おのおの》迷惑とて悉《ことごと》く妻子に形見、出し遣はす。あはれなる事なりと云々。遠国《おんごく》の陣《じん》（ママ）立て浅猿《あさまし》（原文は片仮名まじり）」、同じく二十七日条に「甲斐国衆千余討死これ在り。引き退くの間、信長もきふ（岐阜）へ打ち入られ了《おわんぬ》。筒井衆皆帰り了と」とあることで、確認される。ただし筒井の銃隊は戦闘に参加したか否かが不明である。

これらの事実は、むろん、信長が鉄砲を重視したことを示すが、通常編成の部隊を動員することで生じる経済的、時間的なロスや、大部隊の動員により領国内の政情が不安定になることを嫌ったための処置ともいえる。また細川の銃隊の例で明らかなように、織田軍の銃隊は、臨時編成であり、戦闘直後に解散している。

このように、織田・徳川軍が長篠合戦に投入した鉄砲はかなりの数になったと思われるが、『信長公記』は細かい数字や具体的な運用方法を述べていない。

ただ同書が、五人の奉行の指揮した銃隊の人数を「鉄砲千挺ばかり」と概数で記しているのが注目される。というのは『信長公記』では、軍隊の人数や戦死者数など、大きな数値を記す場合、概数で示すか、聞き書きであることをことわるかしており、一方、実数をあげているのは、前述の別動隊の編成中に「信長御馬廻り鉄砲五百」とあるように、信長の御馬廻りの人数とか、書類にして提出された敵の首級の数のような、著者の牛一が厳密な数値を把握できそうなものに限られているからである。したがって、ここに「鉄砲千挺ばかり」と概数で記しているのは、牛一が大摑みな数値しか把握できなかったことを意味する。

これは当然である。問題の銃隊は合戦にあたり、現場で各部隊の銃手を集めた臨時編成の部隊で、なかには細川の銃隊のように戦闘直前に駆け込みで参加したものもいるのである。その数が『甫庵信長記』の「三千挺」のように、きりのよい数値になれば、むしろそのほうがおかしいし、集団訓練のない部隊に千挺ずつの一斉射撃など、できるはずもあるまい。したがって、牛一がその数を厳密に把握できないのは当然である。まして、長時間にわたる戦争の間、追加された数など、信長自身でさえ把握しきれなかったであろう。この点で当初の数を「千挺ばかり」と概数で示し、追加された数をまったく書かない『信長公記』は、正直な史料といえる。

なお序章でも述べたように、『信長公記』の長篠合戦の記事は、牛一自筆本の建勲《たけいさお》神社本（本書で引用に常用している陽明文庫本の底本にあたる）と池田家文庫本との間で若干違っている。すなわち建勲神社本が家康を呼び捨てにしているのに対し、池田家文庫本では家康公と敬称を付けている。また建勲神社本で「家康……陣ヲ懸」とあるところが、池田家文庫本では「家康公……陣を懸させられ」となっているように、池田家文庫本のほうが、家康に敬意を払っている。前者の形態が本来のもので、後者は、家康に敬意を払う必要が生じた時期以後のものと認められる。

つぎに銃隊の記事は、建勲神社本＝陽明文庫本は前掲の引用の通りだが、池田家文庫本では奉行の記載順序が違っており、また「千挺ばかり」の千の字の右肩に三の字が小さく加筆されて「三千挺ばかり」になっている（五二〜五三頁の掲載写真を参照）。さらに、池田家文庫本を江戸後期に写した内閣文庫所蔵の一本（外題『原本信長記』）では、加筆の三の字が本文中に組み込まれ、完全に「三千挺ばかり」になっている。この伝本だけをみたならば、牛一は最初から「三千挺ばかり」と書いたと錯覚するであろう。『信長公記』の史料としての扱いの難しいところである。

池田家文庫本の加筆は、牛一が新しく有力な証拠を得て、訂正したものとも考えられるが、池田家文庫本の形態年代を考えれば、むしろ後世、『甫庵信長記』に「三千挺」とあるのを見た誰かが、訂正するつもりで加筆した可能性が高い。ともかく本来、二本とも「千挺ばかり」とあった事から、少なくとも牛一が最初は「千挺ばかり」と認めていた事がわかる。そして他に適当な史料が見当たらぬ以上、この数値をまず信頼すべきであろう。

戦場の地形や戦線の長さなどを考えれば、これでも十分である。なぜならば、この銃隊は佐々、前田ら信長麾下の武将たちが指揮をとったことからも明らかなように、二キロメートル余の戦線全体ではなく、戦線の北側一キロメートルを占める織田軍主力の前面に配置されたとみられるからである。

信長の意図と勝因

長篠合戦において、鉄砲が勝因の一つになったことは確かである。それは、堅固な陣地に拠り、迎撃態勢をとったことでさらに威力を発揮した。だが、主戦場の銃隊を評価するあまり、別動隊の御馬廻りの銃隊五百の存在を見落としてはなるまい。長篠城を包囲する武田軍の陣地を、短時間で突破するために、多数の鉄砲が必要であったとはいえ、現実に五百挺という数を主戦場から割《さ》いて、別動隊に編入した信長の用兵は、大きな賭《かけ》であった。そして、二十一日の朝に別動隊が目的地に達した時、賭はほぼ成功したといえる。

これだけ有力な別動隊を編成しえたのは、信長が圧倒的な兵力を擁していたからである。武田軍が撃退されたのは鉄砲の効果が大きかったとしても、追撃戦で大損害を与えることができたのは、兵力そのものが多く、最終段階で十分余力を残していたからである。

逆に、武田軍の敗因の第一は兵力の不足である。また二十一日の朝、前後に敵を受けてからは、陣地を固める余裕もなく、時間に追われながら、戦闘を続けなければならなくなったことも大きい。『信長公記』は、武田軍が二十日に攻勢に出たことについて、「川を前にあて、武田四郎、鳶ノ巣山に取上り居陣候はば、何共なるべからず候を」としているが、結果的には、まさにその通りである。ただ、武田軍には、あの時点で攻勢に出なければ、織田軍の兵力が増し、ついには長篠城包囲網の一角を破られるとの不安があったろうし、数日後にはそれが現実のものになったかもしれない。

一方、織田軍が鉄砲を活用でき、損害も軽減できたのは、十八日に長篠城の手前で進撃を止め、陣地を構築したからである。だが陣地に拠っている間に、前年の明智城や高天神城のように長篠城が落ちぬという保証はどこにもなかったから、これまた一種の賭であった。結果的には、これが一方的な勝利に繋がったから、信長の作戦勝ちということになるが、裏を返せば、信長は不用意に進撃して、迎撃態勢をとる敵の主力と正面衝突したあげく、損害を出すことを恐れたのである。鉄砲を活用したいがために、進撃を停止したというのは、一面的な見方にすぎるといえよう。

ともかく、信長は十分な準備をして計画通りに戦い、完勝したから、決戦だけを望んでいたように見えるかもしれない。だが、落城寸前の長篠城の手前で進撃を止め、救援に直行しなかったのは、彼が決戦にこだわらなかったことを示している。彼が五月十五日に細川藤孝に宛てて「敵が退去しなければ、天の与える所であるから、根切りにするであろう」と書き送っているように、現実には、信長の来援で勝頼が退去する可能性もあった。信長が最も希望したのは、勝頼の長篠からの退去か、一方的な勝利かである。中途半端な戦いで損害をこうむることは許されない。彼が長篠落城というリスクを覚悟のうえで、十八日に進撃を停止した理由は、ここにあった。

彼はまた二十日に勝頼が攻勢に出た時、別動隊を派遣するが、それについて『信長公記』

に、「味方に一人も損害を出さぬように考えて」の処置であったとあるのは当を得ている。有力な別動隊が、勝頼の移動で手薄になった長篠包囲陣を破るのは確実であり、そうなれば武田軍は撤退するか、最悪の態勢で攻撃を仕掛けてくるかしか途《みち》がない。かくて決戦は、信長にとってまさに理想的な展開で開始されることになったのである。

長篠合戦において、信長が、強固な陣地と大量の鉄砲で武田軍を迎撃し、組織的な戦闘ができなくなるまで攻撃させたうえで、一挙に反撃して壊滅させたことは、合戦の参加者たちに強烈な印象を与えたであろう。そのことをうかがわせるのが『信長公記』巻十四の、秀吉による鳥取城攻めの記事である。天正九年（一五八一）六月、秀吉は毛利方の鳥取城を包囲するが、その状況を同書は、つぎのように述べている。

（敵城の）五、六町、七、八町宛に、諸陣近々と取詰めさせ、堀をほつては尺《さく》（柵）を付け、又、堀をほつては塀を付け、築地《ついじ》高々とつかせ、透間なく二重三重の矢蔵《やぐら》（櫓）を上させ、人数持の面々等の居陣に、矢蔵を丈夫に構へさせ、後巻《うしろまき》の用心に、後陣の方にも堀をほり、塀・尺を付け、（中略）まはれば二里が間、前後に築地高々とつかせ、（中略）芸州《げいしゅう》より後巻候はゞ、二万余騎の人数の内数千挺の弓・鉄砲勝《すぐり》出し、一番に矢軍《やいくさ》させ、其後、構《かま》へ懸り候はんに、思ふ程手を砕かせ、噇《どう》と切りかゝつて悉《ことごと》く討果し、中国一篇に申付くべき手《て》当《あて》堅固なり。

秀吉が長篠合戦の再現を狙ったのは、明らかである。このような戦術は、長篠合戦から始まったとはかぎらないが、のちに秀吉や家康が、天正十二年（一五八四）の小牧の役などで、類似の戦術を試みていることを考えれば、長篠合戦により戦術の定型化が促進されたとはいえよう。鉄砲の普及と、大量動員による大土木工事とが、野戦の展開を左右するようになった戦国時代末期を象徴する戦い――それが長篠合戦だったのである。

〈図説〉『長篠合戦図屏風』に見る戦いの長い一日

織田信長と武田勝頼《かつより》は、勝頼が家督を継いだ天正《てんしょう》元年（一五七三）以来、十年にわたり死闘を続けたが、その間、互いの姿を視野に収めることができたのは、天正三年（一五七五）五月二十一日の数時間だけであった。この日この二人は、長篠城の西方の〝あるみ原（有海原）〟で、主力軍を率いて戦った。これが長篠合戦である。

この合戦に敗れた勝頼は七年後に滅び、信長もそのあとを追うように死ぬが、信長とともに戦った徳川家康が、のちに天下をとったため、徳川家とその家臣たちの家に、合戦に関する史料が多く伝えられることになった。徳川美術館所蔵の『長篠合戦図屏風』（図①。以下、『屏風』と呼ぶ。次頁参照）もその一つである。これは、家康の九男義直《よしなお》を藩祖とする尾張《おわり》徳川家に伝わった、縦百五十九・五センチ、横三百七十九・八センチの六曲《ろっきょく》屏風で、尾張徳川家の家老、成瀬《なるせ》家所蔵の江戸前期の同図様の屏風を、江戸中期以降に写したものとみられる。

『屏風』は戦場を南方から眺めた構図になっている。画面中央を上下（南北）に仕切る川が連吾《れんご》川（連子川）で、その右手（東側）に突撃する武田軍、左手（西側）に迎撃する織田・徳川軍が描かれている。画面右端の城は、この合戦の起因になった徳川方の長篠城で、その

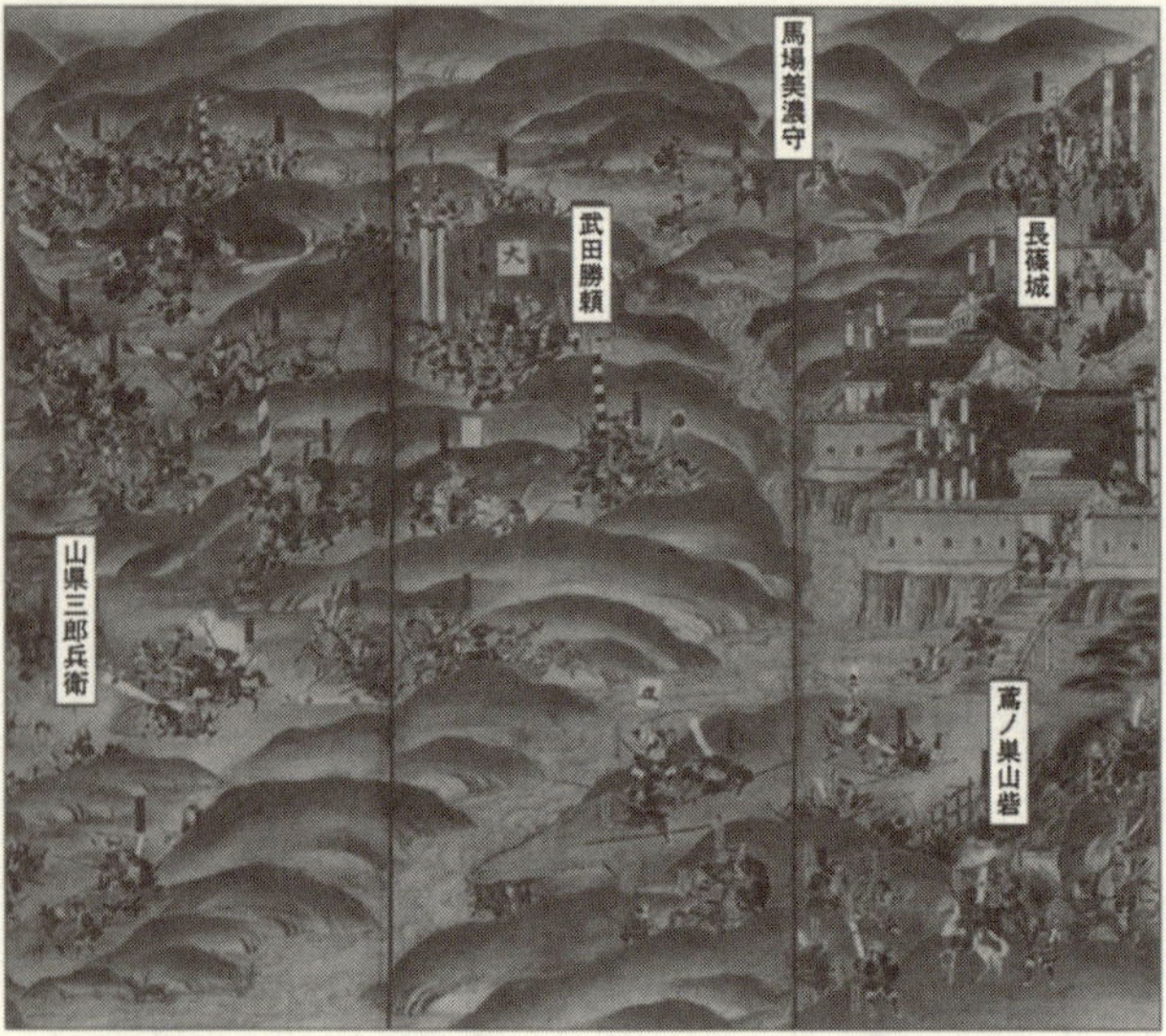

手前には武田方の鳶《とび》ノ巣山砦《すやまとりで》が見える。戦場の地形を要領よくまとめた構図で、特に長篠城と連吾川の間を、実際よりも縮めて描いたため緊張感が強まっている。

『屏風』には合戦当日、さまざまな時刻に、戦場のあちこちで起きた出来事が描かれている。ここでは各場面を、おおむね時間の経過に従って並べ、長篠合戦の一日を再現してみる。

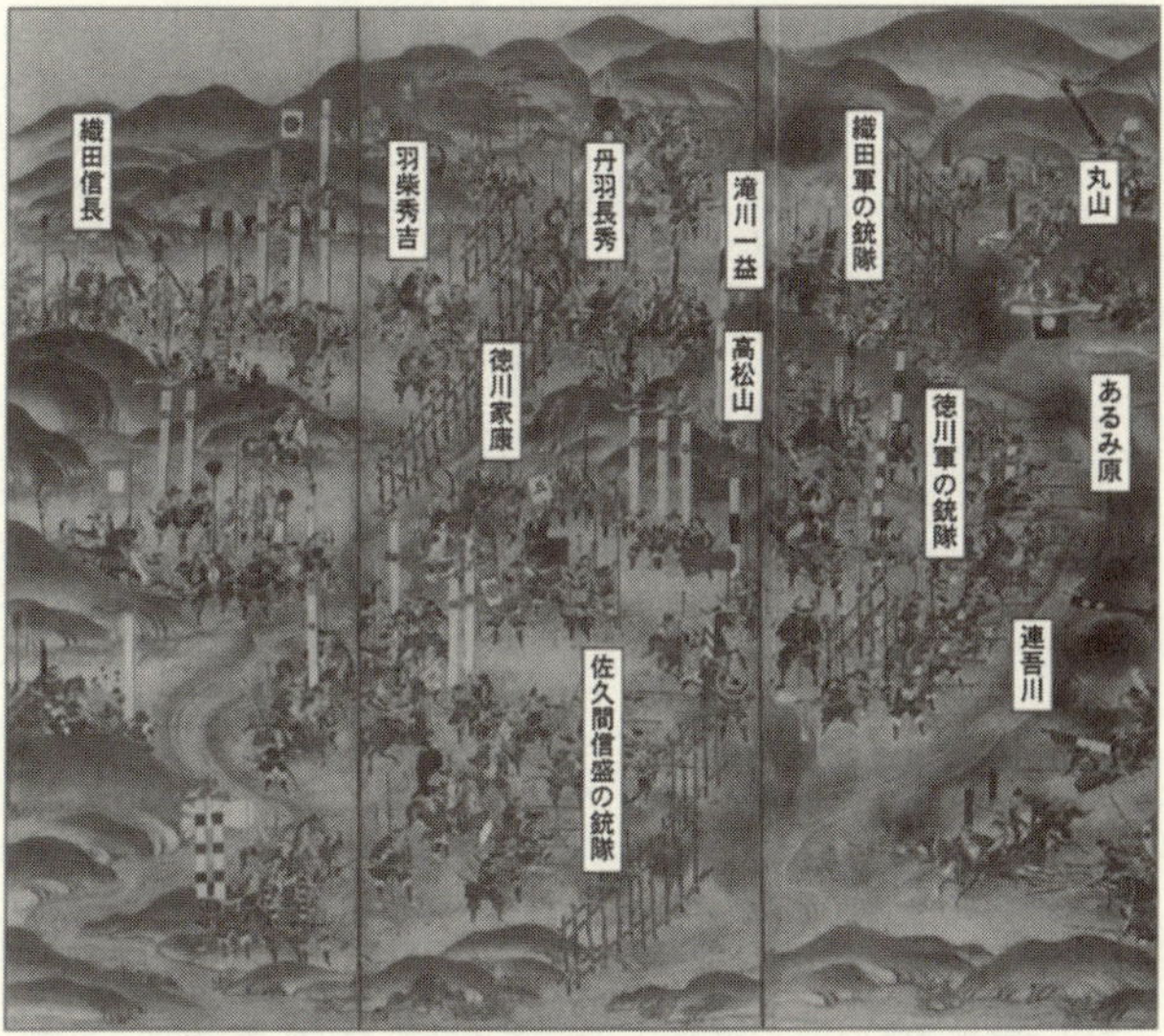

図①『長篠合戦図屏風』全体図　紙本着色。六曲一隻（徳川美術館蔵）

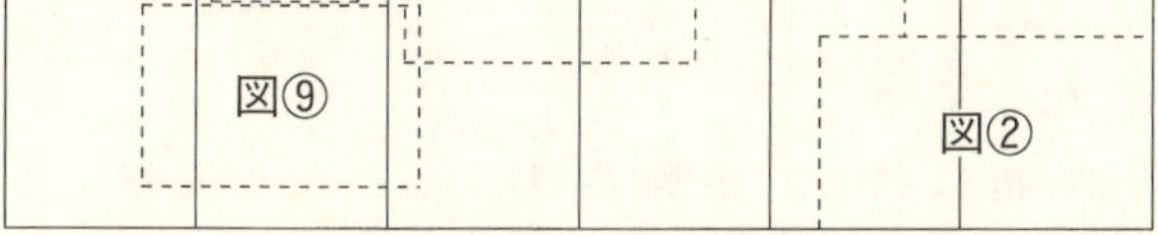

図②

〔図②〕鳶ノ巣山砦の攻防戦

長篠合戦は、天正三年（一五七五）五月十一日に、徳川方の長篠城を武田軍が包囲したことから始まった。武田軍は長篠城の周囲に鳶ノ巣山砦以下の砦を築き、城を封鎖するとともに、徳川の救援軍の来襲に備えた。これを知った信長は大軍を率いて救援に出動、五月十八日には徳川軍とともに、長篠城の手前三キロメートルのところに陣を敷いた。

二十日になって勝頼は、長篠城の包囲に兵の一部を残し、主力軍を率いて織田・徳川軍の前面に進出した。ただちに信長は、家康の重臣、酒井忠次《ただつぐ》を指揮官とする強力な別動隊を編成して出動させた。別動隊は夜間、戦場の南の山中を廻り、翌朝には鳶ノ巣山砦の南側に到着、これを落とした。

〔図②〕はこの攻防戦の場面で、右手に炎上する鳶ノ巣山砦の陣小屋が見える。砦を囲む柵は、丸太を格子状に整然と組んだように描かれている。中央の騎馬武者が指揮官の酒井忠次である。画面の奥で、切り伏せられているのは武田軍の和田兵部《ひょうぶ》（右）と名和無《む》理介《りのすけ》である。

図③

〔図③〕長篠城の遠望

長篠城は、当時、奥平信昌《おくだいらのぶまさ》が守っていた。

『屏風』の長篠城〔図③〕は、大野川（手前）と寒狭《かんさ》川（左手）の合流点に築かれたこの城の特色をとらえており、藁葺《わらぶ》きの土塀、石垣のないこと、板葺きの門、切妻《きりづま》の大屋根に小さな望楼を載せた天守の祖型ともいうべき建物などに、当時の城郭の雰囲気が感じられる。ただし、瓦葺きの入母屋《いりもや》の御殿らしい建物は、やや立派すぎる気もする。

また城全体の構造（縄張《なわば》り）も、画面手前の曲輪《くるわ》（城内の区画された土地）を野牛《やぎゅう》曲輪、天守様の建物のあるところを本丸、城兵が集まっている画面奥の曲輪を弾正《だんじょう》曲輪とすれば、実際の長篠城と曲輪の配置があう。ただ

図④

し、手前の橋は、城から直接対岸に渡されているが、現在の崖の高さと川（大野川）の幅から考えれば、実際には、崖下の河原にかかっていたものと思われる。

なお城内に林立する、上下が白く中央が赤の旗は奥平家の旗、城門の脇で采配《さいはい》（指揮具の一種）を振っているのが信昌で、鳶ノ巣山砦の戦闘を知り、城から出撃した部下を督戦しているところである。このあと城兵は別動隊と合流し、城を包囲していた武田軍を一掃してしまうのである。

〔図④〕勝頼の本陣

別動隊の活躍で、前後に敵を受ける形になった勝頼は、前面の織田・徳川軍を一挙に撃破して、戦況を挽回せざるをえなくなった。

〔図④〕は、連吾川の東の丘陵地帯に設けられた勝頼の本陣である。現在、丘陵の上には、武田軍のものとみられる陣地の跡が残っているが、『屏風』では丘陵の下に布陣したように描いている。これは、丘陵の緑色の絵具を背景にして、甲冑や旗指物を浮

図⑤

き上がらせるとともに、各部隊をまとまりよく描くための巧妙なやり方である。

画面中央の騎馬武者が勝頼で、その脇の「大文字」の旗は、彼の馬印《うまじるし》（武将の所在を示す大型の旗指物）である。また左手の白地の幟旗《のぼりばた》（雑兵《ぞうひょう》が背負う大型縦長の旗）は、彼が甲斐《かい》源氏の棟梁《とうりょう》であることを示すものである。

〔図⑤〕戦闘開始

長篠城周辺の戦闘がたけなわになった頃、主戦場では、徳川軍が、陣地の前に作った柵から出て、武田軍に戦いを挑んだ。徳川軍は上級の武士も徒歩で前進したが、これは事前に信長が、騎馬武者と徒歩武者で構成された通常の部隊が陣地から出ることを禁止したためである。ただし大久保兄弟と内藤家長の三人だけは、許可を得て乗馬していた。

これに対し、武田軍は通常の編成の部隊を繰り出し、押《お》し太鼓《だいこ》を打って突撃に移った。山県昌景《やまがたまさかげ》の部隊が最初に徳川軍と衝突した。

〔図⑤〕は、このあとの状況である。画面中央が連吾川、その左手が徳川軍で柵の外に押し出している。この柵は枝が完全に払われておらず、鳶ノ巣山砦の整然たる丸太組みの柵と対照的である。柵の中ほどに横木をわたしていないのは、敵の足掛かりにされぬためである。柵の内で鹿角《かづの》の兜《かぶと》をかぶり、杖（指揮棒）をついているのは本多忠勝である。柵の外にいる騎馬武者は手前から大久保忠佐《ただすけ》、忠佐の兄の忠世《ただよ》、内藤家長で、それぞれ「釣《つ》り鐙」（丸く見える）、「揚羽蝶《あげはのちょう》」（蝶の羽が見える）、「軍配団扇《ぐんばいうちわ》」の指物をつけている。その前面には銃隊が並んで射撃しており、硝煙が戦場を包んでいる。

一方、画面の右手には、撃ち倒される武田軍がみえる。その中央の裸馬が山県昌景の乗馬で、昌景自身はすでに死体となって馬の脇にころがっている。『甲陽軍鑑《こうようぐんかん》』によれば昌景は、鞍《くら》の前《まえ》輪《わ》のはずれから腹部を貫通した弾丸で討死にしている。そして、その首級は敵に奪われることを恐れた家来の志村又衛門《（ママ）》が取り、甲州に持ちかえったという。

昌景の死体の右手に、主人の首級を抱えて堂々と戦場を去る志村の姿が描かれている。周囲には撃ち倒された兵の死体が散乱しており、地面にはいつくばる仲間《ちゅうげん》の姿にも、銃撃のすさまじさが窺われる。

画面の右下には、押し太鼓を打つ雑兵が見える。その左手の地面に伏せた幟旗は、先端部がないが、これは徳川軍の原田弥之助に奪われたもので、画面左下には、旗の先端部を持って柵の中に駆け込む原田が見える。

この幟旗を復元してみると、「白地《しろじ》胴赤《どうあか》」の旗（白地の中央を赤く染めた旗）であったことがわかる。

『甲陽軍鑑』によれば、白地胴赤は内藤昌豊《まさとよ》の旗である。ところが『寛永諸家《かんえいしょか》系図《けいず》伝《でん》』では、原田が奪ったのは山県の旗になっており、『屏風』の付箋《ふせん》にも「山県ノ旗ヲトル」と書かれている。

図⑥

また『甲陽軍鑑』によれば、山県の旗は黒地に白桔梗《ききよう》で、『屛風』にもそれが山県の死体の脇に描かれている。

この矛盾が『屛風』を描いた画家の考証ミスか、記録の誤りかは定かでない。

〔図⑥〕家康の本陣

『屛風』の左半分を占める織田・徳川軍の中央に、家康の本陣が描かれている。家康は実際には〔図⑥〕の奥に見える高松山という丘の上で指揮を執ったが、ここでは勝頼同様、丘の下の平地に描かれている。馬上の武将が家康で、その向こうには金の開《かい》扇《せん》の馬印と虎皮の投《な》げ鞘《ざや》（軟らかい材料で長めに作り、先端がなびくようにした鞘）の槍が見える。

家康の足元では、「五文字」の旗を指した御使番《おつかいばん》（伝令将校）が、なにごとかを言上《ごんじよう》している。「五文字」の旗は徳川家の御使番の印で、戦場における指揮権の委任状と通行手形とをかねている。「五」の字は、仏教をうやまう国王の国を守るために派遣される「五大力菩薩《ごだいりきぼさつ》」を意味するとみられる。

図⑦

ちなみに旗は、背中に指した時、左面が表、右面が裏になる。手前にいる、もう一人の御使番の旗の文字が逆になっているのは、裏面だからである。

〔図⑦〕織田軍の銃隊の奮戦

徳川軍の正面で始まった戦闘は、全戦線に広がっていった。戦線の北側には、滝川一益《かずます》・秀吉・丹羽《にわ》長秀《ながひで》ら織田軍の主力が布陣していた。その前面には、前田利家ら信長の側近の部将五人が指揮する臨時編成の銃隊千人ほどが配置された。彼らは信長の命令どおり、柵の内側で戦った。武田軍は柵を突破しようとして突撃を繰り返し、つぎつぎに斃《たお》れた。〔図⑦〕は、この状況を描いたものである。左手中央の馬から下りて指揮を執るのが滝川一益で、一益の右手前には前田・佐々《さっさ》成政、また向こう側には野々村正成・福富秀勝・塙《はなわ》直政らが見える。

この図のとおり、前田・野々村など五人の部将が、銃隊を指揮したのであり、また彼らが守ったのが、連吾川の中ほどにある流れが曲がった地点から北寄りの、一キロメートルほどの間であることも、諸記録と一致する。

画面の右下の丘が丸山という小独立丘で、現在も一部が残

図⑧

っている。丸山の手前と向こう側とで、銃撃を受けて落馬しているのが真田兄弟で、「六連銭《ろくれんせん》」を描いた幟旗が見える。ただし「六連銭」は銭を横に三枚ずつ二段に並べるのが正しい。また、その向こうで落馬しているのが土屋昌次《まさつぐ》である。

〔図⑧〕信長の本陣

信長の本陣は『屛風』の左端に描かれているが、これは構図の都合によるもので、実際には信長は、高松山の家康の陣で指揮したのである。〔図⑧〕は戦国武将の本陣の人員構成を知るうえで参考になる点が少なくない。

馬上の信長の周囲にいるのは仲間たちで、主人の身のまわりの世話をする必要から甲冑を着用せず、対羽織《ついばおり》（揃いの羽織）姿である。彼らの持つ槍・薙《なぎ》刀《なた》・弓・兜・鉄砲などはすべて主人用である。兜立ての上の兜は、南蛮笠《なんばんがさ》の兜（輸入品のモリオン型の兜）であろう。右手の陣笠《じんがさ》姿の三人の雑兵は、信長の本陣であることを示す「永楽銭《えいらくせん》」の幟旗を立てている。

図⑨

手前に背中を見せている甲冑武者は馬廻《うままわ》り衆〔親衛隊〕で、各自が好みの旗指物《はたさしもの》を指している。右下端の武者は、籠《かご》に布をかぶせた旗指物の一種、母衣《ほろ》〔保侶〕をつけている。

〔図⑨〕佐久間信盛の銃隊

『屏風』では、信長の部将、佐久間信盛《のぶもり》の指揮する銃隊が、徳川軍の銃隊の手前〔戦線の右翼〕に描かれている。一般に信盛は、戦線の左翼にいたとされているが、『信長公記』などの記事から、右翼にいたと認められる。〔図⑨〕の左下端の槍を立てている人物が信盛である。銃手は立《た》ち放《はな》し〔立射〕と膝《ひざ》台放《だいはな》し〔片膝をつく〕が交じっており、銃の火《ひ》皿《ざら》から煙が立ちのぼっているのが見える。

〔図⑩〕馬場美濃守の最期

午後二時頃になって、武田軍は退却を始めた。織田・徳川軍は追撃に移り、一方的な殺戮を行った。勝頼は、からくも戦場を脱出した。『甲陽軍鑑』によれば、この時、武田家の重臣、馬場美濃守《みののかみ》信春は

図⑩

寒狭川の手前で取って返し、むらがる織田軍の兵に「馬場美濃にてあるぞ。討ておぼえにせよ」と落ち着いて声をかけ、刀に手をかけもせず討たれたという。〔図⑩〕は、覚悟の討死にをとげる馬場美濃守である。すでに織田軍の二人の兵に槍をつけられているが、握りしめた右手を腰にあて、無抵抗の様子を示している。彼については『信長公記』に「馬場美濃守、手前の働《はたらき》比類《ひるい》なし」とあり、敵方までが賞賛するほどの戦いぶりだったことがわかる。

鳶ノ巣山砦の戦いで始まった長篠の長い一日は、馬場美濃守の最期をもって終わりをつげた。この日を境に信長は天下統一への歩みを早め、勝頼は滅亡への道をたどることになるのである。

第六章　石山本願寺攻め——「鉄甲船」建造の舞台裏

1　織田水軍の完敗

はじめに

天正《てんしょう》三年（一五七五）五月の長篠合戦で、武田勝頼《かつより》を破った信長は、石山《いしやま》本願寺の攻略に邁進した。

信長の圧力に屈した本願寺門跡《もんぜき》の顕如《けんにょ》は、十月に和議を求めるが、翌四年（一五七六）四月に再び挙兵した。その裏には将軍の座を追われた足利義昭《よしあき》の策謀があったとみられる。義昭はまた、安芸《あき》の毛利氏に支援を促した。同年五月、毛利氏は、信長との対決姿勢を明らかにした。信長対毛利氏・石山本願寺という戦いの図式が定まった。

同年七月、毛利水軍は大阪湾に侵入し、木津川《きづがわ》の河口（淀川の河口付近）で織田水軍を撃破したのち、石山本願寺に兵粮《ひょうろう》を運び込んだ。この第一次木津川口《ぐち》海戦は、石山本願寺を封鎖して攻略せんとした信長に、強烈な打撃を与えたと思われる。永禄《えいろく》十一年（一五六八）の上洛以後、敵城を包囲中の織田軍の主力部隊が、敵の大集団に、外側から封鎖を強行突破された希有《けう》の例だったからである。有力な毛利水軍に、封鎖を破られぬための対策が必要になった。

それから二年後の天正六年（一五七八）十一月、新たに整備された織田水軍は、石山本願寺への補給のため大阪湾に侵入した毛利水軍を、再度、木津川の河口で迎え撃ち、撃退することに成功した。この第二次木津川口海戦以降、大船団による石山本願寺への補給が試みられることはなくなった。こうして次々と補給路を絶たれ、攻囲に耐えきれなくなった石山本願寺は、天正八年（一五八〇）八月、ついに開城した。

ところで、第二次木津川口海戦での織田水軍の勝因について、多くの歴史家が、信長が鉄で装甲した巨大な軍船を発明し、実戦に用いたということをあげている。この新兵器は、俗に「鉄甲船《てっこうせん》」と呼ばれており、また、それを〝発明〟した信長は、軍事的天才として高く評価されている。

ところが、実は、この鉄甲船の実態が、十分に解明されていないのである。そこで本章では、謎の多いこの軍船の実態を、一般にはあまり知られていない『信長公記』の一伝本の記事を主な史料として、見直してみる。そのうえで、信長を軍事的天才と呼びうるか否かを考えることにしよう。

後ろ向きの大砲

明治二十七年（一八九四）九月十七日、朝鮮半島西方の黄海《こうかい》で、十二隻の日本艦隊が清国《しんこく》艦隊十四隻と戦った。およそ五時間続いた戦いの結果、清国艦隊は三隻撃沈、二隻撃破の損害を出して戦場を去った。これが日清戦争（明治二十七〜二十八年＝一八九四〜九五）の展開を左右した黄海海戦で、近代的艦隊同士の世界最初の海戦ともいわれている。

さて、この海戦で日本艦隊の旗艦《きかん》を務めた「松島」は、不思議な形をした軍艦であった。わずか四千トンの船体に、主砲として、口径三十二センチの長身の大砲（その大きさは第一次世界大戦当時の戦艦の主砲に匹敵する）を一門だけ、艦尾に後ろ向きに付けていたのである。この大砲は、横に向けることもできたが、砲身の重さで船体が傾きかけたというから、実戦では敵艦に艦尾を向けて撃たないと、効果が期待できない。なぜ、このような軍艦が建造されたのか。

当時、清国に「定遠《ていえん》」「鎮遠《ちんえん》」という軍艦があった。東洋一を誇る軍艦で、七千トンの船体に、口径三十・五センチの短身砲を二門ずつ装備した回転式砲塔二基を搭載しており、また要所を分厚い鉄板で覆っていた。清国を仮想敵国とする日本は、とりあえず、この二隻を撃破できるような巨大な大砲を載せた軍艦を建造することにしたが、なにぶん予算と時間がなかった。その結果、フランス人技師の手で、小さな船体に巨大な大砲を載せるというアンバランスな軍艦が設計された。

大砲は一門しか搭載できないから、同じ大きさの軍艦を三隻作り、合計三門の大砲で「定遠」「鎮遠」に対抗することにした。だが、巨大な大砲の操作は容易でないし、敵艦に背後に廻りこまれた場合、態勢をたてなおすのに時間がかかる。そこで三隻のうち二隻は、大砲を艦首に前向きに取り付け、一隻は艦尾に後ろ向きに取り付けることにした。つまり、三隻が一団となって行動することを前提に、後方に対し特に威力を発揮する軍艦を作ったのである。これが「松島」で、他の二隻「厳島《いつくしま》」「橋立《はしだて》」とあわせて三景艦《さんけいかん》と呼ばれた。

日本海軍は最初「厳島」か「橋立」を旗艦に予定していたが、使いやすい点が多かったため、「松島」を旗艦として黄海海戦に臨んだ。海戦は日本海軍の一方的勝利に終わったが、肝腎の三十二センチ砲は、操作に手間取るなどして三隻ともほとんど発射できず、むろん、一発も当たらなかった。それでも勝つことができたのは、艦隊行動の拙劣《せつれつ》な清国艦隊に、近距離から速射砲弾を多数撃ち込んで圧倒したからである。このように三景艦は、アイデア倒れに終わったが、精神的支柱としての存在価値は大きかったように思われる。

ところで軍艦の中には、この「松島」のように特定の目的のため、特異な使い方をすることを前提として作られたものがある。それは、それが建造された時代相の一端を、色濃く投影する点で貴重な歴史の証人といえるが、時がたって建造当初の目的が忘れられると、その評価も時代背景から離れた見当違いなものになっていくことがある。信長が石山本願寺攻めの際に〝発明した〟といわれる巨大な軍艦、いわゆる「鉄甲船」など、その好例といえよう。

疑わしいその寸法

信長が石山本願寺攻めのために建造した七隻の大型船については、その巨大さや、鉄板で装甲したこと、毛利水軍を撃滅したということなどを理由に、信長の軍事的天才を示す〝新発明〟として高く評価されている。しかしながら、これらの大型船は、有名すぎるため、かえって実態の究明が遅れているようである。

たとえば、この船の大きさである。これは奈良興福寺《こうふくじ》多聞院《たもんいん》の院主の日記『多聞院日記』の天正六年（一五七八）七月二十日の条に「横へ七間、竪へ十二、三間もこれ在り（原文は片仮名まじり）」とあることを根拠として、長さ十二、三間、幅七間（一間は約一・八メートル）であったと、一般に考えられているが、これでは幅に比べて長さが短すぎる。したがって、これを疑問視される海軍史家もいる。

この点に関し、注目されるのが『信長公記』の伝本のうち尊経閣《そんけいかく》文庫所蔵の一本（外題『安土日記』、江戸時代の写本）である。これは巻十一、十二にあたる天正六、七年（一五七八、七九）の記事の一部のみを残す残闕本《ざんけつぼん》であるが、信長を「上様《うえさま》」と呼んでいることをはじめ、他の伝本には見られぬ記事や特色がある。

その好例がこの船の寸法で、七隻のうち、伊勢水軍を統轄する九鬼嘉隆《くきよしたか》が建造した六隻について、巻十一に「長さ十八間、横六間」と明記されているのである（残る一隻については記述がない）。

この寸法は無視できない。なぜならば、これから十三年後の天正十九年（一五九一）十二月五日付けで、秀吉が文禄の役（文禄元〜二年＝一五九二〜九三）を前にして、遠州掛川《かけがわ》城（現、静岡県掛川市）の城主山内《やまのうち》一豊《かずとよ》とその与《よ》力《りき》松下重綱に大型船の建造を命じた朱印状の追而《おって》書《がき》に、

船の儀、先日長さ十九間に仰せ付けられ候へとも、今日長さ十八間に御定めなされ候条、その意成さるべく候。横は今以て六間に相定め候なり。

とあるとおり、桃山時代の大型船の標準的寸法とみられるからである。

『多聞院日記』の記事が、奈良在住の僧侶が風聞を記したものであるのに比べ、『信長公記』は比較的正確な情報を入手しうる人物の著述であるから、その信頼度は自ずから異なる。前者を典拠とした長さ十二、三間、幅七間という寸法は、後者の長さ十八間、幅六間に訂正する必要があろう。

この例からも明らかなように、信長の大型船の実態は十分解明されているとはいえないのである。

信長と大型船

信長の大型船建造については、天正六年（一五七八）のそれが、最初の試みのようにみる向きが多い。そしてその発想は、天正四年（一五七六）七月に、織田水軍が大阪湾で毛利水軍に敗れた、第一次木津川口海戦を教訓として生まれたとされている。なるほど、敗戦経験を生かして新しい戦術を考案し最後に勝利を収めるというのは、精神訓話としては面白いが、事実はそれほど単純ではない。すでに天正元年（一五七三）に、信長は足利義昭との対決に備えて、琵琶湖で大型船を建造しているからである。

『信長公記』巻六に、この大型船は、「舟の長さ三十間、横七間、櫓《ろ》を百挺立てさせ、艫舳《ともへ》に矢蔵《やぐら》を上げ」たとあるから、例の鉄甲船より、はるかに大きかったことになる。また巻九には、この船は天正元年七月に信長が上洛の際、一度使用しただけで、同四年（一五七六）には解体され、早船《はやぶね》十隻に作り替えられたとある。

つぎに天正二年（一五七四）七月の長嶋一揆攻めにも、信長が大型船を動員したことが『信長公記』巻七につぎのように記されている。

九鬼右馬允《うまのすけ》（嘉隆）あたけ（安宅）船、滝川左近《さこん》（一益）・伊藤三丞《さんのじよう》・水野監物《けんもつ》、是等もあたけ舟、嶋田所助《ところのすけ》・林佐渡守《さどのかみ》両人も囲舟《かこいぶね》を拵《こしら》へ、其外浦々の舟をよせ、文中の安宅船と囲舟はともに大型軍船で、前者がより大きく、櫓《やぐら》（矢蔵）を立てるなど本格的に武装しており、後者は普通の大型船を厚板などで囲ったものとみられるが、史料によっては明瞭に区別しがたい場合がある。また『信長公記』には、陸と海とから一揆軍の城を包囲し、「大鉄砲を以て塀・櫓《やぐら》打崩し」たとあるから、艦砲射撃も行ったらしい。

第一次木津川口海戦

つぎに織田水軍が毛利水軍に完敗した、天正四年（一五七六）七月十三、十四日（『毛利家文書』による。『信長公記』は十五日とする）の第一次木津川口海戦について述べよう。信長がこの海戦の前にも、大型船を動員しようとしたことが、海戦直前の六月十八日付けで、石山本願寺攻めに参加していた摂津伊丹城（現、兵庫県伊丹市）の城主、荒木村重《むらしげ》に宛てた黒印状（釈文書）の、つぎの一節により知られる。

大船、方々《ほうぼう》相尋ね候へども、これなき由に候。先づ形の如く安《あ》宅船《たけぶね》相拵《こしら》へ、小船相付け、日々動くの由、然《しか》るべく候。堺に大船これ有る由に候間、相調法《あいちょうほう》すべきの旨、南北（堺南北荘）へも宮内法印《くないほういん》（堺政所《まんどころ》を務めていた松井友閑《ゆうかん》）にも堅く申し付け候。左様の船調《ととの》ひ候はゞ、もと船にしたて、船ども相付け候はゞ、猶《なお》以て然るべく候間、佐久間（信盛）と相談して調儀《ちょうぎ》すべく候。

海戦の一ヵ月前に書かれたこの文書で、織田水軍の準備不足は明らかだが、また当時、大型船に小船を添えて艦隊を編成する戦術が存在したことがわかる。そして織田水軍が、実際にこうした戦術で、この海戦に臨んだことが、つぎに紹介する七月十五日付けの毛利水軍諸将の戦捷報告の書状（『毛利家文書』）の一節で知られる。

　敵警固（織田水軍）太船をば勢楼《せいろう》（櫓《やぐら》）迄組み立て数隻相囲い、敵警固弐百余隻、太船の左右に差副《さしそ》へ、河口にはがし（戕牁《かし》、杭のこと）をゆひ、これを渡す、（中略）右かこひ舟には、泉・河・摂（和泉・河内・摂津）の陸衆、宗徒《むねと》の者歴々罷《まか》り乗り候間、十三日より十四日早朝迄、悉《ことごと》くこれを討ち果し、彼の太船残り無く焼き崩

図6　石山合戦関係地図

し候。

このように織田水軍は、第一次木津川口海戦の際も、大型船を使用している。その数は江戸時代に編纂された毛利家の記録である『毛利紀事』によれば三隻、また『吉田物語』によれば二隻で「白船・黒船」といわれていたとある。いずれにしても、この敗戦にこりた信長が、鉄甲船を考案したように考えるのは適当でない。むしろ、彼が得た教訓は、もっと根本的なものであったろう。それは、兵力が劣れば勝利を得がたいという単純な事実である。

あらためて『信長公記』巻九の海戦に関する記事をみよう。

七月十五日の事に候。中国安芸の内、能嶋《のしま》・来島《くるしま》・児玉大夫・粟屋大夫・浦兵部《うらひょうぶ》と申す者、七、八百艘大船を催し、上乗《うわのり》して大坂表海上へ乗出し、兵粮入るべき行候《てだて》。

打向ふ人数、

まなべ七五三兵衛（和泉の土豪）・沼野伝内《でんない》・沼野伊賀・沼野大隅守《おおすみのかみ》・宮崎鎌大夫・宮崎鹿目介《かなめのすけ》（以上大和の土豪）・尼崎小畑《あまがさきのこばた》・花くまの野口（以上摂津の土豪）、是等も三百余艘乗出し、木津川口を相防ぎ候。御敵は大船八百艘ばかりなり。乗懸け相戦ひ候。

能嶋・来島らは、強力なことで知られる瀬戸内水軍の武将たちで、大船七、八百隻を擁していたという。一方の織田水軍は和泉・摂津などの武将を主力とする三百余隻である。毛利方には兵粮運搬船が多数含まれていたであろうし、船の隻数に誇張があるかもしれないが、それでも質・量とも圧倒的に優勢であったことは確実である。

一方、陸上では、毛利水軍を迎え入れるため、石山本願寺側の砦から、一揆軍が繰り出して、織田軍と戦った。

陸は大坂ろうの岸、木津ゑつ田が城（現、大阪市浪速区木津川）より一揆共競出で、住吉浜手《はまて》の城へ足軽を懸け、天王寺より佐久間右衛門（信盛）人数を出し、横手に懸合せ、推《お》しつおされつ数刻の戦なり。

この一揆軍のように、敵に包囲された城の城兵が、味方の加勢や補給部隊の到着時に、城から出て反撃するのは、常識的な戦法である。これに対し、石山本願寺攻めの総大将の佐久間信盛は、天王寺の本陣から出動して、住吉浜手の城（織田軍の付け城の一つ）を襲撃した一揆軍の側面を突いているが、決定打を与えてはいない。このような武運のつたなさが重なって、信盛の断罪状の文面が作られることになるのである（第三章一三九〜一四〇頁参照）。

一方、海上では毛利水軍が織田水軍を圧倒した。

か様候処に、海上はほうろく火矢（炮録火矢《ほうろくびや》）など〻云ふ物をこしらへ、御身方の舟を取籠め、投入れ〳〵焼き崩し、多勢に叶（ママ）はず、七五三兵衛・伊賀・伝内・野口・小畑・鎌大夫・鹿目介、此外、歴々数輩討死候。西国舟は勝利を得、大坂へ兵粮を入れ、西国へ人数打入れなり。

文中の「ほうろく火矢」は、焼夷弾または炸裂弾の一種で、ここでは手榴弾のように投げ込んでいる。その威力もさることながら、「多勢に叶はず」とある通り、兵力の劣る織田水軍の完敗である。

日頃から、物量で敵を圧倒する主義の信長は、この敗因をただちに理解したであろう。そこで信長は大型船の建造に着手することになる。では、その大型船とは、どのようなものであったろうか。

2　非凡な船と平凡な戦術

当時の人々の記録

信長の大型船は、『信長公記』陽明《ようめい》文庫本によれば、九鬼嘉隆が六隻、滝川一益が一隻を伊勢で建造している。完成後の天正六年（一五七八）六月二十六日に熊野浦へ出て紀伊半島をまわり、七月十七日に堺に着き、翌日、所定の位置についた。その直前の七月十四日頃、大阪湾への回航を阻止しようとした雑賀《さいか》（現、和歌山市雑賀町）・谷輪《たんのわ》（淡輪、現、大阪府泉南郡岬町）の一揆軍の船を大鉄砲で撃退している（淡輪沖海戦、二六二頁の図6を参照）。

これらの船に関する史料のうち、記述が比較的詳しいのは、前出の『信長公記』尊経閣文庫本、『多聞院日記』の二点と、『耶蘇会士《やそかいし》日本通信』所収の、宣教師オルガンチノのフロイス宛ての報告書であろう。オルガンチノは天正六年（一五七八）七月に堺でこの大型船を見物した。以下はその報告書の一節である。

その後起こりしは、昨日、日本の重要なる祭日（盂蘭盆会《うらぼんえ》。七月十三〜十五日）に信長の船七艘、堺に着きたることとなり。右は信長が伊勢国において建造せしめたる、日本国中最も大きくまた華麗なるものにして、王国（ポルトガル王国）の船に似たり。予は行きてこれを見たるが、日本において此《かく》の如きものを造ることに驚きたり。信長がその建造を命じたるは、四年以来戦争をなせる大坂の河口にこれを置き、援兵または糧食を搭載せる船の入港を阻止せんがためにして、これに依りて大坂の市は滅亡すべしと思はる。

ここで特に注目すべきは、建造の目的を、石山本願寺への兵員と兵粮の補給路を遮断するためと明記していることと、その具体的な用法として河口に置くとしていることである。報告書はさらに大型船の装備にも言及する。

船には大砲三門を載せたるが、何地より来りしか考ること能はず。何となれば、豊後《ぶんご》の王（大友宗麟《そうりん》）が鋳造せしめたる数門の小砲を除きては、日本国中他に砲なきことは我等の確知する所なればなり。予は行きてこの大砲とその装置を見たり。また無数の精巧にして大なる長銃を備へたり。毛利方よりは四月にあらざれば援兵の来ること不可能なるが故に、この間に大坂は亡ぼさるべしと思はる。

つぎに『信長公記』尊経閣文庫本の一節を紹介する。

去程に、勢州《せいしゅう》九鬼右馬亮《うまのすけ》（嘉隆）大船六艘仰せ付けられ、長さ十八間、横六間、丈夫に作り立て、大鉄砲を入れ、九鬼一類上乗《うわの》り仕《つかまつ》り候。幷《ならび》に滝川左近（一益）大船一艘、是又《これまた》丈夫に申し付けられ白舟《しろぶね》に拵《こしら》へ、大鉄砲入れられ候。この筒薬《どうぐすり》十五斤《きん》入れ放ち候。二番の筒薬十斤入れ候。思ひ〱に幕走り、のぼりさし物兵具《ひょうぐ》を以て飾る事も莫太敷《おびただしき》次第申すばかり無く候。

（中略）海上（大阪湾の）つまり〳〵に大船をかけ、昼夜警固仕り候の間、海路とまり勘へ難く致の由に候。

つぎに『多聞院日記』の天正六年（一五七八）七月二十日の条の一節を紹介する。問題の大型船が鉄で装甲されていたことを伝える唯一の史料である。

堺浦へ近日伊勢より大船調《ととの》ひ付き了《おわんぬ》。人数五千程のる。横へ七間、竪へ十二、三間もこれ在り。鉄の船なり。てつはう（鉄砲）とをらぬ用意、事々敷儀《ことごとしきぎ》なり。大坂へ取より通路とむへき用と云々。（原文は片仮名まじり）

ここでもオルガンチノの報告書と同様、これらの大型船を、大坂への通路を遮断するためのものと明言している。

以上の記事から七隻の大型船の概要がわかる。七隻のうち六隻は九鬼嘉隆が建造し、自身で建造地の伊勢から大阪湾に回航している。そして四ヵ月後の第二次木津川口海戦に参加するのだが、その詳細は後述する。

残る一隻は滝川一益が建造し、同じく伊勢から大阪湾に回航されている。ただ『信長公記』には一益自身が乗船していたとの記述はなく、また九月三十日に信長が九鬼嘉隆に恩賞を与えた際、一益の船に乗船していた三名の武将にも恩賞を与えたとの記事があるから、一益自身は乗船しなかったとみられる。またこの船を「白船」とことわっているから、九鬼嘉隆の六隻とは違いがあったことが認められる。この「白船」を装甲のない船とする説があるが、『日葡辞書《にっぽ》』の解説には中国式の船のこととなっている。そしてこの一隻だけは、第二次木津川口海戦に参加したことを示す史料が見当たらない。

七隻全部が武装していたことは当然であるが、各船が均等に武装していたか否かは詳らかでない。オルガンチノの報告書では大砲とともに「無数の精巧にして大なる長銃」が備えられていたという。この長銃とは、置き筒のことであろう。置き筒とは、ふだんは城郭に備え、狭間《さま》（銃眼）などに据えて撃つ、全長が一・五〜二メートル、口径二、三センチぐらいの大型の鉄砲のことである。当時の日本の史料では普通、大鉄砲《おおでっぽう》と呼んでいる。またここに見える大砲は、『信長公記』に筒薬（胴薬。装薬。大砲に詰める火薬）十五斤、十斤（一斤は約〇・七キログラム）とあるものに該当しよう。この筒薬の量から推しても本格的な大砲であったことは明らかである。

鉄の装甲の実態

つぎに、この信長の大型船で最も注目されている、鉄の装甲について考える。当時の軍船の装甲には、『北条五代記』巻七「駿河海にて船軍の事」の条に北条氏直《うじなお》が「十五間の距離から撃った銃弾が貫通しない程度の椋《むく》の板で、軍船の周囲を囲った」とあるように、防弾板（端板《はたいた》という）として木の厚板が用いられており、また竹束《たけたば》も用いられた。ところが信長の大型船の場合、『多聞院日記』に「鉄の船なり。てつはう（鉄砲）とをらぬ用意、事々敷儀なり」とあることから、鉄板を用いたと解釈されている。

当時、普及してきた火器への対抗策として、鉄板の装甲が登場したのは、自然の成り行きといえよう。現に砲撃戦が盛んに行われた文禄の役の際、秀吉が諸大名に対し、石高に応じて船の装甲用の鉄板の供出を命じたことが、家康の家臣、松平家忠《いえただ》の日記『家忠日記』の文禄二年（一五九三）二月十二日の条などに見えるから、信長が鉄板の装甲を採用したとしても不思議はない。参考までに『家忠日記』の記事をあげておく。

（十二日）つくし（筑紫）大舟つゝみ候くろかね板、あたり候。壱万石ニ百五十枚。
（十三日）くろかね板の事。かうつ（興津）へ金左衛門こし候。
（二十七日）くろかね板奉行衆へ上候。

ところで『多聞院日記』に「鉄の船」とあるが、実際はどのようになっていたのか。

筆者（藤本）は、当時の造船・築城技術や、この船が重火器を多数搭載していることなどを考え合わせ、鉄板の装甲は、銃撃戦をより有利に行うために、船体の限られた部分に施されたものと考えている。具体的には、船体は従来どおり木造で、その上部構造物、特に銃手が配置される箇所を重点的に、鉄板で装甲したと思う。このようにすれば、たんに銃手の保護に役立つだけでなく、銃手の甲冑を不要にし、安心感も与えるので、射撃の精度の向上が期待できるからである。

もっとも、鉄板の装甲を、毛利水軍が第一次木津川口海戦で使用した「ほうろく火矢」への防火対策とする見方もある。だが、鉄板の装甲で「ほうろく火矢」の被害を防ごうとすれば、それが投げ込まれやすい最上甲板《かんぱん》、またはその上に被せた屋根全体を鉄板で隙間なく覆わねばなるまいが、それでも可燃物への飛火は防ぎようがあるまい。船体の上部に大量の鉄板を使用すれば、船の安定性や運動性を損なうし、不経済でもある。また「ほうろく火矢」に、厚板を使用した当時の大型木造船に大穴をあけるほどの破壊力があったとも思われない。

第一、敵船を「ほうろく火矢」を投げ込める距離まで近づかせるようでは、多数の大鉄砲を搭載した意味がないではないか。『多聞院日記』の「てつはう（鉄砲）とをらぬ用意、事々敷儀なり」とあるのを、素直に解釈すべきであろう。なお、七隻全部が鉄板で装甲されていたか否かは詳《つまび》らかでない。

ところで、鉄板で装甲することは、信長の天才的発明とされているが、この評価は疑問である。『多聞院日記』は、これを信長の発明とは一言もいっていないし、天才でなければ発明できぬような、独創的アイデアでもあるまい。第一、この船を見物したオルガンチノや、搭載された大砲の大きさまで記録した牛一が、装甲についてはまったく触れていないではないか。当時の鉄板の装甲というものが、後世の史家の考えるほどには独創的でも画期的でもなく、新発明ですらなかったと考えてよさそうである。

また鉄板で装甲するということ自体、手放しで評価できるものではない。完璧に装甲しようとすれば、費用がかさんで不経済であるし、安定性や運動性を損なう恐れがあるからである。実際、これらの大型船が、運動性が劣るとみられていたことは、伊勢から大坂へ軍船を回航するとの情報を得た石山本願寺の有力な坊官（寺務を司る役人）たちが、七月八日付けで紀州の門徒に宛てた書状に「彼の大船の事、海上自由ニ成り立つべからざる由」とあることで知られる（『萬福寺文書』）。

したがって、仮に通説どおり、信長が鉄板の装甲を実現させたとしても、それを根拠に彼を天才と呼ぶことは、躊躇せざるをえない。他の人々は、あるいは不経済であると判断し、あるいは運動性を失うことを恐れ、賢明にも鉄板の装甲に手をつけなかったということもできるからである。

信長が鉄板の装甲を実用化できたのは、彼が天才だったからではない。鉄板の装甲の持つ欠点を克服できるような、諸々の条件に恵まれていたからである。彼には鉄板を大量に入手できる経済力があった。大型船の数を揃え、多数の小船を添えることで、個々の大型船の運動性の弱さをカバーすることもできた。重火器を集めることもできた。ようするに信長には、それを実現できるような経済的余裕があったのである。

さらに信長には、鉄板の装甲を実用化するうえで、非常に都合のよいことがあった。それは、この大型船の使用目的が、著しく限定されていたことである。

第二次木津川口海戦

鉄甲船の使用目的については、漠然と、毛利水軍を撃滅するためと考える向きが多い。しかしながら、前掲の諸史料が指摘するように、その目的は石山本願寺への補給路を遮断することだったのである。

すなわち鉄甲船は、大阪湾の奥という狭い水域で、機動性を欠いた敵の補給部隊を待ち伏せるという、限られた目的のために建造されたのであり、日常生活に必要な品々を積んで、外洋を長駆遠征し、機動力を駆使して敵水軍の主力を撃滅するような戦闘を想定していたわけではないのである。したがって、手近な停泊地に待機し、予定の水路を来る敵の補給部隊を阻止するだけでよいのであるから、戦闘に直接必要のないものを積む必要がないし、必然的に過度の重武装も許されるわけである。

このことを端的に示したのが、天正六年（一五七八）十一月六日に、鉄甲船を含む織田水軍が、毛利水軍の補給部隊を阻止した、第二次木津川口海戦である。『信長公記』は、その経過をつぎのように伝えている。

十一月六日、西国舟六百余艘、木津表へ乗出し候。九鬼右馬允乗向ひ候へば、取籠め、十一月六日辰刻《たつのこく》（午前八時頃）、南へ向って午刻《うまのこく》（正午頃）迄海上にて舟軍あり。初めは九鬼支合ひ候事成難く見え候。六艘の大船に大鉄砲余多これあり。敵船を間近く寄付け、大将軍の舟と覚しきを、大鉄砲を以て打崩し候へば、是に恐れて中々寄付かず。数百艘を木津浦へ追上、見物の者共、九鬼右馬允手柄なりと感ぜぬはなかりけり。

ようするに、重火器を用いて毛利水軍の補給部隊を追い払っただけで、一網打尽に撃滅したわけではない。それでも当初の目的を達成した以上、作戦としては十分成功したといえよう。

鉄甲船発想の原点

信長は、毛利水軍の補給部隊を阻止する手段として、重武装の大型船を用い、成功した。そこで、この発想がどこから生まれたのかを、あらためて考えてみよう。

石山本願寺攻めが始まった元亀元年（一五七〇）当時、石山本願寺は武田氏・朝倉氏・浅井氏などによる信長包囲陣の一翼を担っていた。ところが朝倉氏・浅井氏が滅び、武田氏が天正三年（一五七五）の長篠合戦で大打撃を受けたため、信長の勢力圏内で孤立無援の状態になった石山本願寺は、天正四年（一五七六）に毛利氏と同盟を結んだ。これにより、戦いの構図は戦国大名織田氏と毛利氏の全面戦争へと変化した。そして石山本願寺は、この戦争における毛利氏側の最も重要な橋頭堡《きょうとうほ》の役割を担うことになったのである。信長はこれを封鎖して奪取をはかり、毛利氏側は有力な補給部隊を派遣して、その確保に努める。こうして両軍は衝突したのである。

これはたとえば、今川氏の橋頭堡であった鳴海《なるみ》城を、信長が封鎖したため、義元《よしもと》が救援に出動したことから起きた桶狭間《おけはざま》合戦や、織田・徳川氏の橋頭堡であった長篠城を武田勝頼が封鎖したため、信長が救援に出動したことから起きた長篠合戦と同一パターンであり、他にも類例が多い。要するに、毛利氏が介入してからの石山本願寺攻めは、当時としては平凡な型の合戦になったといえるのである。

このように定型化した合戦では、封鎖する側の戦術もまた定型化する。その戦術とは、たとえば前述の桶狭間合戦の際、信長が鳴海城の向かいに善照寺《ぜんしょうじ》砦を築き、あるいは長篠合戦の際、勝頼が長篠城の向かいに鳶ノ巣山《とびのすやま》砦を築いたように、付け城を築いて、封鎖の完璧をはかることである。

石山本願寺攻めの場合、地理的関係で、毛利氏の補給部隊は水路を採るから、付け城も水上に築く必要がある。もちろん、当時の技術では、水路を完璧に遮断できるような城を大阪湾上に築くことは不可能であるが、それに代わるものがある。それは城と同様に、重火器と重装甲とを備えた大型船を水路上に配置することである。ようするに、当時、陸上で定型化していた戦術を水上に持ち込んだ結果、生まれたのが信長の鉄甲船と解釈できるのである。

このようにみてくると、従来、天才的とか独創的などといわれてきた信長の戦術が、実は当時の平凡な戦術の延長線上にあることがわかる。したがって、信長を独創的戦術の発案者とするわけにはいかぬであろう。だからといって、彼の軍事的才能まで低く見るのは適当ではない。

彼は敵の平凡な戦術に対し、平凡な戦術をもって対抗した。そうなれば、あとは物量が勝敗を決することになる。そして、多くの場合、圧倒的な物量を集中的に投入したのは彼のほうであった。第一次木津川口海戦ののち、大量の重火器と鉄甲船を準備して、一挙に戦列に投じたのは、その好例といえよう。信長がなぜ多くの合戦に勝利を収めることができたのか、その秘密はどうやらこのあたりにありそうである。

終章　本能寺の変——謀叛への底流

1　武田氏滅亡

はじめに

天正《てんしょう》八年（一五八〇）閏《うるう》三月、石山《いしやま》本願寺門跡《もんぜき》の顕如《けんにょ》はついに信長と講和した。その子教《きょう》如《にょ》は抗戦を叫んで籠城を続けたものの、八月には石山本願寺を退去した。こうして一向一揆《いっこういっき》との戦いが終わると、信長は佐久間信盛《のぶもり》・林秀貞・安藤守就《もりなり》らを、それぞれ理由を付けて追放した。

天正九年（一五八一）二月、信長は京都で盛大な御《お》馬揃《うまぞろ》えを行った。九月に伊賀の土豪集団を平定すると、畿内で信長に抵抗する者はなくなった。武田氏に昔日の威勢はなく、毛利家との戦いも十月に秀吉が毛利方の鳥取城を落としたことで、有利に展開しつつあった。

天正十年（一五八二）二月、信長は武田氏討伐の軍を起こし、翌三月には勝頼《かつより》を滅ぼした。甲斐・信濃・駿河・上野《こうずけ》などにまたがる武田氏の遺領のほとんどが、一挙に織田氏のものとなった。だが、六月二日、西国へ出陣のため、京都の本能寺（四条西洞院《にしのとういん》、現在の中京区蛸薬師《たこやくし》通油小路《あぶらのこうじ》東入ル元本能寺南町の本能小学校跡付近）に宿泊中の信長は、重臣の明智光秀の軍勢に襲われて自害した。ついで長男の信忠も二条御所（勘解由《かげゆ》小路《こうじ》室町、現在の上京区室町通下立売《しもだちうり》西南付近）で自害した。

この本能寺の変は、長年、畿内の軍勢を率いて軍功を重ね、丹波《たんば》経営にも成功し、信長に優遇されていた光秀が起こしたもので、しかも、その直後の十三日に山崎（現、京都府乙訓《おとくに》郡大山崎町）で起きた合戦で光秀が秀吉に敗れ、敗走中に殺害されてしまったため、謀叛の動機などに不明な点が多い。ここでは本能寺の変の直前に起きた武田氏の滅亡について述べたうえで、それが本能寺の変に与えた影響にまで言及したい。武田氏の滅亡の過程こそは、本書をしめくくるのにふさわしいテーマと思うからである。

光秀の謀叛と『信長公記』

『信長公記』は本能寺の変に関し、他の史料には見られぬ記事を多く含んでいる。それらは、当時の状況から推して、納得できる点が多い。

五月廿六日（事件の五日前）、維任日向守《これとうひゅうがのかみ》（光秀）、中国へ出陣として坂本（光秀の居城坂本城。現、滋賀県大津市）を打立ち、丹波亀山（光秀の丹波経営の拠点、亀山城。現、京都府亀岡市）の居城に至つて参着。次日《つぎのひ》、廿七日に亀山より愛宕《あたご》山へ仏詣、一宿参籠《さんろう》致し、維任日向守心持御座候哉《か》、神前へ参り、太郎坊（愛宕山の宿坊）の御前にて二度三度迄鬮《くじ》を取りたる由申候。廿八日、西坊にて連歌《れんが》興行、

発句《ほっく》　維任日向守、

ときは今あめが下知る五月哉　光秀
水上《みなかみ》まさる庭のまつ山　西坊
花落つる流れの末を関とめて　紹巴《じょうは》

か様に百韻《いん》仕り、神前に籠置き、

五月廿八日、丹波国亀山へ帰城。

光秀の発句の「とき」は光秀の先祖とされる土岐《とき》氏に通じ、「あめが下」は天下に通じるとして、ここに光秀の天下人への野望を汲み取れるとする説もある。鬮《くじ》を引き直したというのも、彼の心理状態を示しているようである。文中の紹巴は、のちに豊臣秀次に仕えた有名な連歌師《れんがし》の里村紹巴である。『信長公記』の引用を続けよう。

五月廿九日、信長公御上洛。（中略）御小姓衆二、三十人召列れられ、御上洛。直に中国へ御発向なさるべきの間、御陣用意仕候て、御一左右《ごいっそう》（命令）次第、罷《まかり》立つべきの旨御触

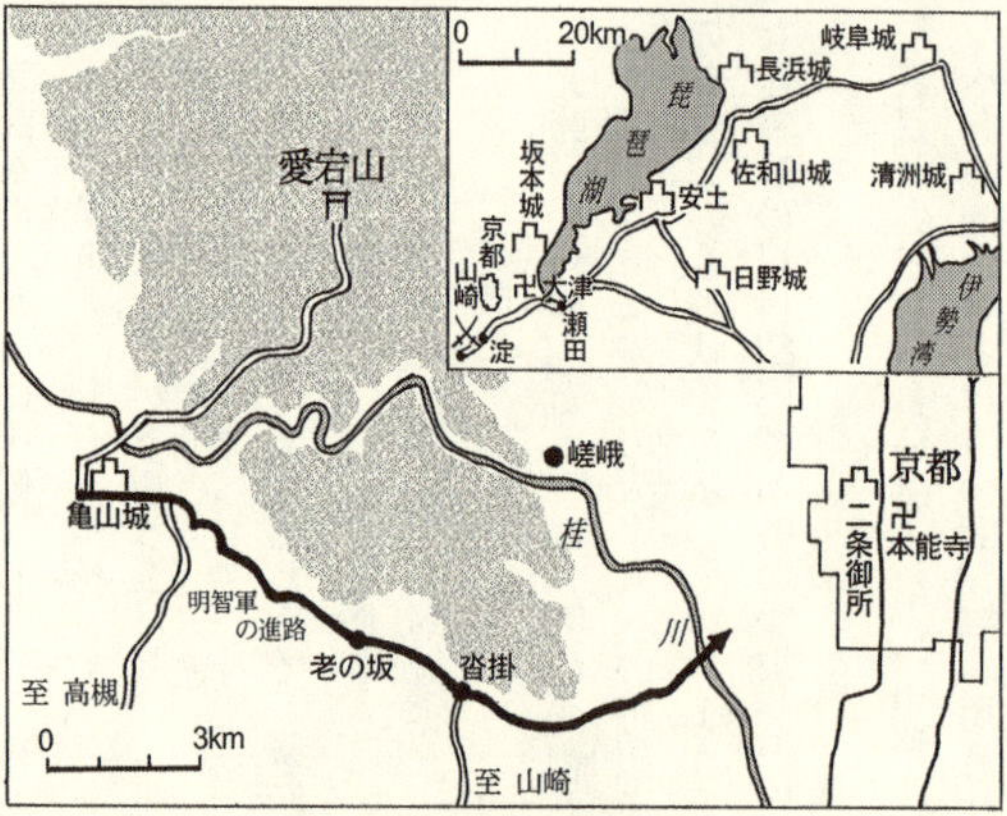

図 7　本能寺の変関係地図

れにて、今度は御伴これなし。

信長は近習《きんじゅ》だけを連れて上洛した。これを油断とするのは、酷であろう。

彼はしばしば身軽に移動したし、司令部が主力軍と別行動をとるのは、むしろ近代的といえる。上洛の主な目的が、当時最大の敵、毛利氏との対決にあったことは間違いない。そして彼が秀吉に加えて光秀まで同一方面に派遣したことは、彼自身、陣頭指揮を執る気持ちであったことをうかがわせる。

彼は、少なくとも、日本軍が、日清・日露戦争で大本営を東京から広島に進めたように、大坂あるいは姫路まで馬を進めるつもりであったろう。そこに異変が起こるのである。

去程《さるほど》に不慮の題目出来《しゅったい》して、

六月朔日《ついたち》夜に入り、丹波国亀山にて、維任日向守光秀逆心を企て、明智左馬助・明智次右衛門・藤田伝五・斎藤内蔵佐《くらのすけ》、是等として談合を相究め、信長を討果し、天下の主となるべき調儀（計画）を究め、亀山より中国へは三草《みくさ》越えを仕候。爰《ここ》を引返し、東向きに馬の首を並べ、老《おい》の山へ上り、山崎より摂津国地を出勢すべきの旨、諸卒に申触れ、談合の者共に先手を申し付け、六月朔日夜に入り、老の山へ上り、右へ行く道は山崎天神馬場、摂津国皆道《かいどう》なり。左へ下れば京へ出る道なり。爰を左へ下り、桂川打越し、漸く夜も明方にまかりなり候。既に信長公御座所本能寺取巻き、勢衆四方より乱れ入るなり。

ことの性質上、光秀が決行直前に部将たちに謀叛を打ち明けたというのは、間違いあるまい。『信長公記』は謀叛の理由を、光秀自身が天下を取りたかったからだと断言している。『信長公記』はこのあと、信長・信忠の最期、安土城の炎上と続き、当時堺にいた家康の三河への脱出の記事で終わっている。なお、池田家文庫本には、信長の最期の記事に続けて「女共比時まて居り申候て、様躰見申候と物語り候」とある。

これらの記事はそれぞれに興味深いが、ここでは、本章の冒頭で触れたように、武田氏の滅亡と本能寺の変のかかわりについてだけ、述べることにする。

武田氏滅亡のきっかけ

長篠合戦で大敗した勝頼は、態勢を挽回すべく奔走したが、天正九年（一五八一）三月に、家康に高天神《たかてんじん》城を落とされた。『信長公記』は、これをつぎのように批判している。

武田四郎（勝頼）御武篇《ぶへん》（信長の武勇）に恐れ、眼前に甲斐・信濃・駿河三ケ国にて歴々の者上下其数を知らず、高天神にて干殺《ほしごろし》にさせ、後巻《うしろまき》仕らず、天下の面目を失ひ候。

勝頼の信頼は低下し、領国内に動揺が広がった。その年の十二月、彼は武田氏累代の居館である府中の躑躅《つつじ》ケ崎《さき》館（現、山梨県甲府市）から、その西方十五キロメートルの韮崎《にらさき》に新たに築いた新府城《しんぷじょう》（現、山梨県韮崎市）に移った。新府築城は、非常の際に諏訪《すわ》・伊那《いな》方面と連絡しやすい場所に移ったとも、甲府盆地に侵入される手前で敵を食い止めるためともいえるが、うち続く戦いに精鋭と物資が枯渇《こかつ》し、戦力としての土木工事に頼らざるをえなくなったという見方もできよう。しかるに、この新府城が機能を発揮する間もなく、すべてに決着がついてしまうのである。

翌天正十年（一五八二）二月一日、信濃の名門で信玄の娘婿でもある、木曾福島城（現、長野県木曾郡木曾福島町）の城主、木曾義昌《よしまさ》（義政）が、調略《ちょうりゃく》により織田方についたのである。『信長公記』をみよう。

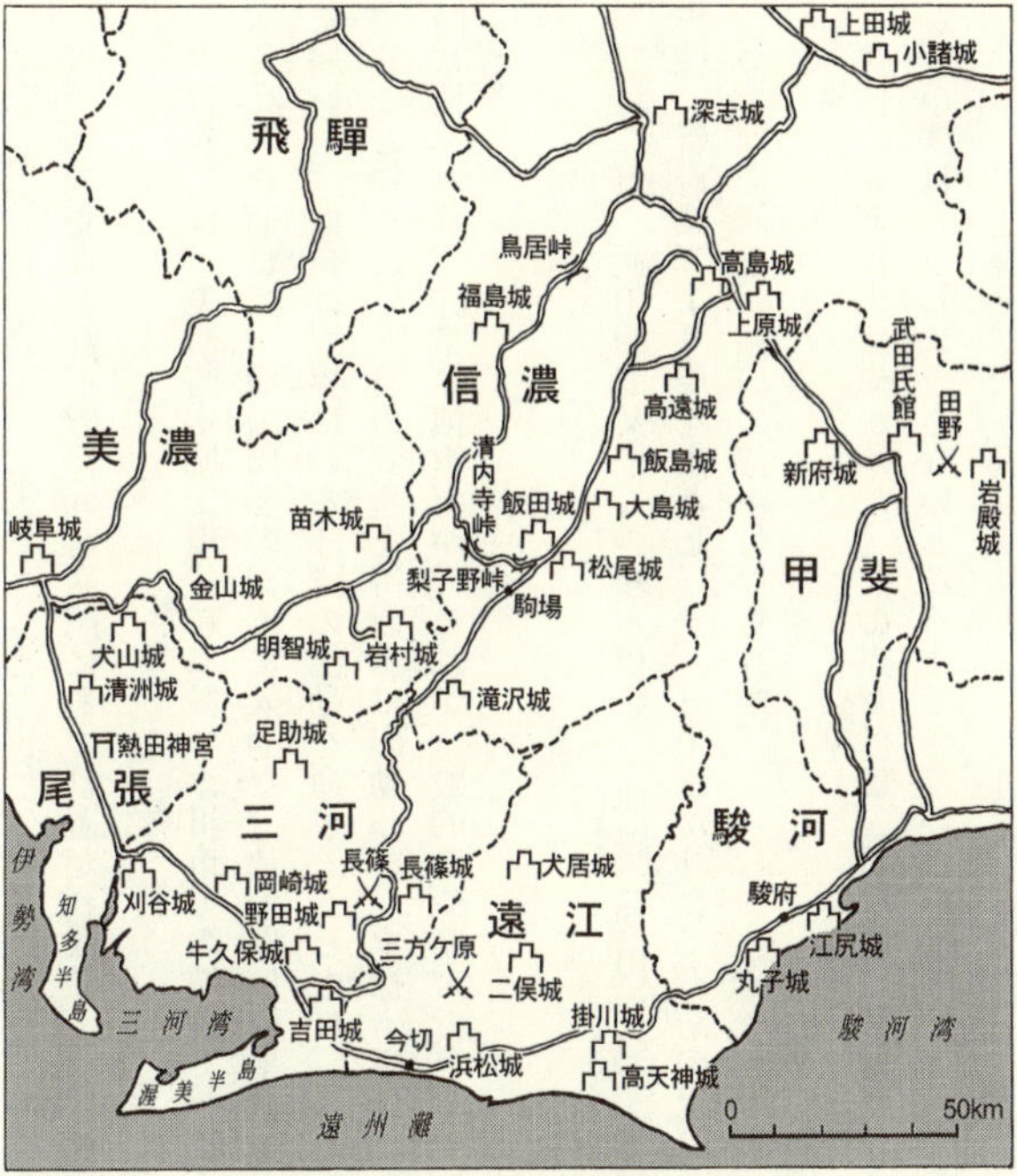

図8　織田・武田合戦関係地図

二月朔日、信州木曾義政御身《み》方《かた》の色を立てられ候間、御人数出だされ候様にと、苗木《なえぎ》久兵衛御調略の御使申すに付いて、三位《さんみ》中将信忠卿へ言上《ごんじょう》の処、時日を移さず、平野勘右衛門を以て信長公へ右趣仰上され候。然る処、境目の御人数出だされ、人質執固《とりかた》め、其上、御出馬の旨上意候。

則《すなわち》、苗木久兵衛父子、木曾と一手に相はたらき、義政の舎弟上松蔵人《あげまつくらんど》人質として先進上候。御祝着なされ、菅屋九右衛門にあづけ置かれ候。

木曾義昌は、美濃苗木城（現、岐阜県中津川市）の城主で、早くから信長に従っていた苗木久兵衛を通じて、織田氏との交渉に入った。この件は岐阜城主の信忠をへて、信長のもとに届いた。信長は境界にいる部隊の出動を命じるとともに、人質を取ったあとで自らが出動することにした。人質の到着を待たずに出動した、永禄《えいろく》十年（一五六七）の稲葉《いなば》山《やま》城攻略の時に比べれば、非常に慎重だが、これが一般的なやり方である。一方、勝頼はただちに出動した。

二月二日、武田四郎父子（勝頼・信勝）・典厩《てんきゅう》（武田信豊）、木曾謀叛の由承り、新府今《いま》の城（新府城）より馬を出だし、一万五千ばかりにて諏訪《すわ》の上原（現、長野県茅野《ちの》市）に至つて陣を居《す》ゑ、諸口の儀申付けられ候。

勝頼の対応はすばやかった。この点だけは、新府城に移ったことが成功であったといえるが、事態はどうしようもないところまできていた。

二月三日、信長公、諸口より出勢すべきの旨仰出だされ、駿河口より家康公、関東口より北条氏政、飛弾《（ママ）》口より金森五郎八（長近）大将として相働き、伊奈口、信長公・三位中将信忠卿、二手に分って御乱入なすべき旨、仰出だされ候なり。

信忠は、信長のこの指令で二月三日に出動するが、信長自身は三月五日に安土《あづち》をたち、岐阜・犬山・金山《かなやま》（兼山）をへて、十一日に岩村に着いた。このように信長が、余裕たっぷりに行軍しているうち、決着がついてしまった。すなわち同じ十一日に、勝頼父子が田野《たの》（現、山梨県東山梨郡大和《やまと》村）で最期をとげたのである。

勝頼が万余の軍勢を率いて、諏訪の上原に出動してから、あっけなく滅亡するまでの一ヵ月半足らずの間に何があったのか。『信長公記』から抜き書きしてみよう（二八三頁の図8を参照）。

（一）武田方が伊那口の滝沢城（現、長野県下伊那郡平谷村）を下条伊豆守に守らせていたところ「家老下条九兵衛逆心を企て、二月六日、伊豆（守）を立出し、岩村口より河《かわ》尻《じり》与兵衛（秀隆）人数引入れ、御身方仕候」。

（二）松尾城（現、長野県飯田市）の城主小笠原掃部大輔《かもんのたいふ》（信嶺《のぶみね》）が「御忠節仕るべきの旨、申上ぐるに付いて」、織田軍の団《だん》平八・森勝蔵が先陣として晴南寺《せいなんじ》口（清内寺口）

から侵入した。木曽峠をへて梨子野《なしの》峠へ軍勢を上げたところ、小笠原が所々に煙を上げて合図したので、飯田城の武田方の坂西《ばんざい》・星名《ほしな》（保科）弾正《だんじょう》らは、城を守りきれないと思い、十四日の夜に逃走した。十五日には、逃げ遅れた者を十人ばかり討ち取った。

（三）武田方の今福筑前守《いまふくちくぜんのかみ》が鳥居峠に兵を出したので、十六日に木曽と苗木の部隊がこれを破り四十人ばかり討ち取った。

（四）武田方の馬場美濃守《みののかみ》（信春。長篠合戦で戦死）の息子が深志《ふかし》城（現、長野県松本市）に拠り、鳥居峠の織田軍と対陣した。

（五）十七日に信忠が飯田に着くと、大島城（現、長野県下伊那郡松川町）の武田軍は「運をひらき難く存知」、夜になって逃走した。織田軍の先陣は飯島（現、長野県上伊那郡飯島町）に入った。

士気の衰えた武田軍が崩壊するさまが、目に見えるようである。だが、話はこれで終わらなかった。

とどめの一撃

『信長公記』を見よう。

去程に、穴山玄蕃《あなやまげんば》（信君《のぶきみ》、梅雪《ばいせつ》）、近年、遠州口押への手として、駿河国江尻《えじり》（現、静岡県清水市）に要害拵《こしら》へ、入置き候。今度御忠節仕候へと上意の処に、則、御請け申し、甲斐国府中に、妻子を人質として置かれ候を、二月廿五日、雨夜の紛《まぎれ》に偸《ぬすみ》出し、穴山逆心の由承り、館《たち》を拘《かか》ふべき存分にて、二月廿八日、武田四郎勝頼父子・典厩、諏訪の上原を引払ひ、新府の館に至つて人数打納れ候キ。

穴山梅雪は信玄の姉婿で、武田軍の中で最大の兵力を擁していた。その人物の裏切りは勝頼にとってとどめの一撃になった。勝頼は急遽、新府城に戻るが、これにより、勝頼の弟、仁科盛信《にしなもりのぶ》の居城高遠城《たかとお》（現、長野県上伊那郡高遠町）が、孤立無援となった。三月二日、信忠の軍との猛烈な攻防戦ののち、高遠城は落ちた。『信長公記』には盛信ら四百余を討ち取ったことが見えるが、注目すべきは、戦闘前夜に、城内から織田軍に内応しようとした者がいたという、つぎの一節である。

星名弾正、飯田の城主にて候。彼城退出の後、高遠城へ楯籠り、爰《ここ》にて城中に火を懸け、御忠節仕るべきの趣、松尾掃部かた迄夜中に申来り候へども、申上ぐべき透《すき》もなく、

このように内応が不発に終わることは、珍しいことではなかったと思われるが、内応が事

前に発覚し、内応者が処刑されたような場合を除き、めったに記録に残るものではない。

三月二日の織田軍の攻撃は、無理攻《むりぜ》め（強襲）の典型である。

中将信忠御自身、御道具（武器）を持たせられ、先を争つて塀際へ付けられ、柵を引破り、塀の上へあがらせられ、一旦《いったん》に乗入るべきの旨御下知の間、我劣らじと御小姓衆・御馬廻城内へ乗入れ、大手・搦手《からめて》より込入《こみいり》込立《こみたて》られ、火花を散らし相戦ひ、各疵を被《こうむ》り、討死算《さん》を乱すに異らず。

討死の覚悟を決めた城主以下が立て籠もる、城の中心部に突入したのであるから、織田軍も、かなりの死傷者を出したであろう。ただし、この戦闘は、その後の展開に、劇的効果を発揮した。すなわち、『信長公記』に、つぎのような記事がある。

（一）安中氏は大島城を撤退後、諏訪湖畔の高島城に立て籠もったが、「拘《かかえ》難く存知、当城も津田源三郎へ相渡し罷退く」。

（二）鳥居峠の織田軍が深志方面に押し出したところ、「御敵城ふかしの城、馬場美濃守相拘へ、居城なり難く存知、降参申し、織田源五へ相渡し退散候なり」。

まさに将棋倒しであり、その効果は、新府城まで巻き込んだ。

武田四郎勝頼、高遠の城にて一先《ひとまず》相拘ふべきと存知られ候処、思の外、早速相果て、既に三位中将信忠新府へ御取懸け候由、取々申すに付いて、新府在地の上下一門、家老の衆、軍《いくさ》の行《てだて》は一切これなく、面々の足弱《あしよわ》・子供引越し候に取紛れ、廃忘《はいもう》致し、取物も取り敢へず、四郎勝頼幡本《はたもと》に人数一勢もこれなし。

勝頼は三月三日に、新府城に火を放ち、家族を連れて逃走した。彼は夫人（北条氏政《うじまさ》の妹）の縁を頼って関東に逃れるつもりで、ひとまず武蔵国境の手前の岩殿《いわどの》城（現、山梨県大月市）に向かったが、城を守る重臣、小山田《おやまだ》信茂《のぶしげ》の裏切りにあい、行く手を阻まれた。進退きわまった勝頼の一行は、武田氏ゆかりの天目山棲雲寺《てんもくざんせいうんじ》（現、山梨県東山梨郡大和村）を目指したが、田野というところで、滝川一益の兵に襲われて最期をとげた。

信長は、飯田、諏訪をへて、四月三日に新府城の焼け跡を見たあと、信忠が府中館《ふちゅうのやかた》に特設した御殿に入った。その後は、富士山見物や東海道の視察を行い、二十一日に安土に戻った。

2　調略の成功と破局

調略の成果

主力軍同士が一戦も交えることなく武田氏は滅んだ。それは、まさしく調略の勝利であり、信長もそれを十分承知していた。『信長公記』には、調略で味方につけた人々とのやりとりが記録されている。

すなわち、三月二十日に諏訪の法花寺《ほっけ》を本陣とする信長のもとに、木曾義昌が参上して馬二匹を献上した。接待には、伊勢長嶋城主の滝川一益があたった。信長は金工の名人、後藤源四郎が彫った十二神将の金物を付けた梨地《なしじ》の刀と黄金百枚を下賜《かし》するとともに、新領地として信州の内二郡を与えた。その上、義昌が退出する際には「御縁《ごえん》迄御送りなされ」たとあるから、なかなかのサービスである。

二十日の晩には、穴山梅雪が馬を献上した。信長は、梨地の脇指《わきざし》を「似相《にあい》申すの由御諚なされ（よく似合うと言って）」、下げ鞘《さざや》（鞘を覆う袋）と火打ち袋（火打ち道具などを入れる袋）を付けて下賜し、従来通り領地の経営を任せた。更に小笠原信嶺が馬を献上したのに対し「今度忠節比類なきの旨上意にて、本知安堵《あんど》の御朱印《しゅいん》（従来からの利権を認めた書類）」を与えた。

このような信長の態度に、調略がこの戦いにはたした役割の大きさがうかがわれる。毛利氏と対決中の信長としては、武田氏との戦いで損害を出さずにすんだことはありがたかったであろうし、信長に味方したほうが得であることを内外に示したかったのであろう。

ところで、調略が劇的効果をあげて、武田氏を一ヵ月余で滅ぼした結果、ここに新たな問題が生じた。中部・東海・関東にまたがる武田氏の旧領の処理問題である。このことは、信長も武田氏の凋落が明らかになった天正九年（一五八一）頃から考えてはいたであろうが、事態は予想外の速さで展開したから、処理問題もあわただしく行われた。

『信長公記』には三月二十三日に、滝川一益に上野《こうずけ》および信濃の内二郡を与え、「関東八州の御警固」のために上野に在国することを命じたとある。また二十九日には、公式に知行《ちぎょう》の割当てが発表され、甲斐の内の穴山梅雪の分を除いたものを河尻秀隆、駿河を家康、上野を滝川一益、信濃の内の四郡を森長可《ながよし》がそれぞれ知行することなどが決まった。

謀叛へ踏み出させたもの

旧武田領は信長が過去五年間で手に入れた領地と、ほとんど同じ大きさである。それを一ヵ月余で手に入れたのであるから、家康や穴山梅雪の分を除いても、異常な速さで領地を拡張したことになる。このため、信長は新領地へ部将たちをあわただしく派遣するが、それが信長の周囲を手薄にさせ、光秀を謀叛に踏み切らせる機会を与えた。

このことと関連して、注目されるのは、関東の経営のため、滝川一益を上野に派遣したことである。『信長公記』には、信長が一益を召し寄せて、「年罷寄り、遠国《おんごく》へ遣はされ候事、痛思食《いたみおぼしめ》され候といへども、関東八州の御警固を申し付け、老後の覚《おぼえ》に上野に在国仕り、東国の儀御取次、彼是《かれこれ》申し付くべきの旨」命じたとある。当時五十八歳の一益が、占領直後で治安状態の不安な関東に派遣されたことは、少なくとも五十を越えていたとみられる光秀の心理に影響を与えたと思う。

信長と毛利氏の戦いが続くかぎり、光秀自身も戦い続けねばならないし、信長が勝てば、中国はおろか九州にまでも派遣されることになりかねない。実際、彼は天正三年（一五七五）七月に、信長の要請により、朝廷から九州の名族である惟任《これとう》の姓を許され、日向守《ひゅうがのかみ》にも任じられているのである。信長政権の構想を考えれば、彼が将来、九州に派遣される可能性は十分にあった。

光秀の謀叛の原因については、天下人になりたかったためとか、出世コースに乗った秀吉に先を越されたことへの不満とか、毛利攻めで秀吉の下で戦わねばならないことへの不満とか、信長のもとに参上した家康の接待役にされたことへの不満とか、長年仕えた部下を容赦なく処断する信長の態度を見て、将来に不安を感じたためとか、さまざまにいわれている。

筆者（藤本）は、仮に光秀がこの時点で、将来に不安を感じたとすれば、その原因は佐久間信盛追放の一件などよりも、滝川一益の関東派遣にあったのではないかと思う。光秀の経歴・力量をみれば、彼が信長の処断におびえる理由が見当たらないからである。

信長が彼の力量を信頼していたことは、その処遇によって知られるし、佐久間信盛の断罪状でも「丹波国日向守働き、天下の面目をほどこし候」と明言している。信長の構想の中に、将来、西国平定後に、経営のため派遣する人物として、彼の名があったとしても不都合ではない。だが、彼のように文化の中心地である畿内で長く暮らした教養人にとって、老後を西国で送ることは、想像しただけでも苦痛であったはずである。特に新領地（新征服地）の経営の困難さは、天正四年（一五七六）から七年（一五七九）にかけて彼が行った丹波平定の過程で、身に染みていたであろうから。彼をして謀叛に踏み切らせた動機はさまざまに考えられるが、心理の片隅に以上のような不安が介在していたと考えるのは穿《うが》ちすぎであろうか。

それはともかく、調略の劇的な成功による武田氏の急な滅亡が、信長の周辺を手薄にしたり、信長・信忠父子や家康の上洛のきっかけを作るなどして、光秀に謀叛に踏み切る機会を与えたことは確かである。してみれば、勝頼は自らがあわただしく滅びることで、信長を道連れにしたといえなくもない。

結びにかえて

「桶狭間合戦で、信長が敵前で迂回コースをとって今川義元の本陣にせまり、奇襲して撃破したというのは、完全なフィクションである」と筆者が発表したのは、昭和五十七年（一九八二）のことである。

大方の常識を覆すこの見解が、たんなる奇説として葬り去られなかった唯一の理由は、筆者がその論拠として信長の家臣、太田牛一の書いた『信長公記』を持ち出したからである。同書の桶狭間合戦の記事は、信長が今川軍に正面から強襲をかけたとしか読むことができないし、それはまた、当時の状況や戦場の地理などに照らしても納得できる内容である。一方、迂回・奇襲戦であったという従来の説は、裏付け史料がなく、合理性もない。どちらを信頼すべきかいわずもがなであろう。

ところが、それから十年たっても、古戦史研究者の多くが、相変わらず桶狭間合戦を奇襲戦としている。

たとえば、筆者が「劣勢の織田軍が非常識な時刻に低い場所から攻め上ってきたのは今川軍の予想外のことであったろう」と書いたのを受けて、「だから奇襲ではないか」といった研究者がいる。だが、敵にとっては予想外の行動を採ったからといって奇襲をかけたということにはなるまい。それを奇襲といえるならば、姉川合戦における浅井・朝倉軍についても、織田・徳川軍に奇襲を試みたということになろう。なにしろ『信長公記』には「浅井・朝倉軍は予想に反して攻勢に出てきた」と明記されているのであるから。

さらに困るのは、「瞬時に敵を崩せば強襲も奇襲の様相を呈す」ということを知らぬ研究者が、状況としての奇襲と、作戦としての奇襲を混同させたままで、信長の戦術家としての才能を高く評価することである。筆者が本文中で述べた通り、信長に奇襲の意図はなかった。

すなわち『信長公記』には織田軍の攻撃開始の直前まで豪雨が降っていたとあり、これが織田軍に有利に作用している。それゆえ、仮に同書に「織田軍は豪雨を待って進撃を開始した」とでもあれば、少なくともこの時点で彼が作戦として奇襲を行おうとしたといえるかもしれない。だが同書は、この豪雨を、織田軍がその最終集結地である中嶋砦を出撃したあとで降り出したとしているし、それまでの過程で、織田軍が終始、今川軍から丸見えの場所で行動しているのをみれば、初めから奇襲など行う気がなかったことが明白である。

それゆえ、百歩譲って何かの偶然で織田軍の攻撃が奇襲状況になったとしても、信長に奇襲の意図がなかったとすれば、彼に対する評価は軍事的才能とは別の次元で下さねばなるまい。すなわち、彼を無類の幸運者と呼ぶことはできても、戦術家としての評価を下すことはできないのである。

筆者がこうしたことをいえるのも、『信長公記』が信長の行動と降雨の時間とを順を追って記述しているからである。

『信長公記』はできるだけ素直に読むべきであろう。ところが、奇襲説に固執する研究者にはここのところが通じないようである。「劣勢の信長が義元の大軍を破ったのだから、どうしても奇襲でなければならない」ということらしい。

したがって、信長は簗田《やなだ》政綱《まさつな》という土豪の情報網を使って義元の行動を完全に把握していたから、奇襲に成功したのだという、裏付け史料のまったくない話が相変わらず語られている。仮にそんな情報網を作ったところで、戦場を今川軍に占拠されてしまえば、それで終わりであろう。実際の合戦は、全体の状況が見通せる盤上に駒を並べ、サイコロをふって勝敗を決する兵棋《へいき》演習《えんしゅう》とは違うのである。

さらに「信長は敵前で休戦交渉をして義元を油断させてから奇襲攻撃したのだろう。ただし、これは都合の悪いことなので、牛一は『信長公記』に書かなかったのだ」といった研究者さえいる。ここまで恣意的な解釈をすることは、史料に対する冒瀆《ぼうとく》以外のなにものでもない。あれだけの記録を残してくれた牛一が、つくづく気の毒になる。

とはいえ、古戦史研究のレベルが押し並べて低いというわけではない。それどころか中・近世社会史など軍事史以外の分野の研究者の、軍事に関する近年の研究成果は目を見張るものがあるし、三十代前後の優れた研究者が多いことも頼もしいかぎりである。ただ、それらの成果は、発行部数の少ない学術雑誌に寄稿されたり、専門書として発表されることが多いため、情報がなかなか流布せぬうらみがある。そして一般社会の常識は、相も変わらず桶狭間の奇襲戦であり、長篠の三千挺《ちょう》・三段撃ちなのである。このギャップを埋めるにはさらに地道な努力が必要であろう。

＊

『信長公記』を読んで気づくのは、調略《ちょうりゃく》と出動の関係、野戦と城の関係、橋頭堡《きょうとうほ》と付《つ》け城《じろ》の運用、補給路の確保と破壊、兵力の大量動員、土木工事の重要性、鉄砲の効果など戦国末期における軍事の基本的要素が活写されていることである。そして信長は、おおむねこの基本に従って行動している。

彼は、長篠合戦で武田勝頼を破ってから武田氏の滅亡まで七年を要したように、敵の打倒に長い時間をかけた。これに比べれば、山崎合戦や賤ケ岳合戦で、戦場における勝利から数日以内に敵を一掃してしまった秀吉のほうが、はるかに性急にみえるかもしれない。だが、両者の違いは、常に複数の敵と対峙していた信長と、一人の敵に全力を集中することのできた秀吉との立場の違い、状況の違いにより生じたものなのであり、個人の性格の違いや資質の差といった次元で語るべき問題ではないのである。

ここで本書ができるまでのいきさつを語らせていただきたい。

軍隊に行った経験のある父の影響もあって、中学生の頃から近代の戦記を乱読していた筆者は、そこに描かれた戦闘の具体的な記事から、実際の軍隊や戦場についてあれこれ想像しているうち、信長の合戦に関する定説に納得できない点が多いことに気づいた。それはたとえば、「長篠合戦で三千人の銃手が連続の一斉射撃をしたというが、それで勝負がつくまで何時間もかかったというのは、よほど命中率が悪かったのか?」といった素朴な疑問であった。

その後、大学の史学科に進んだ筆者は、かねての疑問を周囲にぶつけてみたが、反応はなかった。一つには、定説を明快に覆すような史料の裏付けがなかったからである。良質史料による裏付けのないことは信用しないというのは一つの見識だが、一方で、史料的裏付けのない定説が大手をふって歩いているのが現実である。

そうしたおり、昭和四十四年(一九六九)に角川文庫から『信長公記』の読み下し本が出た。信長の合戦を全面的に再検討する気になったのは、この文庫本で『信長公記』を通読し、長篠合戦の織田軍の鉄砲の数に疑問を感じてからである。すなわち、筆者が高校生の頃、広く読まれていた高柳光壽《たかやなぎみつとし》氏の『長篠之戦』(昭和三十五年、春秋社。好著である)の中で「『信長公記』の伝本の一つである『原本信長記』に三千挺とある」と紹介されたにもかかわらず、角川文庫本では、千挺となっていたのである。どちらの数字を信ずべきかという疑問が嵩《こう》じて、昭和四十七年（一九七二）から『信長公記』の伝本の調査を始めた。

当時、すでに社会人になっていた筆者が良質の伝本を多数調査する機会に恵まれたのは、慶応義塾大学斯道《しどう》文庫教授であった太田次男《つぎお》氏（現在、成田山仏教研究所客員研究員）の御尽力の賜物であった。調査中の出来事のうち、岡山大学附属図書館で『原本信長記』の底本にあたる牛一自筆の池田家文庫本を調査中、問題の鉄砲の数が「千挺」から「三千挺」に加筆訂正されているのをみた時の驚きと感激は忘れがたい。

調査旅行と平行して、往時の面影の残る古戦場をまわった。桶狭間の古戦場で、信長のたどったとされる善照寺砦から桶狭間までの迂回コースを歩いてみて、「こんな所を進んでいる間に、義元が移動したらどうするのだろう」などと考えたり、長篠の古戦場で織田軍の鉄砲隊はどこに展開したのだろうか、などと考えたりしたものである。このような、古戦場の地形や埋もれた古城の遺構から何かを読み取るフィールドワークの可能性を再認識したのは、城郭研究家、藤井尚夫《ひさお》氏のお蔭である。同氏との意見交換は非常に参考になった。昭和四十年代の半ばに、長篠合戦について再検討の必要ありと考えていたのも、筆者の周囲では藤井氏だけであった。

また、武具研究家の名和弓雄《なわゆみお》氏の御厚意で、同氏が指導される新宿区百人町の皆中《かいちゅう》神社の祭礼の鉄砲隊に参加できたことも貴重な経験であった。筆者の火縄銃操作に関する記述の多くは、こうした経験にもとづいている。遺品を通して歴史を見ることの重要性について御教示下された、品川区大井の西光寺住職、芳賀《はが》實成《じつじょう》師にも感謝申し上げたい。

＊

さて、調査の成果は昭和四十年代の末から五十年代にかけて雑誌その他で発表した。本書は、これらをもとにして書き下ろしを加え、全体の体裁・表現を統一したものである。序章は、昭和五十八年（一九八三）十月の三田史学会の大会と同五十九年（一九八四）六月の日本古文書学会の大会での口頭発表（「『信長公記』伝本間の異同について」「『太閤記』の史料学的考察」）をベースにしている。また、第一、二、五、六章は既発表の旧稿を改訂増補したものである。巻末の参考文献を参照されたい。なお筆者の語った未発表の研究を、先に活字にしてしまった方がいるが、それらの研究について本書では、発表順序の前後に関係なく、筆者自身のオリジナルとして執筆した。

もとより、本書には不備な点が少なくない。特に読者の便宜をはかったとはいえ、史料の読み下しは筆者の手にあまる仕事であった。読み違いや穿ちすぎも多々あると思う。そうした点は、読者諸賢からの御叱正により改めていくつもりである。地下の牛一も一笑して実を見てくれると思う。

最後に、執筆と編集に関し、さまざまに助言していただいた神奈川県立金沢文庫学芸員・西岡芳文氏、ＪＩＣＣ出版局・書籍編集部の藤原清貴氏、および、私事にわたって恐縮であるが、研究の道を開いてくれた亡父正明と、執筆の時間を設けてくれた家族に感謝したい。本当にありがとうございました。

藤本正行

平成四年十一月二十七日

学術文庫版あとがき

本書は『信長の戦国軍事学』（平成四年、ＪＩＣＣ出版局〈現・宝島社〉発行。平成九年、洋泉社〈宝島社の関連会社〉が新装版発行）を改題したものである。その際、旧版の誤字や誤植をあらため、若干の表現をわかりやすく直し、図版の一部を変更した。ただし、本文の増補改訂などはしていない。信長の合戦に対する筆者の基本的な考え方が、十年前の旧版執筆時と変わっていないことと、旧版の内容は今日でも研究成果として十分に通用すると考えたからである。

最近、ある出版社がいく人かの歴史研究者を選び、同社の発行する歴史雑誌に信長の主な合戦について論述させたことがあった。その際、その方々がそれぞれの合戦の論述の参考にし、また検討したのも、『信長の戦国軍事学』であった。同書が、信長の関係した主な合戦をまとめた唯一の本（意外な事実である）という便利さに加え、『信長公記』という良質史料を分析したうえで書かれた、類例のない合戦記であったから、信長の主な合戦を語るには、今日の研究者でも同書を避けて通れなかったのである。

もちろん、研究者のすべてが、旧版を読まれたわけではない。したがって今日でも、天才信長による桶狭間の奇襲作戦とか、長篠の鉄砲三千挺・三段撃ちなどといういかがわしい話を、史実として書かれる研究者も少なくない。まして、歴史小説やテレビドラマでは、旧態依然とした説が通用している。そうした状況を考えると、すでに在庫がなくなった旧版を、文庫版として再度発行することにも、十分な意味があると思う。

ところで、今回の発行にあたっては、講談社学術文庫の一冊により相応《ふさわ》しくという編集部の指示に従って『信長の戦争』と改題したが、副題は旧版の題名に似た「『信長公記』に見る戦国軍事学」とした。自身で付けた旧版の題名に愛着があるためだが、それには、つぎのような事情がある。

かつての学界では、軍事史という言葉を近代の戦争を対象として用いており、戦国合戦については合戦史と呼んで区別していた。その心底には、合戦を講談のようなフィクションの世界の話と考え、研究対象とすることを低く見る傾向があったように思う。また、軍事という言葉の持つ〝きな臭さ〟を敬遠する傾向もあったようだ。だが、合戦は、その時代の社会事情の投影であり、その理解には、文献史料、絵画史料、武器武具に関する知識、フィールドワークの成果など多方面の広汎な知識と、異常な事態（現代人にとって、合戦の現場はまさに異常事態であろう）に対する想像力を必要とする。とかく入り込みやすいフィクションを排除し、合戦の現場の実態を追究することは、軍事史という学問の一分野として通用するはずではないか。

そこで筆者は、三十年ほど前から、自身の専門分野を中・近世軍事学と呼ぶようにした。戦国合戦に関する処女作に『信長の戦国軍事学』という題名を付けたのも、そのためである。今日では合戦を通して戦国社会を研究することが普通になり、戦国時代の研究者の間で軍事という言葉も使われるようになったが、ほんの少し前までは、軍事という言葉を使うことが時代錯誤のように受け取られていたのだ。だから旧版の『信長の戦国軍事学』という題名には、格別の愛着がある。

ところで、副題に「『信長公記』に見る……」とあるように、本書は『信長公記』を主な史料として信長の合戦を語っている。『信長公記』はすでに良質史料とされているが、意外なことに、合戦の史料として活用されてはこなかったから、その史料価値を確認する必要がある。そこで書誌学的な検討を行い、それが活用できることを確認したが、同時にそれは、日記や覚書が記録文学に発展し、荒唐無稽な創作にいたる過程を検証することでもあった。したがって、その部分は国文学の研究者の参考になると思うので、こうした方面の研究者にも是非、読んでいただきたい。

もちろん、最も読んでいただきたいのは、歴史学の研究者である。合戦の研究に『信長公記』を利用することは、旧版のもとになった拙稿の発表を契機に盛んになったが、その内容の豊富さに比べれば、まだまだ活用されているとは言いがたい。一つには文章が簡潔すぎて、意味をとりにくいためであろう。新刊の研究書でさえ、『信長公記』の合戦記事の信長軍を、敵軍と読み違えるような誤りを再三犯しているものがある。こうした方は筆者の旧版を読まれなかった方なのであろう。

もっとも、旧版の読者の中にも、その内容を読み違えられた方は少なくない。たとえば、第一章の桶狭間合戦のところで、筆者は『信長公記』に従って、今川義元軍が桶狭間山にいたと書いたが、その具体的な地点はあげなかった。前後の文章から、義元が大軍を休息させたのは桶狭間山という山の山頂ではなく、桶狭間付近の丘陵一帯をさすと考えたからである。今川軍が敵前で高みに上がるのは当時の常識であるし、一方、多数の馬をまじえた大軍がなるべく平坦な場所に展開するのも常識である。今川軍も丘陵の山腹や、山麓の道沿いに多数展開したことであろう。このことは、昭和四十年代のはじめに、現地を歩いて確信したことである。ところが、『信長公記』に桶狭間山とあることに注目した筆者が「今川軍が布陣した場所は低地とは限らない」と書いたため、いつのまにか「義元は山頂にいた」と主張していることになってしまった。

筆者は別に、桶狭間山を独立した山と考え、その麓から山頂に攻め登ったと考えたわけではない。桶狭間山を広範な丘陵一帯をさすと考えたからこそ、織田軍が低いほうから高いほうへ進撃したと書いたのである。中嶋砦付近の平地からその東方の丘陵地帯へ進撃すれば、当然、そういうことになるではないか。もちろん、進撃の過程で戦闘がはじまれば、事態は流動的になる。織田軍の兵たちは、敵がいるほう、敵が逃げるほうに進撃するから、時には高みにあがり、時には低みに下がりして戦闘を続けたはずだ。最終的には両軍ともバラバラに近い状態になったろう。そういうことは『信長公記』のような良質史料ほど、簡潔にしか書いていない。それを補うものが常識であり、想像力であると思う。

いま一つ、誤読の最たるものとして、第五章の長篠合戦における織田軍の鉄砲の数をあげよう。

『信長公記』の著者の牛一は、信長が主戦場の一部に、最初に投入した織田軍主力の鉄砲の数を「千挺ばかり」としており、また合戦の推移に従って、鉄砲を追加投入したと書いているが、最終的に何挺を投入したかにはまったく触れていない。当時の状況を考えれば、牛一はもちろん信長自身にさえ、その総数を把握できなかったろう。だから『信長公記』は正直な史料と思うのだが、筆者が「千挺ばかり」という数字を、三千挺三段撃ちを否定する根拠の一つに使ったため、いつのまにか、信長は長篠合戦で鉄砲を千挺だけ使ったということになってしまった。なかには「筆者が提唱した千挺説は、少なすぎるから誤りだ」と批判された方さえいる。こういう単純な読み違いをされたうえで、批判されてはたまらない。

ちなみに、従来の通説では、織田軍の鉄砲は三千挺で三段撃ちを行ったことになっているが、数字の当否は別として、ここで問題なのは、三千挺という鉄砲隊を徳川軍を含む織田軍全体の数字と考え、両者の指揮系統を区別していないことである。だが徳川軍の鉄砲隊が織田軍の指揮下に入り、一緒になって三段撃ちのような組織的戦闘を行ったことは史料的な裏付けがないし、指揮系統の上からも考えられない。このことは、通説の提唱者たちに、軍事を扱ううえで不可欠の指揮系統という考えがなかったことを窺わせる。

だが、階級と職務があらかじめ定まっており、指揮系統も明快な近代の軍隊とは違い、前近代の指揮系統が個々人の身分や実力、社会の制度などを強く反映していることを考えれば、軍事の専門家と否とにかかわらず、歴史家は合戦における指揮系統を通じて、それらを考えるべきではないか。こうしたことに無関心では、合戦の研究自体が無意味に思えてくる。

なお、火縄銃の機構、装塡方法、性能、および戦場における得失などについては、案外知られていないと思うので、長篠合戦の記述の冒頭に、筆者作成の図版を付けて紹介した。戦国時代の戦術や武器武具について、さらに詳しく知りたい方は、拙著『戦国合戦の常識が変わる本』（平成十一年、洋泉社）をお読みいただきたい。また、第二章の美濃攻めのところで触れた墨俣一夜城と『武功夜話』については、歴史研究家の鈴木眞哉氏との共著『偽書「武功夜話」の研究』（平成十四年、洋泉社）に詳述している。

最後になったが、拙著を学術文庫の一冊として再び世に送りだしてくれた講談社と、それを快諾された洋泉社、さらに拙著に対する解説をお寄せいただいた中央大学教授、峰岸純夫氏と、ご支援いただいた平家物語研究会の横山建城氏、そして編集や校正にご尽力された講談社学術文庫出版部の稲吉稔氏に感謝申し上げたい。

平成十四年十一月六日

藤本正行

〔参考文献〕

序　章

①奥野高廣『織田信長文書の研究』上・下（吉川弘文館、一九六九・七〇年）
②奥野高廣・岩沢愿彦校注『信長公記』（角川文庫、一九六九年）
　①、②は信長の事績を通覧するうえで最も参考になった。なお①は一九八八年に三巻（上・下・補遺索引）の増訂版が出されている。
③谷森淳子「太田牛一とその著書」（『史学雑誌』三八ノ六、一九二七年）
④田中久夫「太田牛一信長公記成立考」（『帝国学士院紀事五ノ二・三』一九四七年）
⑤太田次男「内閣文庫蔵本原本信長記について」（『史学』三六ノ二・三、一九六三年）
⑥桑田忠親『太閤記の研究』（徳間書店、一九六五年）
⑦伊藤敏子「太田和泉守自筆本「内府公軍記」」（『大和文化研究』一三ノ七、一九六八年）
⑧小島広次「牛一本信長記首巻の性格について」（『清洲町史』、一九六九年）
⑨小沢栄一『近世史学思想史研究』（吉川弘文館、一九七四年）
⑩大沼晴暉「大かうさまくんきのうち解題」（『斯道文庫古典叢刊之三　大かうさまくんきのうち』汲古書院、一九七五年）
⑪石田善人「信長記十五巻解題」（『信長記』福武書店、一九七五年）
⑫内藤昌「安土城の研究」上・下（『国華』九八七、九八八、一九七六年）
⑬宮上茂隆「安土城天守の復原とその史料について」（『国華』九九八、九九九、一九七七年）
⑭脇田修「吹田に残る「信長記」」（『吹田の歴史』五、一九七七年）
⑮谷口克広「太田牛一著『信長記』の信憑性について」（『日本歴史』三八九、一九八〇年）

⑯岩沢愿彦「『信長公記』の作者太田牛一の世界」(『史叢』三二、一九八三年)
⑰樋口幸男「『信長記』の表記について」(『年報中世史研究』一〇、一九八五年)
本書の冒頭で紹介した牛一の経歴は、以上の文献をまとめたものである。牛一とその著書について読みやすいのは⑥だが、⑯は新知見が多く参考になった。④、⑤、⑧、⑪、⑫には『信長公記』の伝本が多く紹介されている。④は徳川家康の伝本間での扱いの違い、長篠合戦の記事で「鳳来寺」を「風来而」と誤写した点などが指摘されている。⑩は「大かうさまくんきのうち」について最も詳しい。⑪は岡山大学池田家文庫の『信長公記』(表題は『信長記』)の復刻本の解題であるが、従来、異筆とみられていた池田家文庫本巻二以後を、一冊を除いて全て牛一自筆と指摘されており、加筆訂正箇所の分析を通して、池田家と『信長公記』の関係を考察するなど示唆に富んでいる。なお秀吉文書は桑田忠親『太閤書信』(地人書館、一九四三年)より引用した。

第一章

①『岡崎市史別巻　徳川家康と其周囲』上(一九三四年)
②久保田昌希「今川義元桶狭間出陣の真相」(『歴史と人物』一九八一年三月号)
③拙稿「異説・桶狭間合戦」(『歴史読本』一九八二年七月号)
④拙稿「桶狭間の戦い」(『歴史読本』一九八三年九月号)
④拙稿「完璧の迎撃態勢」(臨時増刊『歴史読本』一九八五年一二月号)
①は蓬左文庫の「桶狭間図」など史料を多く収める。②は義元上洛説を批判したもの、また③、④は本章全体のベースになったもの、⑤は古戦史研究者批判の部分のベースになったものである。

第二章
①勝俣鎮夫「美濃斎藤氏の盛衰」『岐阜県史通史編　原始・古代・中世』（一九八〇年）
②拙稿「墨俣一夜城は実在したか」（『歴史読本』一九八五年新年号）
③墨俣町『墨俣一夜城築城資料』（一九七八年）
①は織田・斎藤両氏の抗争に関して最も詳しく、信長の稲葉山城攻撃を永禄十年（一五六七）九月と指摘する。②は本章のベースになったもの。③は本章の末尾で批判した史料をおさめる。同史料は『武功夜話』四（新人物往来社、一九八九年）に再録されている。なお『甫庵信長記』と『太閤記』は『信長記・太閤記』（国民文庫刊行会、一九一〇年）より引用した。

第三章
①東大史料編纂所編『大日本史料』十ノ四（一九三四年）
②『岡崎市史別巻　徳川家康と其周囲』上（一九三四年）
③小和田哲男『近江浅井氏』戦国史叢書六（新人物往来社、一九七三年）
④水藤真『朝倉義景』人物叢書一八二（吉川弘文館、一九八一年）
⑤拙稿「信長・秀吉・家康の全比較　戦略・戦術」（臨時増刊『歴史読本』一九八五年三月号）
①は姉川合戦の史料を列挙する。⑤は本章のベースになったものである。

第四章
①藤木久志編『一向一揆と石山合戦』（『週刊朝日百科日本の歴史』二六、一九八六年）

第五章

①『岡崎市史別巻　徳川家康と其周囲』中（一九三四年）
②中村孝也『徳川家康文書の研究』上（一九五八年）
③洞富雄『種子島銃』（淡路書房新社、一九五八年）
④高柳光壽『長篠之戦』（春秋社、一九六〇年）
⑤香月龍哉（鈴木眞哉）「織田信長新戦術考」（「歴史と人物」一九七五年七月号）
⑥拙稿「長篠合戦における織田の銃隊の人数について」（「甲冑武具研究」三五、一九七五年）
⑦拙稿「長篠の鉄砲戦術は虚構だ」（「歴史と旅」一九八〇年五月号）
⑧拙稿「図解ドキュメント長篠合戦」（「別冊歴史読本」二七、一九八〇年）
⑨桑田忠親他『川中島合戦図・長篠合戦図』（戦国合戦絵屏風集成一、一九八〇年、中央公論社）

①は『信長公記』『大須賀記』『多聞院日記』などの抜粋や古文書など、史料を多く収める。③は日本古銃史の研究に欠かせない。⑤は信長の戦術に関する定説を批判したもの。⑥、⑦、⑧は本章のベースになったものである。

第六章

①石井謙治「巨船安宅丸の研究」（「海事史研究」二二、一九七四年）
②谷下一夢『増補真宗史の研究』（同朋舎出版、一九七七年）
③拙稿「再検討・新史料で描く信長建造の「鉄甲船」」（「歴史読本」一九八二年十一月号）

①は近世の大型軍船の規模構造に関して、詳細なデータを収める。②は木津川口海戦と「鉄甲船」関係の史料を列挙する。③は本章のベースになったものである。

終　章
①高柳光壽『本能寺の変　山崎の戦』（春秋社、一九五八年）
②高柳光壽『明智光秀』人物叢書一（吉川弘文館、一九五八年）
以上のほか、吉田満『戦艦大和ノ最期』（創元社、一九五二年）、大岡昇平『レイテ戦記』（中央公論社、一九七一年）、亀井宏『ああ軍艦旗』（光人社、一九七三年）、同『ガダルカナル戦記』（光人社、一九八〇年）、黛治夫『海軍砲戦史談』（原書房、一九七二年）、大井篤『海上護衛戦』（原書房、一九七五年）などを参考にした。

なお、史料閲覧に御便宜をはかっていただいた、岡山大学附属図書館、慶応義塾大学図書館、建勲神社、尊経閣文庫、東京大学史料編纂所、内閣文庫、蓬左文庫、陽明文庫の各位にお礼申し上げます。（筆者）

解説にかえて

峰岸純夫

畏友藤本正行氏には、いつもその発想の豊かさと着実な考証能力に驚かされてきた。それは、その裏付けとなる「物」に対する研究蓄積と、加えてあくなき好奇心から生み出されたものであろう。

「物」とは、武器・甲冑、城郭、絵画資料などなどで、それは他者の追随を許さないものがあり、古文書・記録などの解読にも非凡なものがある。博物館・資料館の実物展示には、あらゆるところに出向き、実物の発する情報を目に焼き付け、頭にインプットしてくる。拝見したことはないのであるが、おそらく彼の書斎は、これらの写真や図録で満ち溢れていることであろう。

二十年以上にわたる藤本氏とのつきあいの中で、足利尊氏画像、武田信玄画像などの虚実が明らかにされ、近年では歴史教科書もこれらの画像には「伝〜」として異なった人物の画像であることをコメントしたりしている。一遍上人縁起絵では、一遍の死を悲しみ門弟たちが入水する場面の表現と技法をめぐって、絵画史料論の先駆者ともいうべき黒田日出男氏との間で激しい論争を巻き起こした。

　なかでも桶狭間合戦の虚実に関する『信長公記』の史料批判については、面目躍如たるものがあり、これは本書の主題のひとつでもある。最近では、『偽書「武功夜話」の研究』（鈴木眞哉氏との共著）を発表し、この文献に依拠している研究者や小説家を批判している。

　本書は、『信長公記』の徹底研究でもある。最初に作られた太田牛一の『信長公記』が小瀬甫庵の『甫庵信長記』で作り替えられ、それが一人歩きをして次々に面白く改編されていって日本人の信長像を育ててきた。

　過日テレビを見ていたら、武田鉄矢氏がインタビューを受けていて、母親から「事実をそのまま話したのでは面白くない。多少尾鰭をつけて面白くしなくては人は聞いてはくれない」と常々言い聞かされて、自分はそうしていると語っていた。「物語性」というのはそういうものであろう。

『太平記』が、原本から中世や江戸時代にかけて芸能として語り継がれてくるなかで、話し手と聞き手との関係をふまえて翻案・改編されてきて『太平記評判秘伝理尽抄』にいたり日本人の歴史常識を形成してきたことは、兵藤裕己『太平記〈よみ〉の可能性』（講談社）や若尾政希『「太平記読み」の時代』（平凡社）などが示すところである。『信長公記』は『太平記』と並ぶ人気物語で、信長の人気は若者には土方歳三とともにダントツに高い。その虚像ゆえにである。

私は、少年時代を戦時中に過ごし、鬼畜米英を撃滅し大東亜共栄圏を築く聖戦に勝利しなくてはならない、小さい日本が大きな敵の米英を倒すには休みなき訓練（月々火水木金々）の積み重ねと奇襲によるしかないといわれ、そのたびごとに信長の桶狭間合戦が引き合いに出されるのを聞いてきた。歴史好きな私の桶狭間奇襲作戦は、藤本氏の論考が発表されるまで信じて疑わなかったのである。

本書は、比較的に客観的・批判的に信長を把握する太田牛一の『信長公記』に依拠しつつ、『甫庵信長記』によって形成されてきた信長の合戦像の「常識」を一枚一枚はがして歴史の真実に迫ろうとする。その手段として、合戦の場を実地踏査し、現場に合わせて史料を徹底的に解読していくという方法である。その方法で桶狭間合戦、美濃攻め（墨俣一夜城）、姉川合戦、長島一揆攻め、長篠合戦、石山本願寺攻め、本能寺の変と経廻っていく。多くの人々が本書をたずさえて現地を歩き、戦国の歴史を体感してほしいものと思う。

（中央大学教授）

本書の原本『信長の戦国軍事学』は、一九九三年二月、
ＪＩＣＣ出版局より刊行されました。

藤本正行（ふじもと　まさゆき）

1948年生まれ。慶應義塾大学文学部史学科卒業。千葉大学，東京都立大学の非常勤講師を歴任。（株）彩陽代表取締役。専攻は日本軍事史，風俗史。軍事・武具・絵画・城郭等の研究にもとづく独自の歴史研究を展開する。著書に『鎧をまとう人びと』『戦国合戦の常識が変わる本』，共著に『龍ヶ崎の中世城郭跡』『偽書「武功夜話」の研究』，主要論文に「守屋家所蔵武装騎馬画像の一考察」「戦国期武装要語解」など。

講談社学術文庫

定価はカバーに表示してあります。

信長《のぶなが》の戦争《せんそう》

藤本正行《ふじもとまさゆき》

2003年1月10日　第1刷発行
2019年5月23日　第20刷発行

発行者　渡瀬昌彦
発行所　株式会社講談社
東京都文京区音羽 2-12-21 〒112-8001
電話　編集（03）5395-3512
販売（03）5395-4415
業務（03）5395-3615
装　幀　蟹江征治
印　刷　豊国印刷株式会社
製　本　株式会社国宝社

ISBN4-06-159578-4

「講談社学術文庫」の刊行に当たって

これは、学術をポケットに入れることをモットーとして生まれた文庫である。学術は少年の心を養い、成年の心を満たす。その学術がポケットにはいる形で、万人のものになることは、生涯教育をうたう現代の理想である。

こうした考え方は、学術を巨大な城のように見る世間の常識に反するかもしれない。また、一部の人たちからは、学術の権威をおとすものと非難されるかもしれない。しかし、それはいずれも学術の新しい在り方を解しないものといわざるをえない。

学術は、まず魔術への挑戦から始まった。やがて、いわゆる常識をつぎつぎに改めていった。学術の権威は、幾百年、幾千年にわたる、苦しい戦いの成果である。こうしてきずきあげられた城が、一見して近づきがたいものにうつるのは、そのためである。しかし、学術の権威を、その形の上だけで判断してはならない。その生成のあとをかえりみれば、その根は常に人々の生活の中にあった。学術が大きな力たりうるのはそのためであって、生活をはなれた学術は、どこにもない。

開かれた社会といわれる現代にとって、これはまったく自明である。生活と学術との間に、もし距離があるとすれば、何をおいてもこれを埋めねばならない。もしこの距離が形の上の迷信からきているとすれば、その迷信をうち破らねばならぬ。

学術文庫は、内外の迷信を打破し、学術のために新しい天地をひらく意図をもって生まれた。文庫という小さい形と、学術という壮大な城とが、完全に両立するためには、なおいくらかの時を必要とするであろう。しかし、学術をポケットにした社会が、人間の生活にとってより豊かな社会であることは、たしかである。そうした社会の実現のために、文庫の世界に新しいジャンルを加えることができれば幸いである。

一九七六年六月

野間省一